브랜드 기획자의 시선

브랜드 기획자의 시선

브랜딩 실무자가
알아야 할 모든 것

양봄내음 · 권병욱 지음

유엑스리뷰

추천의 글

브랜딩의 중요성은 이제 더 이상 구구절절 강조하지 않아도 될 수준
에 이르렀지만, '이제 우리도 브랜딩에 집중하자'라는 말을 들었을 때
여전히 막막하기만 한 이유는 무엇일까요? 어디서부터 어떻게 시작
해야 할까요?

　《브랜드 기획자의 시선》은 브랜딩에 대한 현실적인 막막함과 마
주한 우리들을 위해 존재합니다. 브랜딩에 대해 정답처럼 여겨지던
이론과 법칙에 대해 말하기보다는 현시대에 맞도록 브랜딩을 재해석
하고 재구성하여 '오늘날의 브랜딩'을 제안합니다.

　성장을 담보하던 성공 법칙이 더 이상 유효하지 않을 때, 하루
가 다르게 변화하는 세상과 발 빠른 기업들을 쫓아가다 '이 길이 맞
나' 하는 의구심이 들 때, 일을 하다 나도 모르게 본질을 놓쳐 말 그대
로 '단순 공급자'가 되어 버리고 말았을 때, 이 책은 브랜딩의 관점으
로 되돌아올 수 있도록 우리를 안내합니다. 그리하여 결국 우리가 추

구해야 할 브랜딩이란 무엇인지, 사람을 향하는 브랜드란 어떤 것이며 궁극적으로 사람의 마음을 움직이는 것은 무엇인지에 대한 갈증을 해소해 줍니다.

저자 두 분의 손을 거쳐 간 브랜드는 셀 수 없을 만큼 많습니다. 지나온 그 세월 속에서 차곡차곡 쌓인 브랜딩에 대한 통찰이 이 책 한 권에 고스란히 담겨 있습니다. 기업들과 함께한 프로젝트 현장에서의 방대하고 생생한 경험을 토대로 쓰여 그 어떤 브랜드 전략서보다도 쉽고, 명료하고, 실용적입니다.

우리 비즈니스, 우리 브랜드는 과연 어떤 방향성을 가져야 할지를 고민하는 우리에게 《브랜드 기획자의 시선》은 명확한 관점을 가져야 한다고 이야기합니다. 누구든 이 책을 다 읽고 난 뒤엔 분명 자신만의 브랜드관을 갖게 될 것입니다. 이를 통해 독자 여러분들은 여러분들의 비즈니스와 브랜드가 나아가야 할 방향성에 대해 보다 실질적인 답을 그려 나갈 수 있을 것이라 확신합니다.

오늘도 여전히 브랜딩을 고민하고 있는 저는, 브랜드에 진심인 저자 두 분의 글 중 가장 가슴 깊이 와닿는 두 문장을 다시금 새기며 이 책을 곁에 두고 자주 꺼내 보려 합니다.

"우리의 일은 각기 다르지만,
우리 모두는 브랜딩의 여정 안에 있습니다.
결국, 답은 브랜드에 있습니다."

이영미, 뱅크샐러드 BX 팀 리드

여는 글

＊

하나의 일을 20여 년간 할 수 있다는 건 아무리 생각해도 놀라운 일입니다. 어지간한 애정으로는 어림도 없는 일인데다 그만큼의 행운도 따라야 하니까요. 아직도 업종 구분에 '브랜딩'이라는 산업이 없으니, 처음 이 일을 시작할 때는 정확히 어떤 일을 하게 되는지 잘 몰랐던 것 같습니다.

한국에서 브랜딩이라는 산업이 본격적으로 시작된 건 90년대 후반쯤이라고 알고 있습니다. (다시 한번) 너무나 운이 좋게도 산업이 활황인 시간들을 따라 커리어를 키워 왔는데요. 한국의 많은 기업들과 함께 일하며 브랜드가 새롭게 태어나고, 또 아쉽게 떠나가는 모습들을 지켜봤습니다. 정말 다양한 카테고리를 접하고, 업무의 특성상 아직 세상에 알려지지 않은 새로운 산업들의 시작도 함께할 수 있었습니다.

모든 프로젝트를 시작할 때는 항상 고객사에게 '마음을 다하겠다'는 약속을 드리는데요. 그 약속을 지키기 위해 나름대로 최선의 노력을 다해 왔습니다만, 아직도 브랜딩이 낯설고 어려운 분들을 자주 만나게 됩니다. 프로젝트를 마치고 돌아서면 다시 처음처럼 막막해진 다는 이야기도 많이 들었습니다. 브랜드의 중요성은 점차 커져만 가고 시장은 빠르게 변화하는데, 기업들의 브랜딩에 대한 인식은 처음 이 산업이 시작되었을 때와 별반 다르지 않아서, 우리가 제공하는 솔루션이 충분하지 않은 것은 아닌지 고민하게 됩니다.

이 책은 기업 내의 많은 브랜드 담당자들이 어렵게 겪어 내고 있는 고민들을 들으며 시작하였습니다. '브랜드란 정말 중요한 것이구나'라는 감상 외에 실질적으로 브랜드에 대한 큰 그림을 그려 볼 수 있도록 오늘날의 브랜드가 고려해야 할 모든 지점들에 대해 다루어 보고자 하였습니다.

브랜딩에 사용되는 용어들은 특히나 관념적인 것들이 많고, 때로는 무분별하게 남용되어 그 의미와 뉘앙스가 사람에 따라 다르게 해석되는 것들이 많습니다. 이 산업에 종사하는 사람들끼리도 하나의 언어로 대화하기가 쉽지 않고요. 브랜드의 중요성이 커지면서 브랜드 전문가도 많아지고 그만큼 새로운 용어도 늘어나고 있지만, 솔루션 자체는 여전히 전통적인 방법론과 크게 다르지 않다고 느끼게 되는 경우가 자주 있습니다.

벤치마킹을 하고, 브랜드 콘셉트를 만들고, 멋진 이름과 스토리 혹은 디자인을 더하는 것만으로 충분한 시대는 이미 지났습니다. 브랜드 역할에 대한 고정관념에서 벗어나 새로운 시대를 위한 새로운 브랜드관brand觀이 필요한 때라고 생각됩니다.

기업마다 상황이 다르기 때문에 누구에게나 정답처럼 느껴지는 솔루션이란 있을 수 없겠지만, 브랜드에 대한 생각을 새롭게 환기하는 데 이 책이 작은 도움이나마 될 수 있다면 기쁘겠습니다.

정신을 차릴 수도 없게 매일이 다른 세상에 살고 있지만, 기업의 경제활동에 중심을 잡아 줄 수 있는 것은 결국 브랜드입니다. 그리고 브랜딩은 모두 사람을 이해하고, 건강하게 소통하고, 애정의 관계로 다가가는, 결국 '사람을 향한 일'입니다.

양봄내음

✳

2005년 2월의 어느 매섭게 추웠던 날, 강남역 뒷골목에 자리한 검은색 간판의 아이리시 펍으로 기억합니다. 어두컴컴한 조명이 인상적이었던 그 펍은 친한 친구와 마주 앉아 기네스 맥주를 비워 가며 누구의 눈치도 볼 필요 없이 몇 시간을 브랜드에 대해 내리 토론하기에 최적인 장소였습니다. 기억력이 좋지 않다는 평을 자주 듣곤 하지만, 그날 그 자리의 분위기와 그 열띤 대화의 세세한 디테일은 아직까지도 또렷하게 남아 있습니다.

어제 저녁 식사로 먹은 메뉴도 곧장 떠올리지 못하는 저로서는 17년이나 거슬러 올라가야 하는 그 몇 시간의 기억이 이처럼 선명하다는 것이 마치 기적과도 같이 느껴집니다. 그 당시 저의 호기심을 가장 왕성하게 자극했던 '브랜드'라는 것에 대해 실컷 논했던 순간이었고, 오랜 시간 크고 작은 바람에도 꺼지지 않고 지금 제가 하고 있는 일의 결정적 단초가 되어 준 바로 그 최초의 지점이었기 때문인 것 같습니다.

비즈니스 컨설팅으로 사회생활을 시작한 이후 줄곧 여러 대기업에서 사업과 전략을 기획하는 일로 커리어를 채워 오면서 자연스레 보고 듣고 관심을 갖게 된 것들은 모두 '기업의 경쟁력이란 무엇이며, 어떻게 형성되고, 그중 가장 영향력이 큰 동인은 무엇인가'로 수렴되었습니다. 하나의 큰 줄기를 따라 안정적으로 키워 온 커리어의 여정은, 신기하게도 반대편 각도에서 보면 브랜드에 대한 관심과 갈증, 그리고 지대한 열정을 비록 거칠지만 차곡차곡 쌓아 올리는 과정이기도 했습니다. 담당했던 프로젝트들의 솔루션을 탐색하고 사업과 전략의 기획을 위한 기회를 모색할수록, 그 생각들의 뿌리는 줄곧 '브랜드'를 향하고 있었기 때문입니다.

기업의 경쟁력을 결정짓는 요소들은 다양하겠지만 그 어떤 것도 브랜드에 비견될 만큼 근본적이며 다채롭고 심오한 영향력을 갖지는 못한다는, 어쩌면 성급할지도 모를 개인적인 결론에 도달했던 것 같습니다. 그리고 그 모든 것이 식지 않고 든든한 원동력이 되어 준 덕분에 마침내 고대했던 브랜딩을 업으로 할 수 있게 되었고, 더욱 감사한 일은 브랜드와 브랜딩에 대해 눈덩이처럼 크게 불어 버린 목마름을 해소할 수 있는 최적의 곳에서 그 여정을 시작할 수 있었다는 점입니다.

그러나, 인접 영역에서 넘어와 접하게 된 브랜드와 브랜딩이라는 새로운 영역은 기대했던 바와 충돌하는 지점들이 꽤 발견되기도 하는 곳이었습니다. 특히 그간 많은 고객사들과 브랜딩 프로젝트로 협업을 해 오면서 가장 인상 깊게 다가왔던 점은, 브랜드와 브랜딩의 영역에서는 단일의 언어가 통용되고 있지 않은 것 같다는 매우 이색적인 느낌을 받았다는 것입니다.

통상 같은 분야에 종사하는 사람들 간에는 업무와 관련하여 생각이 미치는 범위는 물론, 그 안을 구성하는 세부적인 포인트들에 대해 인식하는 정도와 이해하는 깊이가 서로 유사하기 마련이라고 생각해 왔고 경험해 왔던 것 같습니다. 마치 하나의 공용어를 쓰고 있다는 느낌에 가까운데요. 하지만 가장 근본적이며 심오한 영향력을 가졌다고 자신한 이 영역에서, 브랜드와 브랜딩을 어떻게 정의하는지, 이를 통해 무엇을 할 수 있고 어디까지 갈 수 있는지, 따라서 무엇을 마땅히 기대하고 바랄 수 있는 것인지에 대한 인식과 이해가 업을 구성하는 다양한 이해관계자별로 상이하다는 인상을 받게 되었을 때는 적지 않은 놀라움을 느낄 수밖에 없었습니다.

브랜드와 브랜딩을 업으로 삼은 이후 하루하루 치열하게 고민하고 열정적으로 답을 찾으며 쌓아 온 제 경험과 생각들을 같은 업에 종사하고 계신 분들을 비롯해 이 분야의 문을 열심히 두드리고 계실 분들과 함께 나누면 좋겠다고 생각했습니다. 17년 전의 그 호기심과 갈증, 그리고 성급했을지도 모를 그 결론이 한낱 신기루가 아니었음을 개인적인 실증 경험 데이터로 갖게 된 지금, 브랜드와 브랜딩은 여전히 무엇보다 중요한 자산이자 활동이라는 분명한 확신이 더해졌기 때문입니다.

권병욱

목차

PART 1   이해 Knowing a Brand

PART 2 존재 Being a Brand

PART 3 관계 Living as a Brand

PART 4 진화 Sustaining a Brand

PART 1

이해

Knowing a Brand

브랜딩은 소름 끼치는 한 줄의 콘셉트가 아닌,

기업의 미래를 짚는 전략이어야 합니다.

Chapter 1

브랜딩 다시 보기

고객사의 담당자분들을 만나면 이런 말을 참 많이 듣게 됩니다.

> "저희가 이런 일이 처음이라서
> 대체 뭐부터 어떻게 해야 할지 잘 모르겠습니다."

솔직히 말씀드리면요, 저는 이 일을 이렇게 오래도록 하고 있는데 제 주변에선 제가 당최 무슨 일을 하는 사람인지 아직도 잘 모릅니다. 새로운 사람을 만나는 자리에서 직업에 대한 질문을 받으면 괜스레 난감한 기분이 먼저 드는 건 그 때문인가 봅니다. 도통 자신 없는 표정을 지으며 "저는 브랜딩을 합니다"라고 답을 하면 상대도 금세 저와 똑같은 표정이 되어 되묻습니다. "마케팅 같은 건가요? 막 광고 만드는…?" 그게 아니라고 답하고 싶은 마음은 굴뚝같지만, 종국에는 "네, 비슷한 거예요" 정도의 대답으로 자신 없던 대화를 마무리합니다.

이런 상황은 여러분의 생각보다 훨씬 자주 발생합니다. 이쯤 되면 제 직업을 잘 설명할 방법을 진즉에 찾았어야 할 것 같은데 말이지요. 제가 시도를 해 보지 않은 것은 아니고요. 그때마다 결국엔 "아, 마케팅 같은 거 하시는구나" 같은 답을 듣게 되어서 이제는 어느 정도 포기한 것 같습니다. 사전적 정의에 기대어 보려고 해도 '무엇무엇의 집합체'라거나 '무엇무엇의 총체적인 활동'과 같은 정의가 많아서 가볍게 질문한 상대의 기대를 충족시켜 주지는 못할 것 같습니다. 그래서 좀 더 생각해 보았는데요. 다음에는 이렇게 답해 보려고 합니다.

"저는 흥미로운 일을 합니다"라고요.

하나의 똑 부러지는 정의를 내릴 수는 없어도 어떤 일보다 흥미로운 일이라는 데에는 의심의 여지가 없습니다. 처음이라 뭐부터 어떻게 해야 할지 모르겠다고 하더라도 너무 걱정하지 마세요. 브랜드적 관점을, 그러니까 여러분의 브랜드관을 가지게 되는 순간부터 이 일은 무궁무진한 가능성을 가진, 무엇보다 흥미로운 일이 될 테니까요.

브랜드/브랜딩에 대한 오해

*

무라카미 하루키의 《색채가 없는 다자키 쓰쿠루와 그가 순례를 떠난 해》의 내용 중에 주인공 쓰쿠루가 어린 시절 친구인 아오와 함께 렉서스라는 자동차 이름에 관해 대화를 나누는 부분이 있습니다. 쓰쿠루가 "렉서스는 대체 무슨 뜻이지?" 하고 묻자 아오는 웃으며 답합니다. 애당초 의미는 없고, 아주 고급스럽고 의미가 깊은 듯하면서도 울림이 좋은 말을 만들어 달라는 도요타의 의뢰를 받아 뉴욕의 광고 회사가 만든 이름이라고요. 그러면서 그녀는 '참 묘한 세상'이라는 말을 덧붙입니다. 한편에서는 부지런히 철도역을 만드는 사람이 있는가 하면 또 한편에서는 거액을 받고 그럴듯해 보이는 말을 만들어 내는 사람도 있다고. 그녀의 표현을 빌리자면 '산업의 세련화'이고, 그것이 시대의 흐름이라고 합니다.

이 책에 따르면 저는 강산이 두 번 정도 바뀔 동안 시대의 흐름에 따라 특별한 의미는 없지만 그럴듯해 보이는 말을 만들어 온, 즉 산업의 세련화를 위해 일하는 사람입니다. 단순히 책에만 등장하는 일화는 아닙니다. 많은 이들에게 브랜딩은 여전히 '팬시fancy한' 일처럼 느껴집니다. 산업의 본질에 가까운 일이라기보다는 세련화를 위한 추가적인 작업이라고 이해되곤 하지요.

브랜딩이란 멋진 디자인을 하거나 이름을 붙이는 일, 콘셉트라는 거창한 무언가로 제품이나 서비스를 포장하고 차별화하는 일.

그러다 보니 스스로가 브랜드임을 부인하는 기업이나 제품이 오히려 더 중요한 가치를 담고 있는 것처럼 느껴지기도 하는데요. 한국의 '노브랜드No Brand'나 일본의 '무지MUJI'가 바로 그런 사례입니다.

"브랜드가 아니다, 소비자다"라는 메시지와 '노브랜드'라는 브랜드명은 이들이 지향하는 바를 극명하게 보여 줍니다. 바로 브랜드를 포장하는 데 필요한 비용과 브랜드 가치에 의해 매겨지는 가격을 빼고, 싼값에 일정 수준의 상품을 대량으로 공급한다는 철학이죠.

무지 역시 브랜딩을 하지 않는다고 천명하고 있는데요. 눈을 현혹하는 것들은 뒤로한 채, 다만 생활과 생활자[1]에 대한 모든 것을 묵묵히 바라보고 관찰하여 '간소하지만 창조적인 공감과 이해'를 전하고자 한다고 말합니다.

---

1 무지는 《무인양품의 생각과 말》이라는 책에서 '소비자'를 '생활자'라고 일컫는다.

이름에서부터 드러나는 '노브랜드'의 철학 (이미지 출처: 노브랜드 홈페이지)

무지의 다른 이름인 '무인양품無印良品' 역시 '브랜드가 없는 좋은 상품'이라는 뜻을 가지고 있다.

이 두 브랜드는 브랜딩을 하지 않는다고 선포함으로써 휘황찬란한 포장으로 소비자를 유혹하기보다는 더 중요한 본질적인 가치에 집중하겠다는 철학을 강하게 드러냅니다.

웹툰과 드라마로 큰 사랑을 받았던 〈미생〉, 기억하세요? 우리의 주인공 장그래와 그의 동료 인턴들은 정규직 전환을 위해 두 명씩 짝을 이뤄 발표를 준비하게 됩니다. 장그래는 발표를 위한 사업 아이템 선정부터 그의 파트너인 한석율과 마찰을 빚게 되죠. 장그래의 아이디어에 대한 한석율의 피드백은 이러했습니다.

"섹시하지 않다."

브랜딩을 업으로 하는 저에게도 낯설지 않은 표현이라 가뜩이나 늘 안쓰러운 장그래를 보며 '웃픈' 심정이 되었는데요. 고객사의 담당 자분들은 종종 저에게 자신들의 상상을 조심스레 털어놓습니다. 교교히 내리는 달빛을 맞으며 어느 순간 딱! 영감을 받아 섹시하고 소름 끼치는 무언가가 뚝딱 만들어지는 게 아니냐고 말이죠. 아무래도 이 일을 하다 보면 '크리에이티브'라는 표현을 자주 만나기 때문에 이런 상상이 생겨나는 것 같은데요. 실제로 과거에 많은 브랜딩 전문 기업들이 브랜드 네이밍이나 디자인에 집중했기 때문에 브랜딩이라는 것이 여전히 제품이나 서비스의 본질에 멋진 포장을 입히는, 추가적인 세련화 작업이라고 생각하실 수도 있겠습니다.

소득의 증가는 소비 패턴의 변화를 선명하게 보여 줍니다. 국민소득 1만 달러 시대에는 의식주에 충실한 생존을 위한 소비가, 2만 달러 시대에는 유명 브랜드의 소비 확대가, 3만 달러 시대에는 문화 소비가 두드러지게 나타납니다. 생활의 필요에 따라 기능에 충실하고 품질이 좋은 제품을 소비하다가 조금 더 여유가 생기면 남들이 좋다는 것, 남들이 부러워할 만한 것들을 소비합니다. 그리고 그 이상이 되면 필요에 따른 소비재보다는 문화·예술 등 영혼과 감각을 윤택하게 하는, 최상위 단계의 욕구를 충족시키는 소비를 하죠. 기능에서 외형으로, 그리고 그 이상의 가치로 소비의 대상이 달라지는 것입니다. 이러한 현상은 최근 모든 기업의 화두인 MZ세대의 소비에서도 확인할 수 있습니다. 이 세대는 브랜드가 아닌 '가치'를 소비한다는 말, 한

번쯤은 들어 보셨죠?

이렇게 달라진 시대에서 브랜딩이 여전히 외형을 포장하는 역할로만 인식되는 것은 몹시 아쉬운 일입니다. 브랜딩을 하지 않는다고 말하는 노브랜드와 무지야말로 요즘 시대에 요구되는 정교한 브랜딩을 하는 강력한 브랜드입니다. 이 두 브랜드는 지향하는 가치가 분명합니다. 이 가치는 철저히 소비자의 관점에서 출발하였으며, 브랜드 이름이나 메시지와 같은 브랜드 요소에도 고스란히 담겨 있습니다. 또한 제품 그 자체를 비롯하여 사람들이 이 제품을 접하게 되는 모든 단계의 경험을 통해 이 가치들을 실제로 누리며 공감하도록 합니다. 경험을 통한 공감은 브랜드와 사람들을 특별한 관계로 이어 줍니다. 바로 이것이 오늘날 브랜딩의 가장 궁극적인 목표입니다.

경쟁은 이미 한참 전부터 국경을 넘어 전 세계로 확대되었고, 유의미한 경쟁력을 갖추기 위해서는 시대에 맞는 브랜딩이 필요합니다. 그러려면 브랜드와 브랜딩에 대한 새로운 이해와 접근이 가장 먼저 이루어져야 하겠습니다.

강력한 브랜드를 만드는 것은 '설명할 수는 없으나 왠지 섹시한 그런 느낌적인 느낌이나 감각'이 아닌 빈틈없이 치밀한 '전략'입니다.

경험을 통한 공감은 브랜드와 사람들을 특별한 관계로 이어 준다.

많은 기업이 하는 가장 흔한 실수

*

여러분의 조직은 밸류 체인Value Chain(가치 사슬) 안에 브랜딩을 포함하고 있나요? 지금껏 프로젝트를 통해 만났던 기업 대다수는 아쉽게도 이 질문에 "No"라고 답할 것 같습니다. 이 일을 해 왔던 오랜 경험에 비추어 보았을 때, 지금 이 글을 읽고 계시는 여러분도 한국의 어느 기업에 몸담고 계신 이상 같은 대답을 하시리라 생각됩니다. 이는 브랜드, 그리고 브랜딩이 기업활동을 통한 부가가치 창출, 즉 제품·서비스를 통한 가치 창출 과정에서 직간접적으로 관련된 일련의 활동이나 기능, 프로세스로 여겨지지 않았다는 것을 반증합니다. 밸류 체인과 동떨어져서 별도의 부가적인 요소로 개발되는 브랜드는 무엇을할 수 있을까요? 역할에 대한 심도 있는 고민이 없는 브랜드는 그야말로 껍데기에 불과합니다.

제가 주니어 때 브랜드 전문가를 뽑는 면접에서 가장 자주 등장한 질문은 "마케팅과 브랜딩이 어떻게 다르냐"는 것이었습니다. 30여년 전의 어떤 자료에서 브랜딩은 마케팅 아래, 홍보 아래 하나의 꼭지로 존재했습니다. 튼튼하고, 질 좋고, 저렴한 제품이 사랑받던 시기였으니까요. 물리적 시간의 속도를 넘어설 만큼 한국 경제는 숨 가쁘게 성장했습니다. 치열해지는 시장 경쟁 속에서, 현재 존재하는 어떤제품보다 더 나은 제품을 만들어 내는 것은 모든 기업의 가장 중요한숙제였습니다.

다시 말해 경쟁사보다 R&D에 '더 많이' 투자하고, '더 효율적으로' 생산하고, '더 많이' 판매하고, '더 참신한' 마케팅과 '더 친절한' CS를 함으로써 각 카테고리별 핵심 경쟁 요소에서 '더 우월한 최종 가치'를 도출하는 것에 매진해 왔죠. 과거형을 썼습니다만 아직도 국내의 많은 기업이 여전히 이러한 방식으로 경쟁사보다 '더 나은' 밸류 체인을 구축하는 데 온 힘을 기울이고 있습니다.

지난 세기의 소비자들이 가장 사랑한 제품은 무엇이었을까요? 아마 텔레비전이 아닐까요? 60년대에 TV 방송의 시대가 열린 후 동네 사람들은 한자리에 모이게 되었고, 집집마다 속속 TV를 구입하는 시대가 오자 동네 어르신들은 한국도 이제 선진국이 다 되었다며 흐뭇해하셨습니다. 이렇게 한 세기동안 전 국민적인 사랑을 받았던 제품인 만큼 성장의 과정도, 경쟁의 과정도 아주 치열했겠죠? 박물관에서나 볼 수 있는 산업 초창기의 제품과 지금의 제품을 보면 그 발전의 정도에 감탄하지 않을 수 없습니다.

TV 시장의 경쟁은 몇 가지 주요한 기능의 진화로 이어져 왔습니다. 화질과 스크린의 크기, 두께와 같은 것들이죠. 어떤 기업이 5백 대 화소의 제품을 만들다가 가장 먼저 7백 대 화소의 제품을 선보이며

TV는 치열한 기능 경쟁으로 빠르게 발전해 왔다.

경쟁 우위를 선점합니다. 7백 대 화소가 얼마나 여러 가지 색상을 아름답게 보여 줄 수 있는지 소비자들에게 열심히 광고합니다. 그러다 다시 천문학적인 돈을 들여 1천 대 화소의 TV를 개발하고 그것이 필요한 이유를 광고합니다. 이렇게 경쟁을 선도하다가 어느 날 2천 대 화소를 먼저 구현하는 경쟁자가 등장하면 기존의 제품이 가진 경쟁력은 순식간에 추락합니다. 스크린의 크기나 두께도 마찬가지입니다. 벽에 걸어 설치할 수 있는 제품을 만들어도 보지만, 이 역시도 특정 제품에만 영광을 가져다주는 특별한 한 곳은 아닙니다.

오늘날 사람들에게 TV는 별로 감동적인 제품은 아닌데요. 그저 시청하지 않는 동안 거실 중앙에서 엄청난 자리를 차지하는 새카만 덩어리일 뿐입니다. 집에 TV가 있는 사람이라면 누구나 늘 그렇게 살아왔기 때문에 이러한 사실에 대해서 엄청난 불만을 가질 이유는 없었던 것 같습니다. 그냥 당연한 일이잖아요. 거실 한쪽에 TV가 있고, 보지 않는 시간엔 스크린이 꺼진 상태로 있는 모습은요. 아무도 불평하지 않았지만, 삼성전자는 사람들에게 TV가 더 의미 있는 가치를 제공하기를 바랐습니다.

삼성전자의 '라이프스타일 TV'는 방송을 시청하지 않는 동안에도 사람들의 공간에 아름답게 녹아듭니다. 인테리어를 위해 일부러 걸어 둔 명화가 되어서 말이지요. 디자인이 뛰어나다는 평가를 받는 TV는 많았지만 실제로 TV가 인테리어 소품이 될 것이라고 생각하는 사람은 아무도 없었습니다. 그러나 액자의 모습을 하고 싱그러운 풍경과 대가의 예술 작품을 담은 TV는 훌륭한 인테리어 소품이 되었습니다.

삼성전자 TV의 글로벌 시장 점유율Market Share은 2021년 상반기 매출 기준 31%로 세계 1위입니다. 사람들의 삶에서 그들이 좋아할 만한 새로운 가치를 제공함으로써, 어떤 기능을 가진 '제품'을 넘어 사람들과 애정 어린 관계를 구축하는 '브랜드'가 된 것입니다.

눈부신 경제 성장의 중심에서 살아온 소비자들은 30년 전의 그때와는 다른 기준을 가지게 되었습니다. 제품과 서비스의 속성이 제공하는 혜택 그 이상의 가치를 요구하고 있죠. 제품과 서비스의 스펙만으로 경쟁을 이어 가는 것에는 분명히 한계가 있으며, 지금의 소비자를 만족시킬 수도 없습니다.

현재 한국의 많은 기업은 패스트 팔로워Fast Follower[2]의 지위를 벗어던지고 혁신을 향해 달음질치고 있습니다. '가장 먼저' 새로운 것을 발견하고 경쟁사에 없는 새로운 기능을 '가장 빨리' 만들어 내기 위해

---

2 새로운 제품, 기술을 빠르게 좇아가는 전략을 구사하는 기업

정말 열심히 노력합니다.

브랜딩 프로젝트를 진행하는 과정에서 제품과 서비스에 대해 이해하는 것은 가장 기본적인 일이기에 제품과 서비스를 개발한 분들을 직접 뵙고 인터뷰할 기회가 많이 있습니다. 그러다 보면 지금껏 보지 못했던 새로운 기능들을 정말 많이 보고 듣게 되는데요. 기능이 만들어진 이유를 물으면 여지없이 난처한 일이 일어납니다. 그 기능을 사용하게 될 사람들에 관한 이야기를 들려주는 기업이 손에 꼽을 정도로 적기 때문입니다.

많은 기업이 "늘 고객을 생각하고 고객의 마음에서 고민하여 고객을 위한 것을 제공한다"라고 입을 모으지만, 정작 이 제품과 서비스가 사람들의 생활 속 어떤 지점에서 어떤 이득을 주는지에 대한 답은 내놓지 못합니다. 막연히 이전보다 새로운 기능이 많이 생겼으니 당연히 더 좋은 제품이겠거니 생각하는 거죠. 실제로 가장 많이 듣는 답변은 바로 이겁니다.

"경쟁사에는 아직 이게 없어서요."

새로운 기능은 있지만 가치는 없는, 진정한 의미에서의 경쟁에서 벗어난 노력. 이것이 바로 우리 기업들의 보편적인 현실입니다. 그러나 오늘날의 브랜딩은 사람을 위한 가치를 찾고, 의미를 부여하는 일입니다. 이 가치들은 실제로 사람들의 삶 속에서 우리의 제품과 서비스를 통해 발현되어야 하므로 제품과 서비스와 별도로 고려될 수 없습니다. 만들어진 제품에 억지로 의미를 부여하는 것이 아니라, 의미 있는 가치를 바탕으로 제품이 만들어져야 합니다. 사실 앞서 드린 질문은 이렇게 바뀌어야만 하죠. 여러분의 조직은 밸류 체인 안에 브랜딩이 얼마나 큰 비중을 차지하고 있나요?

기업의 성장을 담보하던 그 많은 공식들은 더 이상 힘을 쓰지 못하고, 변화는 점차 가속화되는 요즘. 브랜드는 막연한 개념이 아닌 사람들의 삶에 영향을 미치는 실체로 존재해야 하며, 그래서 브랜딩은 소름 끼치는 한 줄의 콘셉트가 아닌, 기업의 미래를 짚는 전략이어야 합니다.

브랜드/브랜딩의 역할

*

브랜드, 브랜딩은 무엇일까요? 브랜드는 원래 동물의 피부에 소유자를 표기하기 위해 찍어 둔 영구적인 마크[3]를 의미했습니다. 산업화 시대로 넘어오면서부터는 특정 제조사가 만든 제품[4]을 뜻하게 되었는데요. 타인의 상품과 식별하기 위해 제조자, 즉 메이커를 표시하는 것이죠. 브랜드의 본질에는 자신과 타인의 것을 구별하려는 목적이 있다 보니 여전히 많은 사람에게 '다른 브랜드와는 구별되는 우리 제품만의 이름 혹은 로고'로 이해되고 있습니다. 물론 브랜드를 고려할 때 가장 중요한 점은 '차별성'이고요. 브랜드에 대한 이러한 이해를 바탕으로 필요한 것들, 즉 차별화되는 정체성이나 브랜드 네임, 브랜드 로고를 만드는 일이 바로 브랜딩이 되겠습니다.

세상이 바뀌면서 브랜드에 대한 정의도 점차 달라지고 있는데요. 놀라운 점은, 이 산업 안에서 너무나도 다양한 표현이 난무하는 한편, 브랜딩의 방법론 자체는 과거와 크게 달라지지 않았다는 것입니다. 브랜드의 본질을 '차별화'로만 귀결시켜 왔기 때문인지도 모르겠습니다. 브랜드는 '돋보이는 것', '멋지고 섹시한 것'이라고 생각하다 보니 브랜드나 브랜딩에 대해 이야기하는 사람들은 그 모든 설명 자체가

---

3 "Brand: a mark that is burned or frozen into the skin of an animal such as a cow to show who owns it", Cambridge Dictionary
4 "Brand: a type of product made by a particular company", Cambridge Dictionary

크리에이티브하고 뭔가 달라 보여야 한다고 여겨 온 것은 아닐까요?

브랜드/브랜딩에 대한 오해 II

브랜드는 사람들 마음속의 꿈을 표현하는 것,
나 자신을 표현하는 것.
브랜드 콘셉트는 꽃을 피우기 위한 씨앗을 심는 것.

　　물론 이런 식의 정의가 틀린 것은 아니지만, 어쩌면 브랜드와 브
랜딩에 대한 허상을 키워 가는 것은 아닐까 생각한 적이 많았습니다.
하나같이 아름답고 영감을 주는 표현들이지만, 수식이 가득한 정의는
행동을 위한 지침이 되기 어려울 수 있으니까요.
　　실제로 "우리 회사도 이제부터는 브랜딩에 큰 노력을 쏟기로 했
다"라며 조직원들의 책상마다 새로 나온 브랜딩 서적이 가득하고, 회
의실 벽면마다 위의 정의와 비슷한 형태의 브랜드 혹은 브랜딩에 대
한 정의를 크게 붙여 둔 기업과 프로젝트를 했던 경험이 있습니다. 앞
으로는 '사업'을 하는 회사가 아니라 '브랜드'를 하는 회사가 되리라
는 각오를 여러 차례 들려주셨지요. 물론 앞으로는 일하는 방식을 제
품 중심이 아닌 브랜드 중심으로 바꾸어 보자는 취지였겠으나, 이 모

든 과정이 과거의 방식을 전면 부인하고 오로지 새로운 무언가를 찾는 데만 집중되었다는 사실이 안타까웠습니다.

비즈니스와 브랜드는 별개일 수 없습니다. "우리는 브랜딩을 해본 적이 없다"라고 말하는 다수의 기업은 브랜딩을 더 잘 이해하기 위해서 마케팅과 브랜딩의 차이, 사업 전략과 브랜드 전략의 차이를 묻는 경우가 있습니다. 이 질문의 기저에는 그 모든 것들이 각각 다른 역할을 가진, 명확히 구분되는 아주 다른 개념일 것이라는 생각이 깔려 있습니다. 관점에 따라 다양한 의견이 있을 수 있겠으나 그중 무엇이 상위 개념으로서 더 중요하게 다뤄지거나 선행되어야 하는지를 고민하는 것은 큰 의미가 없다고 생각됩니다. 브랜드 역시 기업과 비즈니스의 경제적 가치를 높이는 데 기여하기 위해 존재합니다. 마케팅도, 사업 전략도 모두 브랜딩의 일환일 수 있습니다.

B2B 기업 중 일부는 브랜드 없이도 훌륭한 사업 성과를 만들어가고 있다고 생각할지 모릅니다. 그러나 B2B 기업에는 제품이나 서비스 브랜드는 없을지언정 비즈니스를 든든하게 지원하는 '기업 브랜드'가 있습니다. 고객사와 대화를 시작할 때마다 가장 먼저 입에 오르게 되는 '기업의 이름'은 단순히 행정상의 역할만 해 온 것이 아닙니다. 그간 이루어진 모든 비즈니스 활동의 결과로 단단하게 쌓은 신뢰와 시장 내에서의 지위를 통해 훌륭한 기업 브랜드의 역할을 수행하고 있었던 것입니다.

네, 브랜딩은 차별화만을 목적으로 하는 추가 작업이 아닙니다. 그동안 해 왔던 영업, 마케팅, R&D 등 그 모든 밸류 체인과 동떨어진 활동이 아닙니다. 어마어마하게 색다르거나 섹시한 것도 아닙니다. 브랜드는 기업이나 제품·서비스의 성질 및 가치를 아우르는 요소이자, 소비자와 관계를 만드는 가장 직접적인 대상입니다. 가치이자 디자인이며, 경험이고, 자산입니다. 비즈니스와 마찬가지로 결국 충족시켜야 할 대상이 있기 때문에 모든 일을 소비자를 중심으로 고려해야 하며 브랜드가 소비자의 손 안에 들어가고, 일상 속에서 향유되며, 어떤 감정을 느끼게 되는 그 순간까지의 모든 것이 결국 브랜딩입니다.

앞으로 돌아가서, '사업'이 아닌 '브랜드'를 하는 회사가 되겠다는 방향성이 수립되었다면 이제 어떻게 해야 할까요? 가장 먼저 할 일은 비즈니스를 브랜드의 관점에서 바라보는 것인데요. 여기서 중요한 키워드가 있습니다. 바로 '가치'와 '관계'입니다.

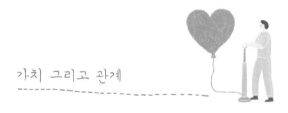

가치 그리고 관계

강력한 '관계'를 만들기 위해서는 공감대 형성이 가장 중요합니다. 그리고 이 공감대는 '가치'로부터 시작됩니다. 가치를 일방적으로 전달해서는 공감대를 만들 수 없습니다. 가치는 경험을 통해 증명되어야만 합니다.

관념적인 것 같지만 사람 사이 관계를 생각해 보면 그렇게 어렵지 않습니다. 특별한 관계가 되는 상대는 결국 마음과 말이 잘 통하는 상대니까요. 같은 관심사를 가진다는 건 서로 좋아하는 가치가 같다는 뜻이죠. 즐거움, 성공, 진실함 같은 것들이요. 그리고 이런 건 직접 그 사람과 시간을 나눠 봐야만 알 수 있는 것들입니다. 상대가 아무리 "저 재밌는 사람이에요"라고 반복적으로 말한다고 한들, 내가 경험한 바가 그 말과 다르다면 공감할 수 없죠.

많은 기업이 제품과 서비스를 먼저 만든 후, 거기에 브랜드를 덧입힙니다. 하지만 가치를 직접 경험하고 공감하게 하기 위해서는 제품과 서비스의 계획 단계부터 브랜드적 관점의 고민이 필요합니다. 이 제품·서비스를 누가, 언제 사용하게 될지, 이것을 통해서 그들의 생활이 어떻게 나아질 수 있는지, 그래서 어떤 긍정적인 감정을 느끼게 할지를 생각하는 것이 가장 먼저입니다.

브랜드 가치는 보통 브랜드 콘셉트 혹은 아이덴티티로 정의되는데, 얼마나 멋진 가치가 담겼느냐보다는 소비자들이 그 가치를 경험할 수 있느냐가 더 중요한 문제입니다. 제품·서비스는 세상의 빛을 보기까지 다양한 부서와 여러 사람의 손을 거칩니다. 모두가 공통의 이해로 이 가치를 전달하고자 할 때 비로소 이 가치는 생생한 경험을 통해 사람들의 마음에 남게 됩니다.

사업이 아닌 브랜딩을 했던 회사, 바로 '배달의민족'입니다. 어떤 브랜드가 성공적으로 브랜딩되었음을 알게 되는 건 모든 경험에서 '그 브랜드답다'라는 인상을 받는 순간입니다. 배달의민족은 비즈니스의 방향성부터 내부 임직원들이 일하는 방식, 그리고 대고객 커뮤니케이션까지 딱, 그들다운데요. 배민의 브랜드적 관점은 지금의 지

위를 가지게 되기까지를 자세히 풀어놓은 책,《배민다움》에서 엿볼
수 있습니다.

> **김봉진 대표** — "일반적으로 경영자들은, 브랜딩과 디자인을 매출
> 을 높이는 도구tool로 쓰잖아요. 저는 반대예요. 제가 만들고 싶은
> 브랜드를 만들기 위해서 사업을 잘해야 한다고 생각해요. 그래서 지
> 금도 이 브랜드를 성공시키기 위해서 사업을 잘해야 해요."
>
> **홍성태 교수** — "브랜딩은 광고홍보용이 아닌 사업 그 자체다. 말하
> 자면 비즈니스는 결국 브랜드 관리의 과정인 것이다."
>
> — 《배민다움》, 홍성태

물론 주인이 바뀐 지금,
배달의민족이 여전히 '배민다
운' 가치를 지켜 가고 있는지
에 대해서는 모두의 의견이
다를 수 있겠지만 그들의 출
발부터 정점까지의 여정에서
우리는 많은 것을 배울 수 있
습니다.

배민다움이 느껴지는 대고객 커뮤니케이션
(출처: 배달의민족 상품권)

앞서 브랜드는 소비자와 관계를 만드는 가장 직접적인 대상이라고 말씀드렸습니다. 와닿지 않는 표현일 수 있을 것 같아 제가 가장 좋아하는 브랜드의 예를 들어 보고자 합니다. 벌써 10년도 더 된 이야기입니다.

저는 혼자 여행하는 것을 제법 즐기는 사람입니다. 그 여행도 그러했던 것 같습니다. 다만, 그날은 모든 게 잘 풀리지 않았습니다. 어마어마한 길치인 저는 오히려 혼자 낯선 곳을 여행할 때 길을 잘 헤매지 않는 편입니다. 자신을 믿지 못하니 사전에 동선을 꼼꼼하게 학습하기도 하고, 미리 예습해 둔 그 길을 놓칠세라 긴장의 끈을 놓지 않기도 해서인데요. 그날따라 정말 어디가 어딘지 알 수 없고, 호기롭게 들어갔던 로컬 레스토랑에서는 지옥의 맛을 보기도 했습니다. 설상가상으로 초여름에 한 자릿수 온도의 칼바람까지 부는 이상 기온이라니. 어디서든 쉬어 가며 재정비하지 않으면 남의 나라 길 한복판에서 엉엉 울어 버리는 민폐를 끼칠 것만 같아 본능처럼 가장 낯익은 사인을 향해 걸었습니다. 바로 '스타벅스Starbucks'였습니다.

인테리어도, 귀에 들리는 음악도, 커피 맛도, 심지어 매장의 향기까지도. 모든 게 내가 알던 바로 그 스타벅스였습니다. 지금처럼 어딜 가나 똑같은 브랜드들이 즐비하던 시절이 아니었던지라 그 익숙한 공간이 얼마나 큰 위로가 되었는지 모릅니다.

머리로 알던 브랜드의 강력함을 온 마음으로 느꼈던 순간입니다. 익숙한 메뉴판을 보며, 늘 해 왔던 방식으로 음료를 주문하고, 기대했던 커피의 맛과 향을 음미하며 낯선 곳에서의 불편함을 모두 날려 버렸습니다. 편안한 마음으로 꼭 필요한 휴식을 취했던 그 경험은 마음

세계 어느 매장에 가더라도 유사한 경험을 제공하는 스타벅스

에 고이고이 남았습니다. 스타벅스 브랜드의 특색 있는 공간과 스타벅스다운 제품·서비스가 제 삶의 한 순간에서 특별한 의미로 남게 되었던 겁니다.

그리고 그 후로도 저는 해외여행 중에 잘 알려진 로컬 브랜드나 다른 글로벌 프랜차이즈를 보게 되더라도 스타벅스를 고집합니다. 저에게는 스타벅스에서의 휴식이 남다른 의미로 다가오기 때문입니다. 잘 준비된 브랜드는 이렇게 사람들의 삶 속에서 눈에 띄는 경험을 제공하고 특별한 의미로 간직됩니다.

오늘날의 브랜딩은 사람을 위한 가치를 찾고, 의미를 부여하는 일이다.

Chapter 2

우리가 가진 브랜드, 가져야 할 브랜드

사내에서는 여러분을 '브랜드 담당자'라고 부르고 있지만, 사실 여러분은 홍보 전문가일 수도, 회계 전공자일 수도, 애초에 브랜드라는 것에 대한 경험을 전혀 가지고 있지 않을 수도 있을 겁니다. 브랜드 전담 부서에 속하신 분들보다는 다른 부서 소속으로 브랜드 업무를 겸하시는 분들이 더 많지요. 담당자지만 대체 어디부터 어디까지를 우리의 브랜드로 생각하고 돌봐야 하는 건지 헷갈리는 경우도 많다고 들었습니다.

그뿐만이 아닙니다. 우리 모두 사람이다 보니 언제나 객관적인 시각을 견지하는 것은 참 어려운데요. 기업의 담당자분들을 만나면 담당하고 계신 브랜드에 대해 극단적으로 상반된 태도를 자주 발견하게 됩니다.

기업이 물리적인 변화를 겪는다는 건 그 내부의 사람들에게는 꽤나 큰 변화일 텐데요. 인수합병 후 브랜드에 대한 전략을 세우는 프로젝트를 할 때의 일입니다. 더 이미지가 좋은 브랜드가 반드시 인수자가 되고, 상대적으로 약한 브랜드가 항상 피인수자가 되는 것은 아니다 보니 서로의 브랜드를 바라보는 심정은 복잡할 수밖에 없는데요. 이 상황에서 어느 기업이 보다 주도적인 물리력을 행사할 수 있는지와 같은 내부 사정과, 어느 쪽이 더 강력한 브랜드 파워를 가졌는지에 대한 판단은 마땅히 구분되어야 합니다.

그럼에도 불구하고 우리 기업이 그 브랜드를 샀으니 우리 브랜드가 훨씬 더 대단하다고 생각하는 경우가 종종 있습니다. 기업의 입장이 곧 나의 자부심이 되어 단단한 콩깍지를 두르고 있는 경우랄까요. 현재의 브랜드 가치로부터 출발하여 미래 전략을 수립해 가야 하는 저희로서는 참으로 곤란한 경우가 아닐 수 없습니다.

반대의 경우도 상황이 썩 좋지는 못합니다. 기업에 대한 불만이 브랜드에 대한 부정으로 이어지는 경우인데요. 요즘 젊은 세대가 가장 취업하고 싶어 하는 기업 중 하나로 꼽히는 곳과 프로젝트를 할 때였지요. 시장에서 꽤 좋은 성과를 보이고 있고 브랜드 이미지도 좋은데, 자사 브랜드를 보는 담당자들의 시선은 차갑기 그지없었습니다. 얘로는 뭘 해도 안될 것 같다는 냉소적인 모습은 정말 브랜드 그 자체에 대한 것이었을까요? 회사에 대한 실망감과 체념은 아니었을까요? 담당자라고 해서 모든 것을 다 자로 잰 듯 알고 해결하기는 쉽지 않지요. 어쩌면 약간의 도움이 필요할지도요.

브랜드 발라내기

*

사업을 영위하기 시작한 모든 기업들은 '예외 없이' 최소 1개 이상의 브랜드를 가집니다. 이렇게 말씀드리면 "우리 회사는 아직 브랜드가 없는데?"라고 생각하는 분들이 계실 수 있는데요. 가지고 계신 명함을 한번 봐 주세요. 맨 위에 가장 잘 보이도록 인쇄되어 있고, 각자를 소개하며 "어느 회사의 누구입니다"라고 말할 때 언급하는 기업명 또는 회사명은 사실 '기업 브랜드'입니다. 브랜드였던 것이죠. 여러 고객사와 일을 하다 보면 의외로 '기업 브랜드'라는 용어를 낯설어하시는 분들을 종종 뵙게 되는데요. 특히 B2B 기업에 계신 분들에게서 조금 더 자주 확인하게 되는 반응이기도 합니다.

그런데 가만히 생각해 보면 충분히 이해가 되는 일이기도 합니다. 우리는 브랜드라는 존재가 지닌 다면적인 특성들 중에서도 유독 '외향적인 성향을 지닌 사회적 존재'에 가까운 무언가로 브랜드를 바라보는 경향이 있기 때문입니다. 다시 말하면, '기업 바깥에 존재하는 시장에서 열정적으로 소통하며 활동하고, 이를 통해 소비자들의 호감과 신뢰를 얻어 끊임없이 그 이상의 관계를 갈구하는 존재가 곧 브랜드다'라는 인식이 우세하면, 그 속성상 상대적으로 정적이기 쉬운 기업 브랜드를 브랜드로서 자연스럽게 수용하는 것은 생각보다 어색한 일일 수 있는 것이죠.

"냉장고는 삼성이 낫냐, LG가 낫냐?"라고 흔히 말함에도 불구하고 정작 삼성전자와 LG전자가 사실 기업 브랜드라는 사실이 낯설게 들리는 것은, 다른 한편으로는 기업 안에 존재하고 있는 다양한 브랜드를 우리가 인지조차 하지 못하는 경우가 상당하다는 점을 시사합니다.

실제로 우리가 가진 이것이 브랜드인지 아닌지조차 판단이 어려운 것은 기업 브랜드에만 국한된 이야기는 아닙니다. 로고와 같은 디자인 요소는 없으나 기업 안팎의 커뮤니케이션에 사용되어 온 것들, 예를 들어 캐치프레이즈나 멋진 광고 카피는 우리 기업이 가진 브랜드 요소일까요, 아닐까요? 홈페이지나 각종 브로슈어에 기재된 상품명과 별도로 공공연히 써 온 펫 네임Pet Name(애칭)은 또 어떤가요?

브랜드 요소의 여부를 가르는 명확한 기준이란 게 따로 있지는 않습니다. 물론 브랜딩을 전문으로 하는 브랜딩 에이전시에서 통상적으로 브랜드 요소로 다루는 것들을 나열해 볼 수는 있겠지만, 사실 브랜드 요소인지 아닌지를 구분하는 것 자체가 중요하지는 않습니다. 브랜드 요소는 결국 하나의 브랜드가 사람들의 삶에 의도한 영향을 미칠 수 있도록 직간접적으로 지원을 하기 위해 고안된 것들입니다. 따라서 설령 태초에 브랜드 요소로 의도되어 태어나지 않았다 하더라도 실제 그러한 역할을 하고 있다면 그것은 분명 하나의 브랜드 요소입니다.

모든 기업은 최소 1개의 브랜드, 즉 기업 브랜드를 가지고 사업을 영위하기 시작한다고 말씀드렸는데요. 기업 브랜드만으로 충분할 수도 있지만, 사업을 해 나가다 보면 기업 브랜드 이외의 추가적인 브랜드들이 필요해질 수도 있습니다. 이는 물론 우리 기업이 속한 업계의 경쟁 상황이나 우리 기업 브랜드의 현재 위상, 그리고 우리 기업이 브랜드에 투자 가능한 여력이나 의지 등 다양하고 복잡한 상황적 특성을 고려하여 결정되어야 합니다. 그런데 어떠한 상황이건 간에 브랜드가 필요해지는 순간이 오면, 브랜드는 기업 안에서 명확한 '관할'과 '위계'를 가진다는 사실을 기억하는 것이 무엇보다 중요합니다.

관할과 위계라는 표현 때문에 어렵게 생각할 필요는 없습니다. 여러분이 속한 기업의 조직도를 한번 펼쳐 볼까요? 우선 R&D, 영업, 마케팅, 경영지원 등 다양한 기능을 담당하는 조직들이 각각 네모난 상자 형태로 표현되어 수평 방향으로 질서정연하게 배치된 것이 눈에 들어옵니다. 그리고 각 조직에는 전사적 차원에서 사전 설계된 각자의 분명한 업무 영역이 할당되어 있죠. 명확하게 정의되고 할당된 업무 영역, 바로 '관할'입니다.

각각의 브랜드 역시 기업 안에서 특정 사업 영역을 담당하도록 역할을 부여받기 마련입니다. '피코크PEACOCK'가 이마트의 여러 사업 영역 중 간편식품 영역을 담당하고, '갤럭시Galaxy'가 삼성전자의 다양한 사업 영역 중 모바일 영역을 담당하고 있는 것처럼 말이죠.

그다음으로는 아래쪽에 차곡차곡 들어선 또 다른 상자들이 눈에 들어옵니다. 예를 들어, 가장 상단에 마케팅 본부라고 쓰인 상자 아래로는 마케팅 1실, 마케팅 2실, 마케팅 3실이 횡으로 줄지어 있고, 또 마케팅 1실은 브랜드 전략팀, 브랜드 커뮤니케이션팀, IMC팀 등으로 세분화되어 있겠죠? 조직도에는 없더라도 브랜드 전략팀 아래로 몇 개의 셀이 더 존재할 수도 있고 말이죠. 이처럼 하나의 업무 영역을 의미 있는 단위로 쪼개어 가장 효과적인 방식으로 운영하기 위해 상

브랜드는 기업 안에서 명확한 관할과 위계를 가진다.

하 형태로 역할과 책임을 설계한 구조를 바로 '위계' 라고 합니다.

각각의 브랜드 역시 관할하는 특정 사업 영역 내에서 상하 위계를 고려하여 상세한 역할과 책임을 부여받게 됩니다. 피코크 하위의 '피코크 집밥 연구소'와 '피콕반점'은 메뉴 전문성을 강화하는 세부 역할을 부여받았고, 갤럭시 하위의 '갤럭시 Z 플립'은 접히는 디스플레이를 통해 스마트폰의 새로운 활용이라는 혁신성을 강화하는 구체적인 역할을 담당하게 된 것처럼 말이죠.

회사 내 모든 자산과 자원들이 그러하듯 브랜드 역시 체계적으로 구조화된 관할과 위계에 따라 그 역할과 쓰임새가 세부적으로 결정됩니다. 다시 말해서 모든 브랜드는 회사 내에서 어떠한 사업 영역, 좀 더 구체적으로는 어떤 종류의 상품과 서비스를 담당할지, 그리고 동시에 사업 영역 안에서 비교적 상위에 위치하여 더욱 폭넓은 역할과 책임을 질 것인지 아니면 그보다 아래에서 좁지만 구체적인 역할을 담당할 것인지, 그 쓰임새가 명확하게 설정되어야 하는 존재임을 이해해야 합니다.

브랜딩의 시작은 새 브랜드?

*

브랜드는 브랜드 네임과 로고 그 이상입니다. 따라서 브랜딩 역시 네임과 로고를 만드는 것 이상의 활동임이 당연합니다. 아주 쉽고 자명한 명제지만 실제로 많은 기업 환경에서는 이를 당연하고 자연스러운 것으로 받아들이지 못하는 모습을 어렵지 않게 목격하게 됩니다. "우리도 브랜딩 좀 해야 하지 않나"라는 윗분들의 말씀이 있고 나면 어떤가요. 실무자들의 머릿속에는 '브랜드 하나 만들어야겠구나'라는 생각이 아무 의심 없이 스쳐 지나갑니다. 바로 이 순간, 여러분들께서 꼭 기억해야 할 사실이 한 가지 있는데요. 그것은 바로 '언제나 새것만이 능사는 아니다'라는 것입니다.

브랜딩이 필요한 상황이라면, 먼저 충분한 시간을 가지고 우리 기업이 현재 가지고 있는 브랜드 요소들을 정확하게 이해하는 것에서부터 출발하기를 권합니다. 다시 말하면, 새로운 브랜딩 목적에 부합하는 요소를 우리가 이미 확보하고 있는 것은 아닌지, 새로운 브랜드 요소를 개발하고 알리기 위한 노력 대신 이미 구축된 브랜드 요소의 기능과 역할을 확대할 수 있지는 않을지 차근차근 따져 보는 작업이 필수적으로 선행되어야 한다는 것인데요. 새 술은 새 부대에 담아야 있어 보일 것 같은데, 왜 굳이 모양 빠지게 헌 부대 중에서 건질 만한 것은 없는지 살펴봐야 하는 걸까요?

크게 두 가지 이유가 있는데, 더 근본적인 이유부터 시작해 보면 좋을 것 같습니다. 존재의 필요성에 대한 깊은 고민 없이 생겨난 브랜드는 네임과 로고라는 브랜드적 외관을 갖추었을 뿐, 대개의 경우 형식적인 상표의 역할 이상을 수행하는 것이 현실적으로 어렵기 때문입니다. '깊은 고민 없이 브랜드를 만든다니 그게 대체 무슨 말이야?'라고 의아해하실지도 모르겠습니다만, 충분한 고민이 수반되지 않은 경우는 꽤 다양한 모습으로 존재하는 것이 현실입니다. 그중 한 가지 단면만 예를 들어 볼까요?

한 기업의 브랜드 포트폴리오 정리 작업을 했던 적이 있습니다. 이 기업은 PBPrivate Brand를 통해 유통 가능한 거의 모든 식자재 상품군을 아우르고 있어, 아주 넓고 다양한 고객군을 가지고 있었는데요. 고객군의 범위를 지속적으로 확장하는 과정에서 기존과 다른 새로운 브랜드의 필요성을 감지하게 되었습니다. 특히 각급 학교를 대상으로 더욱 효과적인 영업을 하기 위해서 '자라나는 학생들을 위한 안전하고 신뢰할 수 있는 식자재'를 표방하는 별도의 특화 PB를 출시했습니다. 한창 성장기에 있는 학생들이 최종 소비자가 되는 학교라는 고객군은 회사나 레스토랑 등 일반적인 고객군과는 분명히 구분되는 니즈를 가지고 있습니다. 따라서 학생들의 신체적·정신적 성장에 도움이 되도록 선별된 식자재는 새로운 브랜드에 담을 만한 가치가 있다고 볼 수 있습니다.

다만 문제는 새로운 브랜드의 필요성이 주로 영업의 용이성과 효과성 측면에서만 단편적으로 검토되었다는 데 있었습니다. 즉, 타깃으로 잡은 학교 담당자들에게 자신 있게 소개하고 내세울 수 있는 특화된 브랜드가 있다면 그들에게 다가가기가 더 쉬울 것이라는 생각이 있었는데요. 기존의 PB가 담당하던 상품군과는 어떻게 다른 라인업을 꾸릴 것인지, 어떻게 구분되는 가치를 담아낼 것인지, 궁극적으로 새로운 PB를 선택하면 왜 더 좋은지에 대해서는 충분한 사전 검토와 후속 조치가 이루어지지 않았던 듯합니다. 새로운 네임과 로고, 그리고 전용 패키지에 담겨 출시되었지만 정작 학교 담당자들은 특화 PB가 지금까지 이용해 온 기존의 PB 상품들에 비해 무엇이 더 좋은지 이해하기 어려웠고, 따라서 굳이 선택할 이유를 찾기 어려운 브랜드가 될 운명이었습니다.

이처럼 소위 공급자 중심의 관점에서만 브랜딩이 시작되는 모습은 사실 드물지 않습니다. 공급자로서는 깊은 고민이 있었으나, 수요자를 포함하여 브랜딩이 이루어져야 하는 전체적인 맥락을 고려하면 충분치 않은 일이죠. 브랜드를 새로 만든다는 것은 태어나자마자 혼자 힘으로 일어나 삶을 시작하는 망아지를 낳는 일이라기보다는 오랜 시간 지극정성으로 보살핌을 받은 후에야 스스로 제구실을 할 수 있는 갓난아이를 낳는 일에 가까운 일입니다. 따라서 철저한 준비와 계획, 그리고 지극한 정성과 보살핌을 쏟겠다는 단단한 각오 없이 새로운 브랜드에서만 해결책을 찾는다면 결과적으로 불필요한 자원을 쏟아부은 채 비효율적인 투자만 거듭하게 되기가 십상입니다.

그뿐만이 아닙니다. 조금 더 실용적인 다른 이유가 있는데요. 바로 기업 내에 브랜드가 무분별하게 늘어나는 것을 방지해야 하기 때문입니다. 사업을 영위하다 보면 새로운 브랜드의 필요성은 끊임없이 생기기 마련입니다. 소비자들의 취향이나 기대는 따라가기가 무섭게 변화하고, 어제까지 없던 시장이 갑자기 열리기도 합니다. 시장의 경

기업 내 브랜드들이 서로 빈틈없이 알맞게 조화를 이룬다면 얼마나 좋을까?

계선까지 모호해지며 경쟁사들의 면면은 매번 새로워지고, 기존의 시장 질서를 일거에 뒤엎는 파괴적인 게임 체인저Game Changer가 등장하기도 하죠. 변화무쌍한 시대와 시장을 바라보는 기업들의 속내는 결코 느긋하기 어렵습니다. 공감empathy은 기본, 기민함agility이 미덕인 시대가 되었습니다.

이러한 시대를 헤쳐 나가는 기업 안에서 새로운 브랜드는 하루가 다르게 늘어 갑니다. 외부의 빠른 변화에 민첩하게 대응해 온 결과물이기에 기업으로서는 심적인 안도감과 안정감을 얻기도 합니다. 그런데 시간이 지나고 뒤를 돌아보니 이런저런 브랜드들이 수북하게 쌓여 있습니다. 레고 조각들이 하나하나 자신의 위치를 알고 조화롭게 맞아 들어간 모습이면 얼마나 좋을까요? 아쉽게도 그 반대의 모습에 가

관할과 위계가 정리되지 않은 브랜드들의 난립은 비효율과 낭비를 초래한다.

깝습니다.

자세히 들여다보니, A 브랜드와 B 브랜드가 각각 제안하고 있는 제품과 서비스 간에 중복된 부분들이 눈에 거슬리기 시작합니다. 얼마 전 C 브랜드에 품질 문제가 생겨 한바탕 곤욕을 치렀는데, 전혀 상관도 없는 D 브랜드도 함께 타격을 입고 휘청거리는 것 같습니다. 출시 당시 기대를 한 몸에 받았던 신규 사업을 위해 만든 E 브랜드는 이제 경쟁 브랜드 간 역량의 상향평준화로 가격 경쟁력 확보가 최우선 과제가 되고 말아서 계속 브랜드를 유지하는 것이 맞는지 고민만 됩니다.

A~E 브랜드들은 분명 하나같이 꼭 필요한 브랜드들이었는데, 어디서부터 잘못되었는지 알 길이 없는 채로 어느새 애물단지가 되어

버린 셈입니다. 하루 날 잡아 큰맘 먹고 대청소하듯 정리하면 될 것 같지만 선뜻 그렇게 하지 못합니다. '그간 쏟아부은 예산이 얼만데…' '초래될 고객 혼선은 또 어쩌고…' '이거 정리하는 데 또 얼마나 돈이 들어갈까…' 이런저런 걱정에 어떻게 손을 대야 할지 갈피도 잡기 어렵습니다. 그래서 많은 기업에서는 지금도 자원의 낭비와 전혀 효율적이지 않은 투자가 반복되고 있습니다. 새로운 브랜딩이 필요하게 되었을 때 기존 브랜드의 관할과 위계를 꼼꼼히 따져 봐야 한다고 말씀드렸던 이유가 바로 여기에 있습니다.

새것만이 언제나 능사는 아니라고 드린 말씀이 혹여라도 '기존의 브랜드가 만능이다'라는 주장으로 왜곡되어 받아들여지는 일은 없었으면 합니다. 기존의 브랜드가 가진 역량을 자칫 잘못 진단할 경우, 특히 과도하게 긍정적으로 인식하여 기존 브랜드로 새로운 브랜드의 필요성에 대응하는 경우 역시 만만치 않게 비효율적인 자원 운용과 투자를 초래할 수 있습니다. 새로운 브랜드가 필요한 상황이라면 언제나 현재 브랜드 요소들에 대한 정확한 이해에서 출발해야 하며, 우리에게 궁극적으로 필요한 브랜드는 무엇인지, 기존의 다른 브랜드와는 어떠한 관계를 설정해야 하는지를 논리적으로 파악하는 것이 그다음이라는 사실을 꼭 기억하시길 바랍니다.

브랜드 체계와 브랜드별 역할 리뷰

*

자, 이제 새로운 브랜드의 필요성이 생겼다고 가정을 해 봅시다. 현재의 브랜드를 이해하는 것이 시작이라고 말씀드렸죠? 여러분의 업무 환경에서 구체적으로 참고할 수 있는 모델을 제시해 보려고 합니다.

브랜딩의 필요성이 발생했을 때 최적의 브랜드 운용 방안을 찾는 것은 물론 전문가적인 관점과 경험을 필요로 하는 일입니다만, 각 기업이 처한 상황에 따라서는 외부 전문가의 도움을 받는 것이 여의치 않을 수도 있기 때문에 약식이나마 참고가 될 수 있는 프레임워크가 있다면 의미가 있을 것으로 생각합니다. 더군다나 지금까지 누적됐을지도 모를 비효율적인 브랜드 투자와 자원 낭비를 최소화할 수 있다면 더더욱 그 가치는 클 것 같습니다.

특히 지금부터 소개해 드릴 프레임워크는 워크숍의 형식을 취하고 있습니다. 즉, 개개인별로 한번 해 보고 덮어 버리는 개인 활동이 아닌, 여러분들의 기업 내에서 브랜딩과 관련한 유관 조직들이 함께 참여하고 논의하며 공감과 반대 그리고 합의의 과정을 거치면서 최대한 많은 임직원들 간에 공동의 이해를 도모하는 데 그 목표를 두고 있습니다. 따라서 이 프레임워크를 먼저 잘 이해하신 후 여러분들의 조직 내에서 실행해 보시기를 추천합니다.

우리 브랜드의 역할에 대해 내부 임직원들이 공통의 이해를 구축하는 것이 중요하다.

1. 워크숍 1단계: 브랜드 체계(Brand Architecture) 구축하기

앞에서 강조했듯, 현재 우리 기업이 보유하고 있는 브랜드들을 할 수 있는 한 모두 찾아 꺼내어 보는 것이 시작입니다. 우리 기업 안에 브랜드화되어 있다고 생각되는 것들이라면 주저 없이 다 찾아 주세요. 별도의 브랜드명을 가지고 있거나 디자인 요소를 가지고 있는 것들이 가장 먼저 떠오르실 것이고, 그 외에도 어느 정도의 지속성을 가진 채 소비자들에 노출된 적이 있고, 이를 통해 크고 작은 공통적인 인식이 형성된 것들이라면 모두 대상이 될 수 있습니다.

브랜드들을 모두 찾으셨다면, 다음의 매트릭스를 잘 보시면서 앞서 찾아낸 각각의 브랜드를 매트릭스 위 적절하다고 생각되는 위치에 하나하나 올려놓아 주세요.

그림 1 브랜드 체계 매트릭스

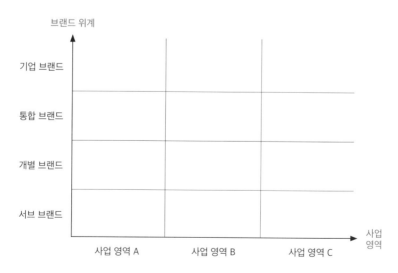

매트릭스를 한번 자세히 살펴볼까요? 가로축은 기업이 영위하고 있는 사업 영역으로 구분되어 있는데요. 기억하시죠? 브랜드의 관할이라고 설명드렸던 내용입니다. 통신telecommunication 기업이라면 유선통신, 무선통신, OTT, AR/VR, AI 플랫폼 등이 이에 해당할 것이고, 전자electronics 기업이라면 가전, 모바일, 디스플레이, 반도체 등이 가로축을 채우게 되는 요소들일 것입니다. 여러분들의 기업에서 구분하고 있는 사업 영역을 빠짐없이 열거해 주시면 충분합니다.

그다음으로 세로축을 한번 살펴봅시다. 세로축에는 브랜드 간의 상하 관계, 즉 위계에 따른 브랜드 유형이 기재되어 있는데, 하나씩 순서대로 설명을 드리면 다음과 같습니다. 우선, 기업이 보유하고 있는 모든 브랜드 중 가장 상위를 차지하는 것은 당연히 '기업 브랜드'입니다. 물론 국내 대부분의 대기업과 같이 그룹사의 형태를 취하고 있는 기업 집단이라면 기업 브랜드 상위에 '그룹 브랜드'가 위치할 수도 있습니다. 삼성, LG, SK, CJ 등이 이에 해당하겠죠. 다만, 여기서는 편의상 기업 브랜드를 최상위 위계의 브랜드라고 칭하도록 하겠습니다.

회사를 대표하는 기업 브랜드 하위에는 '통합 브랜드' 또는 '개별 브랜드'가 위치할 수 있습니다. 우선 통합 브랜드란 말 그대로 그 하위에 복수의 카테고리나 라인, 상품 등 특성을 달리하는 대상들을 거느리는 포괄적인 브랜드라고 이해하시면 쉬운데요. 실제 현장에서는 대표 브랜드, 마스터 브랜드, 엄브렐러 브랜드Umbrella Brand, 메인 브랜드 등 다양한 이름으로 불리고 있습니다. 이 책에서는 형태적 특성을 가장 직관적으로 표현한다고 생각되는, 통합 브랜드라는 명칭으로

부르도록 하겠습니다. 즉, 기업 브랜드 하위에서 특정 사업 영역을 담당하며 포괄적인 역할과 책임을 수행하는 브랜드인 셈입니다.

이와 반대로 개별 브랜드는 명확하게 지칭되는 단일의 제품이나 서비스를 담당하는 브랜드입니다. 브랜드가 담당하는 제품·서비스군의 범위를 기준으로 통합 브랜드와 개별 브랜드가 구별되는 것이죠. CJ제일제당의 글로벌 한식 브랜드 '비비고Bibigo'는 그 하위에 만두, 김치, 국·탕, 죽, 불고기, 생선구이 등 다양한 한식 제품군을 아우르는 통합 브랜드입니다. 한편 같은 회사에는 밥보다 더 맛있는 밥, '햇반'이라는 브랜드도 있죠. 햇반은 즉석밥 제품군을 지칭하는 개별 브랜드입니다. 이와 같이 기업 브랜드 하위에는 해당 기업이 영위하고 있는 제품·서비스군의 특성과 범위를 고려한 최적의 브랜드가 통합 브랜드 또는 개별 브랜드의 형태로 위치하게 됩니다.

서브 브랜드란 것도 있는데요. 서브sub라는 표현에서 알 수 있듯이, 통합 또는 개별 브랜드와 결합하여 해당 브랜드와 관련된 추가 정보를 제공하는 브랜드입니다. '아이폰iPhone'을 예로 들어 볼까요? 애플의 13번째 아이폰 시리즈인 아이폰13은 '미니mini' '프로Pro' '프로 맥스Pro Max'로 나뉘어 판매되고 있죠. 여기서 '미니' '프로' '프로 맥스'는 애플의 스마트폰 제품군을 지칭하는 개별 브랜드인 아이폰에 결합되어 각각 '사이즈가 작은 아이폰13' '고성능 아이폰13' '최고 성능 아이폰13'이라는 추가 정보를 제공하는 서브 브랜드로서 기능합니다.

'아이폰13 미니'처럼 서로 위계가 다른 브랜드가 결합하여 하나의 제품·서비스를 지칭하기도 한다.
(출처: AppleInsider)

이처럼 기업 내 브랜드들은 상하 위계를 따라 각각의 역할과 책임을 갖게 됩니다. 상위에 위치할수록 포괄적인, 하위에 위치할수록 구체적인 역할과 책임을 담당하게 되는 구조입니다. 따라서, 여러분들의 기업이 보유하고 있는 브랜드들이 포괄적 영역을 담당하는 통합 브랜드인지, 또는 특정할 수 있는 구체적 대상을 지칭하는 개별 브랜드인지, 그리고 이들 브랜드 바로 아래에서 해당 브랜드의 구분되는 특성을 표현하기 위한 서브 브랜드인지를 검토한 후 [그림 1]의 매트릭스상 적절한 위계에 배치하시면 됩니다.

표 1 브랜드의 유형 및 정의

구분	개념
기업 브랜드	기업 그 자체를 지칭하며 가장 높은 위계를 가지는 브랜드
통합 브랜드	복수의 카테고리나 라인, 상품군, 제품 등 하위 영역을 포괄하는 브랜드
개별 브랜드	특정 가능한 단일 대상만을 지칭하는 브랜드
서브 브랜드	특정 위계의 브랜드 바로 아래에서 부가적 특징을 나타내는 브랜드

여러분들의 좀 더 쉬운 이해를 돕기 위해 한국을 대표하는 기업 중 하나인 현대자동차를 예시로 활용해 보도록 하겠습니다. '현대자동차'는 기업 브랜드입니다. 이제 낯설지 않으시죠? 그 아래에는 '그랜저Grandeur' '쏘나타Sonata' '아반떼Avante' '팰리세이드Palisade' '싼타페Santa Fe'와 같이 특정할 수 있는 각 제품 브랜드도 있고, 현대자동차의 브랜드 경험 공간인 '현대 모터스튜디오Hyundai Motorstudio'와 같은 공간 브랜드도 있죠. 서비스 브랜드인 '블루핸즈Bluehands'도 있고요. 여기서 각각의 제품 브랜드, 공간 브랜드, 서비스 브랜드는 모두 현대자동차가 운영하는 개별 브랜드에 해당합니다.

한편, 현대자동차는 글로벌 경쟁력을 확보하며 브랜드 위상을 제고하기 위해 프리미엄 브랜드인 '제네시스Genesis'를 출시했습니다. 프리미엄 사업 분야에 새롭게 진입하며 이를 담당할 통합 브랜드를 출시한 것이죠. 제네시스는 통합 브랜드로서 그 하위에 'G70' 'G80' 'G90' 'GV70' 'GV80'과 같은 제품 브랜드, 그리고 공간 브랜드인 '제네시스 스튜디오Genesis Studio' 등 개별 브랜드들을 보유하고 있고요.

또한 최근 자동차 산업이 소위 모빌리티Mobility 산업으로 급격히 재편되면서 현대자동차는 지금까지와는 다른 경쟁의 룰이 작용할 새로운 시장에서 경쟁 우위를 선점하려는 전략의 일환으로 전동화 전문 브랜드인 '아이오닉IONIQ'을 출시했습니다. 아이오닉은 현대자동차의 전동화 사업을 담당하는 브랜드로, 제네시스를 잇는 현대자동차의 또 다른 통합 브랜드에 해당합니다. 그 하위에는 '아이오닉5'와 '아이오닉6' 같은 개별 브랜드들을 포괄하고 있고요. 아이오닉 브랜드가 가지는 전략적 중요성을 고려해 보면 향후에는 더욱 다양한 유형의 개별 브랜드들을 아우르게 될 것이라고 예측해 볼 수 있겠죠.

현대 모터스튜디오 스나얀 파크 내부 (출처: 현대 모터스튜디오 홈페이지)

현대자동차는 여기에 그치지 않고 그간 축적해 온 기술 역량을 바탕으로 고성능 자동차 사업 영역에도 진출하며 이를 대변할 브랜드로 'N'을 출시했는데요. 서브 브랜드 'N'은 현대자동차와 제네시스가 그 하위에 운영하고 있는 개별 차종 브랜드에 적용되어 각 차량에 고성능이라고 하는 부가적 특성을 담았음을 전달하는 역할을 하고 있습니다. '아반떼 N', '아이오닉6 N'처럼 말이죠.

정리해 보면, 현대자동차는 기업 브랜드인 동시에 일반 자동차 사업 영역을 담당하고 있고, 그 하위에는 각각 프리미엄 자동차 사업 영역과 전동화 사업 영역을 담당하는 통합 브랜드로 제네시스와 아이오닉을 두고 있는 형태입니다. 그리고 이들 하위에는 제품 브랜드, 공간 브랜드, 서비스 브랜드와 같이 각각의 브랜드 특성을 고려한 개별 브랜드들이 자리하고 있고요. N과 같은 서브 브랜드가 통합 또는 개별 브랜드와 더해져 추가적인 정보를 제공하고 있는 것이죠.

여기에 한 가지 더, 브랜드와 브랜드 간의 관계도 살펴볼 수 있는데요. 현대자동차, 제네시스, 아이오닉 각각의 제품 브랜드들을 한번 볼까요? 그랜저, G80, 아이오닉5를 순서대로 검색 포털에 입력해 보시기 바랍니다. '현대 그랜저' '제네시스 G80' '현대 아이오닉5'라고 검색되는 것을 보실 수 있을 텐데요. 각각은 브랜드 간의 서로 다른 관계를 나타내고 있습니다.

예를 들어, '현대 그랜저'란 기업 브랜드인 현대자동차가 제품 브랜드인 그랜저를 '보증endorsing한다'는 뜻입니다. 여기서 보증이란 우리가 실생활에서 흔히 쓰는 그 보증의 의미와 다르지 않습니다. 기업 브랜드인 현대자동차가 보유하고 있는 다양한 자산들을 제품 브랜드인 그랜저에 전이시킴으로써 소비자들에게 믿고 구매할 수 있는 차량이라는 인식을 심어 주게 되는 것이죠. '제네시스 G80' 역시 마찬가지로 통합 브랜드인 제네시스가 제품 브랜드인 G80을 보증한다는 뜻이고요. '현대 아이오닉5'는 기업 브랜드인 현대자동차가 아이오닉의 제품 브랜드인 아이오닉5를 보증한다는 의미인 셈입니다.

여기서 주목할 것은 기업 브랜드인 현대자동차가 프리미엄 영역의 통합 브랜드인 제네시스는 보증하지 않지만, 전동화 영역의 통합 브랜드인 아이오닉은 보증하고 있다는 부분인데요. 프리미엄 브랜드인 제네시스를 일반 브랜드인 현대자동차로 보증하게 되면 제네시스 브랜드의 위상 강화와 이미지 구축에 도움이 되지 않는다는 전략적 판단이 숨어 있는 것입니다.

반면, 현대자동차가 전동화 브랜드인 아이오닉을 보증하더라도 부정적인 영향이 발생하지 않으며, 오히려 아이오닉의 브랜드 위상이 성장하여 공고해질 경우 그 상위 브랜드인 현대자동차에 긍정적인 효과를 가져다줄 수 있다는 전략적 계산이 깔려 있는 것이죠. 이렇게 브랜드는 상호적 영향력을 면밀히 고려하여 서로 간의 관계성, 즉 보증 전략endorsing strategy도 설정하게 됩니다.

지금까지 간략하게 예로 든 현대자동차의 브랜드들을 [그림 1]의 매트릭스를 활용하여 정리하면 [그림 2]와 같습니다.

그림 2 브랜드 체계 매트릭스의 활용 예시: 현대자동차*

* 브랜드 체계 개념의 설명을 위한 예시로서, 현대자동차 내부에서 정의하고 있는 브랜드 체계와는 다를 수 있습니다.

이제 [그림 1]의 매트릭스로 표현된 브랜드의 관할과 위계라는 개념에 대해 어느 정도 이해가 되셨을 것으로 생각합니다. 브랜드의 관할과 위계라는 횡적, 종적 구분을 좀 더 전문적인 용어로는 '브랜드 체계', 영어로는 'Brand Architecture'라고 부릅니다. 여러분들의 기업에서 보유하고 있는 브랜드들 역시 이처럼 브랜드 체계의 관점에서 정리해 보시기를 바랍니다.

각각의 브랜드가 어떤 위계에 놓여야 할지는 워크숍에 함께 참석한 구성원들과 함께 논의하여 결정하는 것이 좋습니다. 그러한 논의의 과정은 여러분들의 조직 내부에서 브랜드별 역할과 책임을 명확히 이해하는 계기가 될 수 있을 뿐만 아니라 브랜드 체계를 확실히 정리함으로써 향후 새로운 브랜딩의 필요가 발생했을 때 가장 효율적이면서도 효과적인 브랜드 솔루션을 탐색하는 나침반으로 활용할 수 있기 때문입니다.

2. 워크숍 2단계: 브랜드 솔루션 도출하기

워크숍 2단계는 브랜드 체계 관점에서 명확하게 정리한 우리 브랜드들 가운데 새로운 브랜딩의 필요를 가장 효과적으로 충족할 수 있는 후보를 탐색해 보는 작업입니다. 탐색 결과에 따라 기존 브랜드가 해당 역할을 수행할 수도, 새로운 브랜드가 필요하게 될 수도 있습니다. 어떤 경우이든 간에 더욱 명확한 근거에 기반한 의사결정을 할 수 있는 시작점이 되어 줄 것이며, 궁극적으로는 이미 설명해 드린 바와 같이 비효율적인 자원 낭비나 투자를 최소화할 수 있습니다. [그림 3]을 한번 잘 살펴봐 주시기 바랍니다.

그림 3 브랜드 속성 탐색 매트릭스

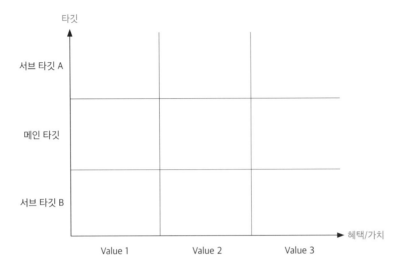

[그림 3]은 새로운 브랜딩의 필요성이 발생한 영역을 브랜드의 적용 관점에서 유의미한 두 개의 축을 바탕으로 구체화한 매트릭스입니다. 먼저 세로축은 해당 영역의 타깃target, 즉 브랜드가 관계를 맺어야 하는 사람들을 정의하고 있습니다. 성별이나 연령과 같이 통상적인 인구통계학적 관점으로 분류되는 타깃일 수도 있고, 라이프스타일 측면에서 유형이 구분되는 타깃일 수도 있겠죠. 어떤 방식이든 해당 영역에서 여러분들의 브랜드가 관계를 맺어야 하는 사람들이 누구인지 논의해 보고, 가장 의미 있는 메인 타깃과 그 외 서브 타깃을 구분하여 세로축에 표시해 주시면 됩니다.

가로축의 경우, 해당 영역의 브랜드가 관계를 맺게 될 사람들에게 제공하고자 하는 가치 또는 혜택을 나열해 보는 축입니다. 어떤 업이든 그 업종에 속하는 브랜드라면 마땅히 사람들에게 제공해야 할 보편적인 가치나 혜택이 있습니다. 같은 업종 안에서도 브랜드별로 제공하고자 하는 나름의 차별적 가치나 혜택도 당연히 있을 수 있겠죠. 예를 들어 금융업에 속한 브랜드라면 전자에는 마땅히 제공해야 할 '거래 안정성' 같은 항목이, 후자에는 토스와 같은 핀테크 브랜드들이 초점을 두고 있는 '거래의 초편의성' 같은 항목이 해당될 수 있습니다. 이처럼 브랜딩이 필요해진 영역에서 제공되어야 할 혜택과 가치에 대해 워크숍에서 충분히 논의한 뒤, 가능한 한 빠짐없이 도출하고 정리하여 가로축을 채워 주시면 됩니다.

여기까지 잘 따라오셨다면 이제 여러분들의 기업에서 브랜딩의 필요를 느끼고 있는 영역은 기본적으로 어떤 사람들을 대상으로 하는가, 그리고 그들에게 어떠한 가치와 혜택을 제공해야 하는가의 관점으로 구체화되었습니다. 다음으로 해야 할 일은 무엇일까요? 네, 맞습니다. 바로 워크숍 1단계에서 진행했던 내용, 즉 브랜드 체계의 관점에서 정리했던 브랜드들을 이번에는 [그림 3]의 매트릭스 위 적절한 위치에 올려 보는 것입니다.

각각의 브랜드는 모두 나름의 타깃은 물론, 지금껏 제공해 온 혜택과 가치들을 가지고 있습니다. 볼보Volvo는 모빌리티의 본질이 안전에 있다고 믿는 사람들에게 안전·신뢰라는 혜택과 가치를, BMW는 즐거움이 모빌리티의 핵심이라고 여기는 사람들에게 재미와 짜릿함, 일상으로부터의 탈출과 같은 혜택과 가치를 제공하고 있듯이 말이죠.

기존의 브랜드들을 [그림 3]의 매트릭스 위에 차례로 배치해 보시기 바랍니다. 만약 매트릭스 위에 올려놓을 수 있는 브랜드 요소를 도저히 찾을 수 없다면, (물론 꼼꼼하게 검토되었다는 전제하에) 해당 영역에는 새로운 브랜드가 필요할 확률이 높아진 것입니다. 해당 영역이 타기팅targeting하는 사람들과 직간접적인 관계를 맺고, 그들에게 필요한 혜택과 가치들을 제공해 온 브랜드가 기업 내부에 전혀 없다는 뜻이기 때문입니다.

쉬운 이해를 위해 [그림 4]를 한번 볼까요?

그림 4 브랜드 속성 탐색 매트릭스의 활용 예시

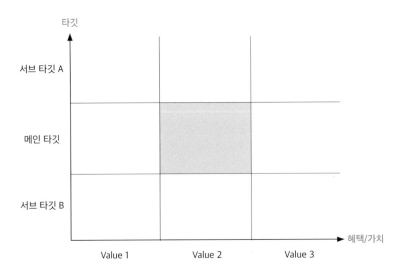

현재의 브랜드 중 하나를 '브랜드 A'라고 칭하겠습니다. 워크숍을 통해 논의를 해 본 결과, 브랜드 A를 매트릭스 위 음영 처리된 영역에 올려놓을 수 있겠다고 판단했습니다. 즉, 브랜드 A는 새로운 브랜딩이 필요해진 영역에서 메인 타깃으로 여겨지는 사람들과 그간 직간접적으로 관계를 맺어 왔고, 브랜드의 혜택과 가치로서 Value 2를 제공해 온 경험과 역량이 있다고 확인된 경우입니다. 따라서 브랜드 A는 일단 새로운 브랜딩의 필요가 발생한 영역에서의 활용 가능성이 일차적으로 확인된 셈인데요. [그림 4]를 다시 한번 자세히 들여다볼까요?

객관적으로 봤을 때 사실 브랜드 A가 소화할 수 있는 영역은 타깃 측면과 혜택/가치 측면 모두 일부분에만 걸쳐져 있는 상황입니다. 메인 타깃과의 관계는 설정되어 있으나 서브 타깃들과는 일면식도 없는 상태이고, 혜택과 가치 측면에서도 Value 2를 제외하고는 필요한 것들을 제공해 본 경험과 역량이 미흡합니다. 이 경우, 브랜드 A의 확장 가능성에 집중한 2차 검토가 필요합니다.

다시 말하면, 브랜드 A가 그간 메인 타깃과 맺어 온 관계를 기반으로 서브 타깃과도 관계를 맺어 나갈 수 있을 것인가에 대한 검토가 이루어져야 하며, Value 2를 제공해 온 경험과 역량으로 보았을 때 Value 1과 Value 3 역시 제공할 수 있는 탄력성이 있는가에 대한 냉정한 판단이 이루어져야 한다는 것입니다. 이러한 2차 검토 결과가 만약 긍정적이라면, 브랜드 A는 새로운 영역까지 담당할 수 있는 본격적인 가능성을 입증받은 것이라 할 수 있겠습니다. 만약 그렇지 않다면, 새로운 영역을 위해 별도의 브랜드 요소를 도입해야 할 타당성이 높아졌다는 뜻이 될 것입니다.

자, 여기까지 우리 브랜드의 역할에 대해 내부 임직원들이 공통의 이해를 구축하는 것이 중요하다는 사실과, 이를 위해 여러분들의 기업 내부에서 참고해 보면 좋을 만한 워크숍 모델에 관해 말씀드렸습니다. 다시 한번 이 점을 강조하고 싶습니다. 여러분들의 기업에는 브랜드의 외형을 갖춘 통상적인 브랜드 외에도 그 존재조차 인식되지 못하고 있는 브랜드가 있을 수도 있습니다. 이들을 모두 찾아내어 브랜드 체계의 관점에서 명확하게 이해하는 것이 중요합니다. 이러한 이해가 준비되어야만 새로운 브랜딩에 대한 필요성이 발생했을 때 가장 효율적인 투자와 효과적인 브랜딩을 동시에 기대할 수 있는 솔루션을 검토할 수 있기 때문입니다. 본 장에서 소개해 드린 워크숍 모델을 꼭 한번 활용해 보시기를 추천해 드립니다.

가장 효과적인 솔루션을 위해서는 새로운 브랜딩에 앞서 브랜드 체계를 명확하게 이해해야 한다.

Activity 1

브랜딩을 시작할 때 중요한 것 중 하나는 지금의 브랜드 현황에 대해서 다시 한번 살펴보는 것입니다. 우리에게 지금 어떤 브랜드가 있고, 새로운 사업과 관련하여 기존의 브랜드들이 해 줄 수 있는 역할과 그렇지 않은 역할이 무엇인지를 이해하는 것이지요. 여러분은 여러 개의 브랜드를 이미 가진 기업의 담당자일 수도 있고, 제대로 된 하나의 브랜드를 만들기 위한 여행을 막 시작했을 수도 있을 겁니다. 아래 준비된 활동은 우리 기업의 브랜드 현황을 살펴보기 위한 것으로, 혹시 아직 브랜드가 없는 분이라면 여러 브랜드를 거느린 기업을 하나 선택하신 뒤 진행해 보시면 좋을 것 같습니다.

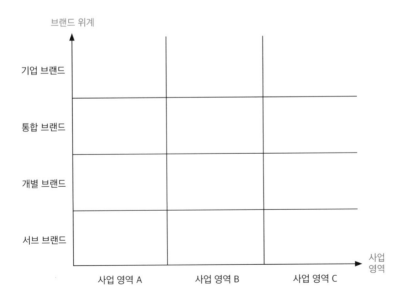

① 기업에 있는 모든 브랜드를 꺼내 위의 도표에 올려 봅시다. 해당
   브랜드의 사업 영역도 함께 적어 주세요!
② 도표에 등장한 브랜드들의 가장 최근 커뮤니케이션을 생각하며 마
   케팅 접점과 주제, 혹은 키 메시지Key Message를 함께 적어 봅시다.

   예시
   ● **브랜드명** 가나다라
   ● **최근 커뮤니케이션 활동** 유튜버 해님과의 콜라보레이션
   ● **접점** 유튜브
   ● **주제** 미식여행
   ● **키 메시지** 맛있는 매일

③ 도표가 완성되었다면 여러분은 종합상황실에서 전투 상황을 한눈
   에 내려다보는 지휘관이 된 것이나 다름없습니다. 브랜드 지휘관
   이 된 당신, 이제 작전이 필요합니다.

   ▶ 브랜드들이 서로 충분한 시너지 효과를 내고 있나요?
   ▶ 불필요한 중복이나 브랜드 간에 상충하는 부분이 있지는 않나요?
   ▶ 모든 브랜드가 각자에게 요구되는 역할을 충분히 수행하고 있나요? 혹시 처
      음의 기대와는 다르게 존재감 없이 자리만 차지하는 브랜드가 있지는 않나
      요?
   ▶ 브랜드 간의 구분이 너무 세세하거나 반대로 너무 방만하지는 않은가요?
   ▶ 새로운 브랜드가 등장한다면 지금 운영 중인 브랜드 중 특히 어느 브랜드와
      시너지 효과를 낼 수 있을까요?
   ▶ 기존의 브랜드가 해 온 방식에서 어떤 것을 취하고, 어떤 것을 변화시킬 수
      있을까요?

PART 2

존재

Being a Brand

브랜드는 사람들의 삶에 영향을 미치는
실체로 존재해야 합니다.

Chapter 3

브랜드의 지향점

해당 시장에서 인지도가 있기는 하지만 경쟁에서는 좀처럼 힘을 쓰지 못하던 두 브랜드가 있었습니다. 저희는 이들이 높은 경쟁력을 갖춘 브랜드로 발돋움할 수 있도록 함께 프로젝트를 진행했습니다. '내일의 우리는 어떠한 브랜드가 되겠노라' 하는 영감을 주고 다시 한번 모두의 동력을 집중시켜 줄 브랜드 정체성을 찾는 과정이었는데요. 그러기 위해서 저희는 브랜드들이 걸어왔던 길과 이 브랜드를 누리게 될 사람들은 누구인지를 열심히 살펴보았습니다.

그렇게 두 브랜드에 비슷한 노력을 들여 크게 다르지 않은 방식으로 결과물을 전달했지만 프로젝트를 마무리한 소감은 정반대였습니다. 두 고객사 모두 저희의 제언을 귀담아 들어 주셨고 결과물에도 만족하신 것 같았습니다. (조금 완곡한 표현을 썼지만, 당시 두 브랜드 모두 최종 결과물에 크게 공감하며 그를 통해 내일의 큰 그림을 그리고자 하였습니다.) 그러나 시간이 조금 지난 후 이들의 달라진 모습을 시장에 선보였을 때, 두 브랜드는 완전히 반대의 길을 걷게 되었습니다.

두 브랜드에게는 탄생 직후부터 내부적으로 공감을 얻어 온 고유의 강점이 있었는데요. 이 강점들은 지금껏 정성스레 커뮤니케이션되어 왔으나, 사업 성과가 말해 주듯 사람들의 마음에 잘 닿지는 못했던 것 같습니다. 프로젝트 과정에서 저희는 이 강점들을 시대의 흐름에 맞도록 재해석하였으며, 특히 이 강점들이 사람들에게 어떤 의미가 되어 줄 수 있는지를 중점적으로 고민하여 새로운 브랜드 정체성을 수립하였습니다. 즉, 기존에 앞세웠던 브랜드 강점에서 출발하여 내일의 사람들에게 줄 수 있는 해당 브랜드만의 가치를 새로운 지향점으로 삼은 것이지요.

하지만 커뮤니케이션 과정에서 두 브랜드의 희비는 크게 엇갈리고 말았습니다. 저희의 '희喜'가 되어 준 브랜드는 제안드린 방향대로 새로운 브랜드 정체성에 집중한 반면, '비悲'가 되어 버린 브랜드에는 오로지 과거의 강점만이 남았습니다. "그래도 우리 브랜드는 이거지"라는 대표님의 판단이 있으셨다고 합니다. 내부에서 보는 브랜드의 자랑스러운 면에 너무 집중한 나머지 이 브랜드를 만나게 될 사람들을 잊은 것입니다. 이건 사족이지만 한참 전 일을 다시 떠올리며 글을 적고 있는 지금도 그때의 상심은 너무도 생생해서 저도 모르게 눈물 짓는 이모티콘을 자꾸 찍게 되네요.

콘셉트, 에센스, 정체성

*

브랜드는 사람들의 삶에 영향을 미치는 실체로 존재해야 한다고 말씀드렸습니다. 존재란 무릇 영속하기를 고대합니다. 영원한 존재로서의 의미와 가치를 가지기 위해, 브랜드가 가진 장점과 특기를 무기 삼아 사람들의 삶에 어떠한 영향을 미치겠다는 스스로의 믿음이자 포부를 명확하게 정의한 것이 결국 브랜드의 정체성입니다.

생각해 보면, 브랜드 정체성은 참 많은 유의어를 가지고 있습니다. 브랜드 에센스, 브랜드 코어, 브랜드 콘셉트, 브랜드 가치 제안, 브랜드 포지셔닝 등 제가 써 봤거나 고객사를 통해 들어 본 표현만 해도 벌써 4~5개나 되는 것 같네요. 지칭하는 표현의 다양성만큼 서로 다른 나름의 해석이 난무하는 개념이기도 합니다. '난무'라는 다소 부정적 뉘앙스를 가진 표현을 쓴 이유는 흔한 빈도로 발견되기에 더욱 해소하고 싶은 중대한 오해가 있기 때문입니다. 더 자세한 이야기를 나누기 전에 용어를 먼저 정리해야겠습니다.

먼저 '브랜드 에센스Brand Essence'의 '에센스'는 본질 혹은 정수라는 의미입니다. 핵심이라는 뜻을 가진 '코어'가 사용된 '브랜드 코어 Brand Core' 역시 비슷한 의미겠지요. 브랜드는 제품 또는 서비스라는 대상에 새로운 이름과 스타일을 붙여 이미지화한 것이기에 본디 그 성질이 복합적인데요. 그러한 복합적인 대상의 가장 핵심적인 본질이라는 의미일 것입니다. 예를 들어, 초록색의 디자인과 '네이버'라는 이름을 가진 브랜드지만 그 본질은 '연결'인 것처럼 말이죠. 브랜드 정체성과 맥락이 연결되지요? 다만 브랜드 코어는 브랜드 에센스라는 말과 비교했을 때, 브랜드의 중심이자 근간이 되는 것이라는 의미를 조금 더 강조하는 표현일 수 있겠습니다.

'브랜드 정체성Brand Identity'의 'Identity'는 영어로는 'Who someone is'라는 뜻을 가진 단어인데, 우리말로는 '정체성'으로 해석됩니다. 표준국어대사전에 나와 있는 정의는 다음과 같습니다. 변하지 않는 존재의 본질을 깨닫는 성질 또는 그 성질을 가진 독립적 존재. 풀이가 어려운 것 같지만, 존재의 본질이라고 이해한다면 브랜드 에센스나 브랜드 코어와 크게 다르지 않습니다. 다만 정체성이라는 것은 사물보다는 생명이 있는 존재나 해석의 여지가 있는 대상, 예를 들어 예술이나 문화에 쓰이는 표현이라는 것이 큰 차이점이겠습니다. 글로벌 브랜드 컨설팅사인 인터브랜드Interbrand에서는 브랜드를 'Living Asset', 즉 '살아 있는 자산'이라고 정의합니다. 시간의 흐름에 따라 노화되기도 하고, 사람들과의 관계를 형성한다는 점에서 브랜드에 생명을 부여하는 것이지요. '본질'이, '정체성'이 무엇이냐고 묻는 질문에 대한 답은 각기 다를 수 있지만 어쨌든 브랜드의 본질이나 정체성은 특정 개념에 대한 언어적 표현으로 귀결됩니다.

'브랜드 콘셉트Brand Concept'는 브랜드가 가진 생각을 뜻하는 표현입니다. '브랜드 가치 제안Brand Value Proposition'은 좀 더 최근의 개념인데, 브랜드의 본질이든 브랜드의 생각이든 그 특정한 개념은 소비자를 향한 가치여야 한다는 것입니다. 귀여운, 혁신적인, 즐거운, 1등의, 새로운… 그게 무엇이든 브랜드가 정의하는 대로 브랜드의 본질과 정체성이 결정되었던 과거에서 벗어나 소비자에게 정말 의미 있는 가치를 찾아야 한다는 새로운 방향성을 담고 있는 표현입니다.

브랜드 정체성과 관련하여 사용되는 용어는 너무나 다양하고 그 해석도 제각각이다.

'브랜드 포지셔닝Brand Positioning'을 위의 표현들과 같은 의미의 또 다른 표현으로 이해하시는 분도, 그 하위의 요소 중 하나로 이해하시는 분도 있을 것 같은데요. 여기엔 조금 더 상대적인 개념이 포함되어 있습니다. 우리 브랜드의 정체성이 타 브랜드와 어떻게 구별되는지를 나타내는 것이니까요.

약간의 뉘앙스 차이는 있으나 이 용어들은 모두 브랜드를 정의하는 특정한 개념을 뜻합니다. 브랜드의 존재 이유를 정의하는 일은 간단하지 않습니다. 브랜드 역시 생명을 가진 존재나 마찬가지이기 때문입니다. 여러분의 존재에 대한 가치를 개념화하여 언어로 표현한다고 생각해 보세요. 가볍게 결론지을 수 없는 문제입니다. 이처럼 브랜드의 정체성이 브랜드 그 자체에도, 브랜딩 활동을 위해서도 아주 중요한 역할을 하는 것이라는 사실을 이 책을 읽고 계신 여러분께 계속 강조할 필요는 없을 것 같습니다. 그러니 브랜드 에센스나 코어라는 표현은 쓰지 않겠습니다.

그리고 브랜드가 가진 생각이 특히 소비자들에게 의미 있는 생각이어야 한다는 것은 브랜드가 생명을 가진 특정한 존재로서 사람들과 관계를 만들어 간다는 말에 포함되는 것 같네요. 그래서 이 책에서는 브랜드 콘셉트나 브랜드 가치 제안보다는 브랜드 정체성으로 이 개념을 통칭하도록 하겠습니다. 사실 어떤 표현을 취하는지는 중요한 문제는 아닙니다. 그 의미만 정확히 안다면요.

의미를 정확히 알자는 취지에서 앞서 말씀드린 몇 가지 오해에 대한 이야기를 해야 할 것 같습니다. 크게 두 가지 오해에 대해서 말씀드릴 텐데요. 먼저, 브랜드 정체성은 '멋진 표현'으로 만들어져야만 한다는 오해입니다. 브랜드의 정체성이란 무엇이고 어떤 역할을 수행하는지에 대한 충분한 배경 설명을 드렸음에도, 직후에 제시한 브랜드 정체성 후보안에 대해 "더 멋진 단어를 찾아 주세요"라거나, "개념은 알겠어요. 근데 좀 더 섹시하게 표현되었으면 좋겠어요"라는 고객사의 피드백을 들을 때 적지 않은 안타까움을 느끼게 됩니다.

물론 그 마음은 이해합니다. 존재에 대한 정의이다 보니 기왕이면 그 표현도 아주 멋진 것이면 좋겠지요. 어떤 표현으로 통칭해야 하나를 고민해야 했을 만큼 브랜드 정체성이라고 하는 것에 대한 각자의 경험이 다르기에 당연히 그에 대한 각자의 기대가 다를 수 있다고 백번 양보해 볼까 싶다가도, 브랜드에 못 할 짓 같아 미안해집니다.

브랜드 정체성이라는 것은 말 그대로 어떤 존재의 정체를 이해할 수 있도록 그 존재에 대하여 표현해 둔 것입니다. 브랜딩이라는 긴 여정을 위해 이해관계자 모두가 이해할 수 있고, 더 나아가 공감할 수 있는 가치를 찾는 일이 결국 브랜드 정체성을 잡는 일입니다. 그렇기에 표현을 다듬어야 하는 경우는 더 매력적인 단어를 찾기 위함이 아

니라, 오직 모두의 이해를 돕기 위해 더 나은 표현을 찾을 때뿐입니다.

덧붙여 이런 경우도 아주 흔하게 발생합니다. 전략적 방향성에 따라 복수의 후보안이 나왔을 때, 둘 다 좋으니 두 가지를 하나로 합쳐 달라거나 이 두 가지 방향성의 중간 단계를 찾아 달라는 요청입니다. 《마담 보바리》의 작가 플로베르가 주장한 일물일어설一物一語說이 생각납니다. 하나의 사물에는 오직 하나의 명사만 존재한다는 의미인데요. 어떤 개념을 정확하게 나타내는 표현이 달라지면 당연히 그 개념도 달라지게 됩니다.

브랜드 정체성은 '개념'입니다. 모두의 이해를 위해 언어적 표현이라는 도구를 사용하는 것뿐이지요. 어느새 우리가 함께 고민해 왔던 개념은 사라지고 '더 멋진 표현'에 집중하고 있노라면 안타까운 마음이 듭니다. 이런 상황에는 영화 〈곡성〉의 명대사가 여지없이 떠오릅니다. "뭣이 중헌디."

두 번째 오해는 브랜드 정체성을 수립하는 것이 곧 브랜딩 활동의 전부인 것처럼 생각하거나 혹은 가장 중요하다고 생각하는 것입니다. 아직도 브랜드 전략 프로젝트의 80% 이상은 브랜드 정체성에만 집중되어 있는데요. 앞서도 말씀드린 것과 같이 애초에 브랜드는 복합적인 요소들의 집합이며, 정체성이란 브랜딩이라는 일련의 과정에서 근간이 되는 아주 기초적인 요소이기 때문에 브랜드 정체성을 수립하는 것은 말하자면 기초 작업과도 같습니다. 브랜딩의 완성이 아니고요.

사실 명료하게 공유된 브랜드 콘셉트 없이도 앞서 말한 목적을 달성하는 브랜드도 세상에는 존재합니다. 스티브 잡스가 이끌던 시기의 애플은 브랜드가 명확한 정체성을 가지고 출발했다기보다 리더의 확고한 지향점이 브랜드에 반영된 사례입니다. 어떤 스타트업은 새로운 사업 아이템 그 자체가 곧 브랜드의 정체성이 되기도 합니다. 이 두 경우 모두 특정한 구성원 혹은 특정한 제품·서비스가 지향점을 제시했고, 모든 구성원이 이 명확한 지향점에 따라 함께 움직인다는 공통점이 있습니다.

브랜드 정체성을 수립한다는 것은 이 가치를 다양한 이해관계자가 일관되게 이해하고, 이에 대한 명확한 이미지를 갖도록 하는 목적을 가지므로 브랜드 시스템을 이루는 하나의 파편적 활동만으로 모두 끝난 일이 되지는 않습니다. 이어지는 다양한 브랜드 활동에 따라 그 결과가 좌지우지될 수 있으므로 브랜딩에서 가장 중요한 단계라고 보기도 어렵고요. 구슬이 서 말이라도 꿰어야 보배니까요.

브랜드 정체성(Brand Identity) 2.0

*

브랜드 정체성을 수립하는 것만으로 브랜딩이 저절로 되는 것은 아니지만, 브랜드 정체성이 브랜드가 목표로 하는 역할을 수행할 수 있게 만드는 출발점이 되는 것은 부정할 수 없는 사실입니다. 시작이 반이라고 믿으신다면, 네, 브랜드 정체성을 만드는 일은 매우 중요하겠지요. 브랜드는 그만의 가치를 통해 사람들과 긍정적인 관계를 구축하기 위한 것이며, 이를 통해 더 다양한 가능성을 만들고, 경제적 성과역시 거두어야 합니다.

그래서 차별화의 관점에서만 브랜드 정체성을 고려하던 때에는 우리만의 경쟁력을 한마디로 정의하는 것에 주력했는데요. 많은 경제서나 브랜딩 서적에서 보아 왔던 볼보의 'Safety(안전)', 애플의 'Innovation(혁신)', 스타벅스의 '3rd place(제3의 공간)', 디즈니의 'Magic(마법)'과 같이 차별적 경쟁력을 분명하게 정의하는 것이 중요했습니다. 그렇기 때문에 우리는 수십 년 전, 이 산업이 탄생한 순간부터 지금까지 줄기차게 3C(자사Company, 경쟁사Competitor, 고객Consumer) 분석을 멈추지 않는 것이지요. 물론 한국의 기업들에게는 브랜드 정체성을 중학생들도 다 알 법한 평범한 단어가 아닌 멋들어진 말로 표현하는 것도 중요하고요.

그러나 관점을 달리하여 '관계'에 초점을 맞춘다면, 브랜드는 정체성을 전달하기 위해 더 많은 것들을 생각해야 합니다. 브랜드가 사람들과 긍정적인 관계를 형성한다는 것은 어떤 의미일까요?

관계는 상호 간의 의미가 있을 때 만들어집니다. 상호 간의 의미란, 말 그대로 나와 상관있는 무언가가 있다는 뜻이며 나와 어떤 것을 공유할 때 생겨납니다. 그래서 생각의 관점 자체가 우리 제품·서비스와 관계를 맺어갈 '사람들'에게 온전히 옮겨 가야만 합니다.

이때, '사람들'의 범주를 우리 제품·서비스를 구매할 '소비자'에 국한하여 생각하지 말아야 합니다. 제품·서비스가 아닌 브랜드가 된다는 것은 소비자가 그 제품·서비스를 구매하고 사용하는 순간을 넘어, 소비자가 아닌 일상에서의 한 사람으로 지내는 모든 순간에까지 영향을 미친다는 것을 의미하니까요.

기업에겐 언제나 소비자가 왕이었기에 그들이 좋아할 만한 것을 늘 고민해 왔습니다. 소비자도 곧 사람이니, 지금껏 이러한 노력은 충분히 해 왔다고 생각할지 모릅니다. 그러나 시대가 바뀌었습니다. 네, 맞아요. 온디맨드On-demand 의 시대입니다. 개인이 브랜드와 1:1로 직접 대화할 수 있는 시대, 한 개인의 댓글이 다음 시즌의 프로모션이 되는 요즘입니다.

그간 기업에서 소비자를 생각할 때는 특정 세대, 즉 인구적 특성에 집중해 왔습니다. '2030 여성'이나 '4560 남성'과 같은 타깃은

인구적 특성에 집중한 기존의 타기팅

새로이 등장한 라이프스타일형 타기팅

낯설지 않죠. 그러나 개인과 브랜드의 물리적 거리가 이렇게 급격하게 가까워진 지금, 이런 방식의 타기팅이 얼마나 의미가 있을지 고민하기 시작했고, '라이프스타일형 타기팅'이라는 개념이 등장하게 되었습니다. 사람들의 일상과 그 시간 속에서 사람들이 원하는 것, 긍정적인 감정을 만들어 내는 것들을 이해하는 것이 무엇보다 중요합니다.

브랜드의 정체성을 만든다는 것은 사람들과 좋은 관계를 만들어 갈 수 있는 단초를 찾는 작업입니다. 이 정체성을 통해 브랜드는 사람들에게 가장 좋은 것을 만들어 낼 수 있고, 매력적으로 소통할 수 있습니다.

사랑받는 브랜드의 지표처럼 여겨졌던 소비자의 브랜드 충성도

Brand Loyalty를 얘기할 때면 자연스럽게 스타들을 향한 팬덤fandom이 떠오릅니다. 이 둘의 특징이 크게 다르지 않기 때문이지요. 반짝반짝하는 상대를 향해 맹목적인 애정을 보내던 시대는 한참 전에 지났습니다. 아무리 사랑하던 오빠들이라도 팀 활동에 나쁜 영향을 미친다면 팀에서 멤버를 퇴출하라는 성명을 내고, 소속사의 업무 능력에도 깐깐한 잣대를 들이밀어 더 나은 방식을 요구하는 것이 오늘날의 팬들입니다.

어떠한 관계도 절대 일방향으로 만들어지지 않습니다. 사람들이 적극적으로 참여하게 만드는 브랜드가 사람들과 강력한 관계를 가질 수 있습니다. 사람들은 자신들이 잘 아는 것에 마음을 열고, 공감대를 가질 수 있는 상대에 매력을 느낍니다. 그래서 브랜드가 이들의 마음을 열게 하기 위해서는 매력적인 정체성과 이를 튼튼하게 뒷받침하는 훌륭한 이야기가 필요합니다. 많은 브랜드들이 스토리텔링의 중요성을 깨닫고 있는 이유이죠.

대한민국이 사랑하는 김영하 작가가 예능 프로그램에 나와서 '사람들이 어떤 것에 이야기를 붙이는 이유'에 대해 설명한 적이 있습니다. 이야기란 인간이 대상을 쉽게 기억하게 만드는 장치라고 정의하면서, 사람들은 어떤 정보를 이야기의 형태로 들었을 때 잘 기억하고 특히 "잘 결부된다"고 설명했는데요. 길어서 발음하기도 벅찬 어떤 성분 때문에 피부를 좋게 만들어 준다는 제품과, 언제나 뽀얗고 고운 주조사의 손에서 힌트를 얻어 그 성분으로 제품을 만들었다는 SK-II. 둘 중 어느 것에 마음이 더 끌리는지를 생각해 보면 스토리텔링의 힘을 다시 한번 실감할 수 있죠.

앞선 예시와 같이 보통은 브랜드 정체성을 하나의 단어 혹은 구나 문장으로 설정하고, 핵심 가치 등 여러 가지 추가적인 요소들을 포함하여 하나의 시스템으로 정리합니다. 이를 브랜드 아이덴티티 시스템이나 브랜드 하우스 혹은 브랜드 플랫폼이라고 정의하는데요. 이러한 시스템을 바탕으로 브랜드 스토리를 작업하곤 합니다.

일을 오래 하면 할수록 브랜드 시스템의 모든 요소가 정말 도움이 되는 걸까, 하는 의구심이 커져만 갑니다. 가장 큰 이유는 시스템을 구성하는 각 요소의 역할에 대해 기업 내부의 이해가 늘 다르기 때문이고요. 여러 개의 단어를 하나의 가치로 수렴해 가는 방식 역시도 진짜 효과가 있는 것인지─아니 조금 더 솔직히 말하자면, 하나의 개념으로 브랜드의 정체성을 수렴할 수 있는지를 잘 모르겠습니다. 여러분은 여러분의 정체성을 한 단어로 콕 집어 설명할 수 있으신가요? 어떤 존재도 그렇게 단순하지 않을 것 같습니다.

하지만 브랜드 정체성을 그렇게 만들어 왔던 이유는 분명히 있습니다. 정체성이 명확하지 않으면 이 브랜드에 관여하는 많은 사람이 정확히 이해하기 어려울 수 있고, 그렇게 되면 모든 브랜드 활동에 방향성을 제시하는 역할을 제대로 수행할 수 없다고 생각했기 때문이지요. 거기에 경쟁 브랜드와 얼마나 차별화되는지가 브랜드 정체성을 평가하는 가장 중요한 잣대였다면, 그를 분명히 하기 위해서라도 딱 떨어지는 하나의 표현이 필요했을 겁니다.

그러나 아쉽게도, 실제로 프로젝트를 해보면 이러한 기대를 가지고 수립한 하나의 표현은 그 역할을 제대로 하지 못하는 경우가 많았습니다. 모두가 명확히 인지하고 있으나 그 해석이 모두 다르고, 공감

하나의 표현이라도 사람마다 이해와 공감의 정도가 각기 다르다.

하는 정도 역시 매우 다른 경우가 대부분입니다. 각기 다른 해석은 산발적인 브랜드 활동으로 이어지고, 일부의 낮은 공감대는 애써 만든 브랜드 정체성을 무용지물로 만들어 버립니다.

스토리텔링을 활용하여 브랜드 정체성을 만들어 본다면 어떨까요? 각 기업 내에 가지고 계신 브랜드 시스템이나 브랜드 하우스, 브랜드 플랫폼, 혹은 그것이 무엇이 되었든 역할을 다 이해하기도 어려웠던 빈칸을 채우는 데 주력하기보다 모두에게 하나의 개념으로 이해되고, 특히나 크게 결부될 만큼의 공감대를 가진 브랜드 정체성을 만들어 보는 겁니다.

앞서 브랜딩은 비즈니스의 밸류 체인 안에서 소화되고, 제품·서비스를 기획하는 단계에서부터 이루어져야 하며, 그 제품·서비스로 사람들이 일상 속에서 어떤 순간을 경험하고 특정한 감정을 느끼는 과정까지 모두 포함한다고 말씀드렸습니다. 브랜드 정체성이 유의미해지는 것은 브랜드와 관련된 모든 활동에 이 정체성이 활용될 때인데요. 이게 참, 말처럼 쉽지 않습니다. 기업마다 그 사정이 다르겠습니다만, 보통은 수립된 정체성을 여러 부서가 각자 해석하여 정체성을 전달할 수 있는 활동들을 실행하는 것으로 알고 있습니다. 일관된 경험을 만들고 부서 간 활동의 시너지 효과를 내기 위해 관련 부서들이 한데 모여 고민하는 경우도 많은데요. 결과적으로 모든 경험이 하나의 주제를 가지는 것, 그리고 각 경험이 긴밀히 연결되어 서로 긍정적인 영향을 주는 것. 그것이 바로 가장 이상적인 브랜딩입니다.

강력한 선언이 되는 브랜드 정체성

*

지금부터는 브랜드 정체성을 구축하는 실질적인 방법에 관해 이야기해 보려고 합니다. 다양한 접근법과 분석 방식이 있지만 이 책에서는 앞서 소개한 브랜드 정체성의 개념과 역할에 충실하면서도 현 시점에 적합한 방법을 제시하고자 합니다. 브랜드 정체성을 구축하는 방법론을 제시함에 있어 가장 중요하게 생각한 것은 '관계 지향성'과 '구체성'입니다.

1. 브랜드의 존재 이유와 제공 가치를 정의하자.

기업 브랜드부터 제품 브랜드까지, 모든 브랜드는 저마다 만들어진 이유가 있기 마련입니다. 그리고 그 이유는 반드시 명징해야 합니다. 이 세상에 이 브랜드가 존재해야만 하는 이유이자 이 브랜드가 존재함으로써 세상과 사람들이 겪게 될 변화 말입니다. 누군가 "제품을 만드는 것이 아니라 브랜드를 만드는 것이다"라고 말한다면, 이는 아마도 존재 이유의 유무에 관한 이야기일 것입니다.

라이언 대니얼 모런의 《1년에 10억 버는 방구석 비즈니스》라는 책에 아주 좋은 사례가 나오는데요. 평소 불면증을 앓고 있던 제임스는 블루라이트를 차단하는 안경을 통해 수면장애를 해소했는데, 문제는 이 안경의 디자인이 정말 최악이었다고 합니다. 그는 본인과 같이 수면장애를 겪는 사람들이 이 안경을 더 자주 이용하게 하기 위해서는 더 나은 제품이 필요하다고 생각했죠.

시장의 경쟁 업체들은 블루라이트 차단 제품을 약 8달러에 판매하고 있었는데요. 더 저렴한 가격으로 경쟁력을 만드는 것은 불가능했습니다. 그래서 제임스는 안경의 기능 그 자체보다, 사람들에게 훨씬 중요한 이슈인 '불면'에 집중하여 블루라이트 차단 안경 브랜드를 만들게 되었습니다. 그리고 이 브랜드는 큰 성과를 거두었습니다.

그러나 이후 제임스가 출시한 또 다른 스타일의 블루라이트 차단 안경은 큰 실패를 맛보았습니다. '불면을 해소하기 위한 브랜드'라는 초기의 명확한 존재 이유를 잊고, '안경을 파는 기업'으로 시야를 좁혀 기존과 다른 스타일의 안경을 시장에 내놓았기 때문인데요. '안경을 파는 기업'이 아닌 '수면 전문 기업'이라는 생각을 되찾은 후에야 상황은 다시 역전되었습니다.

존재 이유는 관계에 대한 큰 관점을 결정합니다. 따라서 브랜드의 존재 이유가 정의되면 우리 브랜드가 이 세상과 사람들에게 어떤 혜택과 가치를 줄 수 있는지를 설정하여 그 존재 이유를 뒷받침해야 합니다. 이 과정에서 우리 브랜드가 시장 내 다른 브랜드들과는 무엇이, 어떻게 다른지, 좀 더 구체적으로는 무엇을 제시하고 제공함으로써 어떠한 차별적인 가치를 가져다줄 수 있는지가 조금 더 명확해집니다. 제공하는 기능 자체는 크게 다르지 않더라도 존재 이유로부터 출발한 브랜드 철학이 우리 브랜드의 가치를 차별적으로 만들어 줄수 있습니다. 블루라이트를 차단하여 눈의 피로를 풀어 주는 제품에 더해진 '괴로운 수면장애를 해소해 주는 건강한 습관'이라는 가치처럼 말이죠.

존재 이유에 합당한 '브랜드의 제공 가치Brand Offerings'를 규정해 봅시다. 이 가치는 물론 우리 경쟁사가 선점한 가치가 아니어야 하며, 우리 브랜드가 '주고 싶은' 가치일 뿐만 아니라 분명히 '줄 수 있는' 가치여야 합니다. 기능적이거나 감성적인 혜택 중 무엇이든 될 수 있으며 반드시 존재 이유와 긴밀하게 연결되어야 합니다.

2. 브랜드가 제공하는 가치에 애정을 가지게 될 사람들과, 브랜드가 그들과 맺게 될 관계를 정의하자.

브랜드가 제시하는 가치에 어떤 라이프스타일을 가진 사람들이 관심을 가지고, 좋아하고, 더 나아가 열광하게 될지, 즉 우리 브랜드와 관계를 맺게 될 사람들에 대해 그림을 그려 봅시다. 브랜드의 존재 이유와 제공 가치에 긍정적으로 반응하는 사람들이라면 어떠한 생각을 가지고 어떠한 삶을 살아가는 이들일지에 대한 윤곽이 생깁니다.

중요한 것은 특정 연령대, 특정 성을 가진 어떤 집단으로 이들을 단순화하는 것이 아니라 일상의 용어를 반영하여 어떤 생각을 하고, 어떤 고민과 희망을 품고, 어떠한 방식으로 삶을 꾸려 가는지와 같이 실제로 어떤 삶을 살고 있는지에 대해 생각해 보는 것입니다. 일상의 시간대를 빌려 그들의 삶을 구체적으로 상상해 볼 수도 있습니다. 그 시간대, 그 장소에서 어떠한 사람들과, 또 어떠한 브랜드와 우리 브랜드가 함께할지에 대해서요.

몇 가지 시나리오를 바탕으로 이 사람들의 라이프스타일을 우리 브랜드만의 용어로 규정해 봅시다. 동시대를 살아가는 사람으로서 사람들의 일상에 대한 아주 보편적인 접근부터 시작하면 됩니다. 여기에 사람들의 실제 라이프스타일을 이해할 수 있는 몇 가지 조사나 인터뷰를 진행하거나, 이미 조사된 자료를 참고하는 것도 도움이 되겠습니다.

예를 들어 수면장애를 해결할 수 있는 건강한 습관을 만들어 주는 브랜드에 반응하는 사람들이라면, 일상생활과 건강 사이의 밸런스를 중요하게 생각하는 사람들은 아닐까요? 바쁜 하루하루지만 그래도 건강을 신경 쓰며 할 수 있는 한 건강을 위해 노력하는 사람들. 이러한 사람들에게 필요한 것은 건강 습관에 대한 전문성을 바탕으로 한 헬스케어 코치일 수도 있고, 이러한 고민을 함께 나눌 가까운 친구일 수도 있습니다. 우리 브랜드는 사람들과 어떤 형태의 관계를 만들어 가면 좋을까요?

우리 브랜드는 어떤 삶을 살고 있는 사람들과 함께할 수 있을까?

3. 브랜드의 이미지와 스타일을 정의하자.

앞서 수립된 내용을 바탕으로 우리 브랜드가 어떠한 이미지를 가지게 될 것인가를 결정해 봅시다. 이는 앞으로 브랜드가 만나게 될 사람들과 언어적·시각적으로 커뮤니케이션하는 방식을 결정짓는 중요한 요소입니다. 성격적인 특징을 주로 담은 '이미지'와 눈으로 보이게 되는 외형적인 특징을 담은 '스타일'로 나누어 정의하면 브랜드의 정체성이 완성됩니다.

여러 번 강조합니다만 브랜드는 기업의 밸류 체인과 연계시켜 활용해야 하며, 그렇기에 브랜드 정체성은 기업 내 다양한 직군의 사람들이 동일하게 이해할 수 있어야 합니다. 따라서 브랜드 이미지와 스타일을 정의할 때 이해를 도울 수 있는 참고 자료가 있다면 더욱 좋겠습니다. 이미지와 스타일을 나타내는 형용사는 사람마다 다른 연상을 가지기가 쉽기 때문입니다.

예를 들어, '프리미엄'이라는 단어를 들었을 때 고급스럽다는 단편적인 인식 외에 어떤 방식으로 고급스러울지에 대한 연상은 제각각 다를 수 있습니다. 굉장히 모던하면서도 고급스러울 수도 있고, 고풍스러운 무언가가 고급스러운 느낌을 줄 수도 있습니다. 이런 경우 브랜드가 지향하는 프리미엄이 어떤 것인지 명확히 하는 표현을 찾아도 좋고, 실제로 참고할 수 있는 사진이나 영상물, 혹은 이미지를 잘 대변하는 셀럽의 모습을 함께 첨부하는 것이 좋겠습니다.

4. 브랜드 정체성을 완성하자.

지금까지 말씀드린 내용을 더하면 아래와 같은 형태의 브랜드 정체성이 완성됩니다.

우리 브랜드는 [ ]을(를) 위해 존재합니다. 그를 위해 우리 브랜드는 이 세상과 이 세상을 살아가는 사람들에게 [ ]를 제공합니다.

우리 브랜드는 특히 [　](한) 사람들과 [　]의 관계를 맺어 나갑니다.

우리 브랜드는 [　]한 이미지와 [　]한 스타일로 표현됩니다.

(우리 브랜드는 X입니다.)

브랜드 정체성을 구체적으로 제시하는 이 문장들은 그 자체로도 훌륭한 브랜드 스토리가 될 수 있습니다. 사람들에게 우리 브랜드의 지향점을 잘 알려줄 수 있고, 내부 임직원들에게는 브랜드 정체성을 구성하는 가치적인 맥락을 분명히 하는 기준점이 될 수 있지요. 여기에 브랜드 이미지와 스타일에 대한 참고 자료까지 잘 정리된다면 브랜드북으로써의 가치도 충분합니다.

그렇지만 사실 우리에게는 앞서 소개해 드린 몇몇 브랜드의 사례처럼 한 단어 혹은 문장으로 딱 떨어지는 형태가 익숙합니다. 매우 높은 확률로 보고 시에 이런 말씀을 듣게 되겠지요?

맥락을 가진 브랜드 정체성을 한 단어로 정의하기란 쉽지 않다.

"그래서 한마디로 뭔데?"

그래서 괄호 안의 문장(우리 브랜드는 X입니다)을 넣어 두었습니다. 그러나 내부에서 꼭 필요로 하는 것이 아니라면 굳이 그 한 단어를 찾기 위한 수고를 하지 않으셔도 좋겠습니다. 생각의 줄기와 그에 따라 파생되는 중요한 맥락을 한 단어로 표현하기란 정말 쉽지 않으니까요. 그 멋진 하나의 표현을 찾기 위해 그보다 더 중요한 전체의 맥락이 흔들리는 경우를 너무도 많이 목격했습니다. (그러니까 "뭣이 중한디"라는 대사가 절로 생각나고요.) 사실 사람도 그렇잖아요. 누군가 여러분에게 여러분의 정체성을 가장 잘 표현하는 한 단어를 묻는다면 쉽게 답할 수 있을까요? 답을 내어놓았더라도, 그 한 단어가 정말 충분하다고 생각될까요?

그럼에도 불구하고 그 한 단어가 꼭 필요하시다면 그 한 단어를 찾는 데는 왕도가 없다고 말씀드려야겠습니다. 'X'로 표현된 브랜드 정체성은 존재 이유로부터 시작하여 내러티브 구조를 가지고 도출된, 그러니까 우리 브랜드 가치를 만드는 생각들이 귀결된 요소입니다. 전체 내용을 아우르는 한 단어가 있다면 더할 나위 없겠으나, 그건 거의 불가능하니 내러티브에서 이야기하고자 하는 것 중 가장 중요한 것을 선택하시면 되겠습니다. 중요도에 대한 판단은 기업 내부의 의지가 담긴 자의적 해석이어도 충분합니다.

다시 블루라이트 차단 안경의 예로 돌아가 볼까요? 제임스가 평소에 생각하던 사업 방향성을 토대로 아래와 같은 브랜드 정체성을 작성했다고 가정해 보겠습니다.

"우리 브랜드는 [사람들의 건강한 생활]을(를) 위해 존재합니다. 그를 위해 우리 브랜드는 이 세상과 이 세상을 살아가는 사람들에게 [수면을 방해하는 블루라이트를 차단하는 안경과 블루라이트에 노출되는 것을 방지할 수 있도록 하는 건강 팁]을(를) 제공합니다. 우리 브랜드는 특히 [건강한 습관을 통해 활력 있는 일상을 만들고 싶어](하는) 사람들과 [이를 가까이서 도와줄 수 있는 조언자]의 관계를 맺어 나갑니다. 우리 브랜드는 [친근하고 스마트]한 이미지와 [감각적이고 패셔너블]한 스타일로 표현됩니다."

이 내러티브를 바탕으로 'X'를 찾을 때는 다음과 같은 예시가 모두 가능합니다. '건강' '패너서블한 건강 코치' '스마트 헬스 라이프' '헬스 밸런스'….

브랜드 정체성은 '지향점'입니다. 표어로 걸어 두는 것이 아니라 그를 통해 움직임이 발생할 수 있는 것이어야 합니다. 다시 말해 이 브랜드와 관계된 모든 사람들의 생각의 출발점이며, 그 결과가 가치와 관련되어 설명될 수 있어야 합니다. 잘 만들어진 브랜드 정체성은 다음의 속성을 가집니다.

① 모든 이해관계자가 동일한 의미, 더 나아가 동일한 맥락으로 이해할 수 있다.
② 가치로부터 이끌어 낼 수 있는 행동을 생각해 볼 때, 제약이 발생하기보다는 다양한 가능성을 환기할 수 있다.
③ 시장에 존재하는 지금까지의 것들과는 다르다.

여기서 생길 수 있는 오해를 바로잡고자 합니다. '다름'은 완벽히 다른 가치를 의미하는 것이 아닙니다. 같은 가치를 지향하더라도 그것을 전달하는 우리의 행동이 다를 수 있다면 충분합니다. 물론 기존보다 더 잘하는 것도 다름이지요. 차별화를 위한 차별화에 빠져서는 안 됩니다. 다름을 위해 존재하는 것이 아니라 가치를 다르게 전달하는 것이 핵심입니다. 그런고로 누구나 다 아는, 흔하디흔한 단어로 정체성이 정해지는 것은 나쁜 것이 아닙니다. 흔한 가치여도 우리 브랜드만의 철학이 충분히 담겨 있다면 말이지요.

정말 나쁜 것은 우리에겐 그럴싸하게 들릴지 몰라도 사람들에게 별다른 의미를 주지 않는 것입니다. 아직도 한국의 많은 기업들은 '더 나은' '앞서가는' '미래지향' '내일의' 등으로 수식되는 브랜드 정체성을 선호하는데요. 브랜드 정체성은 무엇이 '더 나은' 것인지, 무엇을 통해서 '앞서갈' 수 있는지를 사람들에게 전달하기 위해 존재합니다. 브랜드 정체성은 사람들과 관계를 맺어 가기 위한 단초이기 때문입니다.

"이것이 어쨌든 당신에게 더 좋다"라는 주장처럼 터무니없는 것이 있을까요. '어떤 생각과 어떤 행동으로 당신에게 좋은 가치들을 선사할 존재', 이것이 바로 사람들에게 전달되어야 하는 우리 브랜드의 정체입니다. 그들에게 필요한 무언가를 주겠다는 다짐이 담겨 있으며 그 다짐을 모두가 같은 개념으로 명확하게 이해할 수 있어야 바로 좋은 브랜드 정체성입니다.

브랜드 세계관

*

여러분, 요즘 '세계관'이라는 말 자주 들으시죠? 브랜드 정체성을 브랜드 세계관의 관점에서 고려해 보면 어떨까요? 사람들을 참여시키고, 경험을 다채롭게 한다는 측면에서 지금까지 말씀드린 좋은 브랜드 정체성과 일맥상통하는 개념이라고 생각됩니다. 국어사전을 찾아보면, 세계관은 '자연 및 인간 세계를 이루는 인생의 의의나 가치에 관한 통일적인 견해'라고 정의되어 있습니다. '세상에서 일어나는 모든 일, 예를 들어 정치, 경제, 사회, 문화, 복지, 인류, 철학, 이성, 사랑 등에 관한 가치관적 판단'이라고 풀어 설명된 내용도 있습니다. '어떠한 세상'에서 받아들여지는 '어떠한 가치' 정도로 이해하면 쉬울 것 같은데요. '어떠한 세상'이란, 사람이든 자연적 개체든 그 밖의 무엇이든 간에 누군가의 생 속에서 일어나는 일들의 배경을 뜻하는 것으로 공간적 개념으로 정의될 수도 있고 특정한 페르소나로 정의될 수도 있습니다. '어떠한 가치'는 '어떠한 세상'의 특징이 반영된 그곳만의 가치로 꼭 윤리적이거나 교훈적 가치만을 특정하는 것은 아닙니다. 브랜드 정체성과 브랜드 세계관은 어떤 차이가 있을까요?

지금까지 브랜드 정체성이 전달해 왔던 가치와 브랜드 세계관이란 이름으로 추구되는 가치는 같을 수도 있습니다. '즐거움'이라는 브랜드 정체성과 동시에 '즐거운 세상'이라는 세계관을 가진 브랜드처럼요. 이 두 개념의 차이는 얼마만큼 생생한 디테일을 가지는가에 있습니다.

브랜드 세계관은 가장 생생한 형태의 브랜드 정체성이 될 수 있다.

브랜드 정체성을 통한 경험 설계는 브랜드가 가진 다양한 접점에서 수립된 브랜드의 정체성이 얼마나 일관되게 드러나는가를 고민하면 됩니다. 반면 브랜드 세계관에 속하는 브랜드 경험은 각 경험이 존재해야만 하는 이유, 요즘 말로 '서사'가 중요합니다. 소설이나 영화에서 특정 시점에 특정 배경에서 특정 사건이 일어나게 된 이유, 어떤 앞뒤 맥락을 가진 상황에서 발생한 사건인지에 대한 디테일 같은 것인데요. 사람의 일상이 시간을 따라 흐르듯, 브랜드 세상 속 사건 혹은 경험들은 서로 간에 유기적인 관계를 맺습니다. 이전의 경험에 대한 결과로 새로운 경험이 나올 수도 있고, 살짝 흘린 '떡밥'이 내년 시즌의 캠페인이 될 수도 있습니다.

그림 5 브랜드 정체성과 브랜드 세계관의 차이점

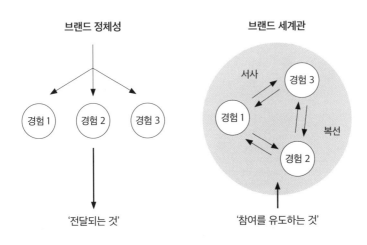

〈유미의 세포들〉을 대히트시킨 이동건 작가의 신작 웹툰에서는 주인공이 '구웅게임즈'에서 '줄리소프트'로 이직하는 장면이 나옵니

다. 역시나 인기 웹툰인지라 많은 댓글이 달렸는데, 그중에서도 "대기업 줄리소프트로 이직하다니, 완전 능력쟁이었나 보다. 연봉도 엄청 오르겠다"라는 댓글이 눈에 띄었습니다. 그 댓글 밑으로는 "은조(주인공) 세계관에 완벽히 몰입했다"라는 대댓글이 줄을 이었는데요.

세계관이 받아들여지는 건 그 세상에 공감하기 때문입니다. 주인공의 성격이나 지금까지의 에피소드를 보면 지금 일어나는 상황들이 충분히 공감되고, 실제 내 주변의 일처럼 몰입하게 된다는 뜻이지요. 튼튼한 브랜드 세계관을 만들기 위해서는 이 세상의 중심인 브랜드의 성격, 즉 브랜드 페르소나가 명확해야 합니다. 그래야만 이를 기반으로 주어지는 브랜드의 서사에 힘이 실리고, 이 서사를 통해 유기적인 경험들이 제시되었을 때 사람들이 기꺼이 이 세상에 참여합니다. 그리고 그들 스스로 떡밥을 찾고 새로운 경험을 상상합니다.

오늘날의 브랜딩에서 가장 중요한 '관계'와 '가치'를 생각해 보았을 때, 브랜드 세계관은 가장 생생한 형태의 브랜드 정체성이 될 수 있을 겁니다. 브랜드의 세상과 그 세상 속 경험들을 끌어내는 서사를 만드는 과정이 곧 스토리텔링이 될 테고요. 물론 브랜드는 브랜드 전체를 위한 대표 세계관을 정립할 수도 있고 그 브랜드가 거느리는 개별 요소, 즉 브랜드 캐릭터 혹은 브랜드를 위해서 일하는 사람, 브랜드 모델 등의 개별 세계관을 만들어 갈 수도 있습니다.

브랜드 세계관의 이해를 위해 정체성과 비교하여 설명드렸는데요. 브랜드 정체성이 세계관으로 대체되어야만 한다는 의미는 아닙니다. 브랜드 세계관은 브랜드의 정체성을 대신할 수도 있지만 한 시즌의 멋진 브랜드 경험 요소일 수도 있습니다. 유기적으로 연결되고 발전하는 특성을 가졌기 때문에 현재 브랜드들이 운영하는 세계관이 일부 제품을 위한 한 시즌의 커뮤니케이션이었다고 해도 튼튼한 서사만 있다면 브랜드 그 자체의 세계관으로 확대·발전될 수 있습니다. 상황과 활용 전략에 따라 다양한 범위에서 세계관을 활용할 수 있는 것입니다.

이마트의 공식 SNS 채널을 통해 전개되는 '이마트가emart家'의 세계관을 살펴보면 성공하는 브랜드 세계관의 법칙을 확인할 수 있습니다. 이마트는 이마트가의 가족 구성원으로 설정된 세 명의 인물들을 앞세워 각 계정을 서로 유기적으로 운영 중인데요. 할아버지가 운영하는 이마트의 장난감 브랜드 '토이킹덤Toy Kingdom' 계정, 아빠가 운영하는 가전제품 브랜드 '일렉트로마트Electro-Mart' 계정, 그리고 딸이 운영하는 생활용품 브랜드 '앳홈At Home' 계정입니다. 아빠는 전자기기를 좋아해서, 그리고 딸은 방구석에만 있어서 해당 계정을 운영하게 되었다는 설정도 재밌습니다.

각각의 계정은 특징과 개성을 살려 특유의 세계관을 드러내는데요. 할아버지의 토이킹덤 계정은 토이킹덤에서 판매되는 인형을 활용하여 〈할아비의 현실동화극〉이라는 콘텐츠를 운영했습니다. 우리가 잘 알고 있는 동화를 요즘 세상에 맞게 살짝 비틀어 전달하는 동화 콘텐츠인데요. 뻔한 권선징악이나 억지 감동 유도가 아닌 지극히 현실적인 내용이라 큰 인기를 끌었습니다. 아빠가 운영하는 일렉트로마트 계정에서는 일렉트로맨이라는 캐릭터가 등장하는데, 이 캐릭터는 무기 설계사입니다. 그 설정에 맞게 일렉트로마트에서 판매되는 가전제품을 SF 만화 속 무기처럼 소개합니다. 딸이 운영하는 앳홈 계정에

이마트가 세계관에 등장하는 세 인물들

서는 〈요새는 집에 있습니다〉라는 콘텐츠가 사랑받았는데, 지구 종말을 대비해 전 재산 800만 원으로 요새를 만들어 가는 이야기입니다. 각각의 계정은 서로의 게시글에 댓글을 달고, 만우절에는 다른 계정의 제품을 포스팅하기도 하면서 이마트가의 세계관을 잘 보여 주었습니다.

　그러다 가장 먼저 딸이 좋은 사람을 만나 가정을 꾸리게 되면서 해당 계정의 메인 콘텐츠가 중단되고, 아빠와 할아버지도 뒤이어 콘텐츠를 중단하는 글을 올렸습니다. "할아버지 가지 마세요, 담당자님 퇴사하시나요?" 등 해당 계정을 팔로우하고 그 세계관을 함께 즐기던 많은 사람들은 아쉬움의 댓글을 남겼고 이 세계관이 계속되기를 기다리고 있습니다.

〈할아비의 현실동화극〉
마지막 콘텐츠

브랜드의 세계관은 다음의 요소들로 완성됩니다.

① **등장인물**: 생의 희로애락, 에피소드 등 이야기를 만들어 내는 주체가 필요합니다. 브랜드를 직접 의인화할 수도 있고, 세계관을 위한 별도의 캐릭터를 만들어 낼 수도 있습니다. 혹은 브랜드의 담당자처럼 얼굴 없는 화자를 등장시킬 수도 있습니다.

② **서사**: 최대한 디테일한 서사가 필요합니다. 등장인물에 대한 것은 물론이고 등장인물을 둘러싼 주변인들의 관계, 주변인이 갖는 별도의 서사 등 초기에 모든 서사를 완성할 필요 없이 운영 중에 일어나는 다양한 일들을 서사에 포함하며 더욱 풍부한 서사를 만들어 갈 수 있습니다. 서사를 만들어 갈 때 우리 제품·서비스가 어떤 방식으로 이 서사 속에 자연스럽게 녹아들 수 있을지를 함께 구상합니다.

③ **연결과 떡밥**: 책에 쓰기에 적합한 표현인지 모르겠지만, '떡밥'이란 사건과 사건, 등장인물들의 연결 등 서사를 비롯하여 긴밀하게 발생하는 물리적 연결과 그 속에 숨겨져 있는 복선 같은 장치입니다. 이는 서사를 더욱 풍부하게 만드는 요소이기도 하지만 궁극적으로는 사람들의 참여를 유도하는 요소입니다. 의도한 떡밥에 사람들이 반응할 수도 있고, 생각지도 못했던 것을 떡밥으로 만들어 갈 수도 있습니다. 단편적 사건들도 좋지만 지난 사건에서 파생된 또 다른 사건이 생기게 되면 그 과정을 알고 있는 사람들의 유대감이 더욱 커지는 효과를 불러옵니다.

④ **주제**: 세계관에 해당하는 것으로, 가장 중심이 되는 메시지입니다. 한 가지 염두에 두실 섬은 모든 등상인물의 서사가 주제와 일

맥상통할 필요는 없다는 것입니다. 사람 사는 세상이 그러하듯 다양한 인물과 사건이 모여야 특정한 가치를 환기할 수 있습니다. 더불어 모든 사건이 해당 주제를 중심으로 흐르도록 한다면 소재의 고갈과 표현의 한계가 분명하게 드러날 것입니다. 주제는 브랜드 세계관의 모든 흐름을 좌지우지하는 필터 같은 역할이 아닌 이 세계에 흐르는 커다란 기조 같은 것으로 생각하면 좋겠습니다. '솔직함'이나 '성장'과 같은 큰 주제면 충분합니다.

그래도 어떤 식으로 주제를 설정하는 것이 좋을지 고민이 된다면 네이버 웹툰 페이지를 참고해 보세요. 웹툰별로 해당 작품을 소개하는 짧은 한 줄이 있는데 그 정도의 내용이면 충분합니다. 예를 들어 '자까 작가의 나혼자 사는 이야기(자까 작가의 〈독립일기〉)' '소녀들의 찐 우정(모랑지 작가의 〈소녀의 세계〉)', '기묘하고 괴상한 이야기들(오성대 작가의 〈기기괴괴〉)'처럼요.

⑤ **몰입**: 요즘 유행하는 '○○에 진심'이라는 표현처럼, 흉내를 내는 데 그치는 것이 아니라 등장인물과 서사에 '찐'몰입하는 것이 중요합니다. 이끌어 가는 브랜드가 허술하면 이 세계관에 참여하고자 하는 사람들 역시 심드렁해지기 마련입니다. 몰입의 정도는 모든 접점에서 쉽게 드러납니다. 사소한 댓글, 새로운 컬래버레이션 collaboration, 관련 이벤트 구상 등 세계관을 중심에 둔 모든 활동에서 가장 중요한 것은 브랜드가 세계관에 얼마나 몰입하고 있는가를 드러내는 것입니다.

브랜드 정체성 시스템을 만들 때처럼 요소별로 빈칸을 만들어 두고 이를 채워 나가는 형식의 방법론은 브랜드 세계관에서 유효하지 않습니다. 그 대상이나 형태, 소재가 무궁무진한 브랜드 세계관을 구성할 때는 세계관을 위해 필요한 요소들이 얼마나 유기적으로 운영될 수 있을지에 대한 고민이 필요합니다. 요소를 나열하여 채우는 단편적 구상이 아닌, 디테일을 완성하고 몰입을 부르는 깊이 있는 스토리가 필요합니다.

COME AS YOU ARE

Chapter 4

브랜드를 내부에서 이해하기

저랑 절친한 친구인 J의 이야기를 해 보려고 합니다. 이 친구는 미국에 본사를 둔 외국계 기업에서 일하고 있습니다. 이 브랜드는 전 세계적으로 사랑받는 브랜드인 만큼 국내 시장의 해당 카테고리에서 독보적인 지위를 가지고 있습니다.

J는 회사에서 새로운 브랜드 정체성을 발표했던 이야기를 들려주었습니다. 전 세계에 있는 수만 명의 직원이 새로운 정체성을 잘 이해할 수 있도록 여러 가지 활동들을 장려했다지요. 이는 곧 한글패치(!)되어 한국의 직원들에게 전달되었습니다. 본사에서 새로운 브랜드 정체성이 전달되었으니 모두 몇 월 며칠까지 반드시 숙지하라는 메일이 온 것입니다. 어딜 가나 뒤처지지 않는 한국인들답게 전 세계 오피스 중 가장 많은 직원이 이 새로운 브랜드 정체성을 기억하고 있었다고 합니다. 심지어 영어로 된 내용을 토씨 하나 틀리지 않고 줄줄 읊는 직원들이 대다수였다고 하지요.

그렇게 해피엔딩으로 끝나면 좋았을 이 이야기는 여러분의 예상대로 다른 결말로 향해 갑니다. 글로벌 직원들이 모여 새로운 정체성에 관해 얘기를 나누는 시간에 해당 정체성의 전후 맥락과 그에 대한 의견을 묻자 유독 한국 직원들이 쩔쩔맸다는 겁니다. '아니, A면 A인거지, 이미 정해져 내려온 걸 어째서 A이냐, 어떤 방식의 A이냐라고 물으면 뭘 어쩌라는 거야!'라는 성토가 서로의 곤란한 표정과 흔들리는 동공 안에 고스란히 담겨 있었다고 하네요.

머릿속에 집어넣었으니 이해한 것이라는 우리의 생각이 흔들리는 모습을 자주 목격하게 되는 요즘입니다. 정해진 가치를 이 기업에 몸담은 '나'라는 개인이 어떻게 소화할 것인지, 나에게는 어떤 의미를 가지게 되는지. 말 그대로 가치가 모두에게 체화體化되기를 기대하는 세상이 되었습니다.

인터널 브랜딩(Internal Branding)이란

*

브랜드는 이제 독자적인 정체성과 역할을 부여받은 존재가 되었습니다. 어엿한 브랜드로서 삶을 시작할 수 있는 출발선에 선 셈이죠. 여기서 잠시 우리들 얘기를 한번 해 봤으면 합니다. 우리는 누구나 인생의 각 단계에서 무언가를 새롭게 시작하기 위한 출발선에 서 본 경험이 있습니다. 진학과 취업, 승진이 그랬고 연애와 결혼, 육아가 또 그렇죠. 출발선 위에서 여러분들은 어떤 생각을 하셨나요?

저 같은 경우에는 출발선에 발을 딛고 서면 기대와 우려가 복잡하게 공존하고, 시시각각 이들이 서로 불규칙하게 교차하며 많은 감정 에너지를 소모하곤 했던 것으로 기억합니다. 그래서 우리는 이럴 때 흔히들 각오를 다지곤 하죠. '나는 이렇게 저렇게 할 거야'라던가, '나는 이러저러한 사람이 되겠다' 등 복잡미묘한 감정 상태를 다잡는 한 줄기의 명제를 설정하곤 합니다.

그렇게 시간이 흐른 뒤 어느 날, 기억 저편에 무관심하게 내던져진 채 먼지가 수북이 쌓여 버린, 바로 처음의 그 각오를 소환합니다. 출발선에서 다잡았던 초심을 다시 꺼내어 들고 그것과는 많이 달라져 있는 자신의 모습을 보며 실망과 좌절을 하기도 하지만 다시 한번 마음을 다잡고 새로운 출발선을 발밑에 긋기도 합니다.

이는 비단 의지가 박약한 일부 사람들만의 얘기는 아니리라 생각합니다. 50억 가지가 넘는 다양한 삶을 조망할 수 있는 관찰자적 시점을 가진 누군가에겐, 사람들의 삶이란 결국 이러한 과정들이 동시다발적으로 끊임없이 반복되고 있는 일련의 과정으로 보이진 않을까요?

브랜드가 살아가는 삶도 이런 우리들의 모습과 별반 다르지 않은 것 같습니다. 명확하게 설정된 정체성을 부여받고 출발선에 섰지만, 브랜드로서 다사다난한 삶의 여정을 살아가다 보면 브랜드 가치는 쉬이 흐트러지거나 변질되기도 합니다. 한 번 중심을 잃고 그때그때 주어진 상황에만 급급히 대응하며 살아가다 보면 종국에는 브랜드의 존재 이유조차 희미해집니다. 사람의 인생이나 브랜드의 삶이나 크게 다르지 않지요.

이런 시기를 맞는다면 브랜드도 결국에는 어딘가에 방치되어 있던 자신의 초심을 뒤져 소환해야 하지 않을까요? 스스로 왜 존재해야 했던 브랜드였는지, 사람들에게 어떤 가치를 제공하려 했던 존재였는지를 다시 한번 상기해야 비로소 방황했던 과거를 잊고 새 출발을 할 수 있을 테니까요.

브랜드의 전반적인 삶의 궤적이 사람들의 그것과 닮은 점이 많다고 했지만, 결정적으로 다른 점이 한 가지 있습니다. 바로 사람과 브랜드를 대하는 세간의 평가가 사뭇 다르다는 것입니다.

사람은 누구나 불완전하다는 사실을 우리는 잘 알고 살아갑니다. 그래서 항상 지금보다 더 나은 내일을 기대하죠. 끊임없이 노력도 하면서요. 스스로 존재의 불완전성을 매일 느끼며 살아가는 존재이기에 자기다움이나 초심을 잃은 사람, 그리고 그러한 상태에서 벗어나고자 노력하는 사람들을 심각한 흠결을 가진 존재로 쉽게 낙인찍기보다는, 오히려 사람 냄새가 난다며 그 사람 안의 깊숙한 본질을 헤아리며 어루만져 주기도 합니다. 류시화 시인의 에세이 《좋은지 나쁜지 누가 아는가》에 등장하는 표현처럼, "넌 불완전해. 언제까지나 불완전

할 수밖에 없어. 하지만 넌 아름다워"라고 할 수 있는 존재가 바로 우리들입니다.

그러나 스스로의 정체성이 선명하지 않은 브랜드, 초심을 잃은 채 방황하는 브랜드에게 '불완전하기에 아름답다'라며 깊은 마음으로 헤아려 줄 수 있는 사람들은 절대 많지 않습니다. '성에 차지 않으면 알 필요조차 없는' 존재가 바로 브랜드이기 때문입니다.

브랜드의 삶은 절대 녹록지 않습니다. 불특정한 세상 사람들과 관계를 맺고 그들의 삶에 의미 있는 가치를 남기고자 고귀한 생을 부여받은 존재인데, 그 속을 누구도 헤아려 주지 않는 사람들 틈바구니에서 삶을 살아가야 한다니… 어찌 보면 잔인하기까지 한 삶이 아닐 수 없습니다. 그렇기에 브랜드에게는 내부로부터의 응원과 지지가 필요합니다. 자신이 탄생한 곳에서 응원과 지지를 받지 못하는 브랜드가 그 냉엄한 세상에 홀로 나가 서슬 퍼런 눈초리를 가진 사람들과 잘 어울려 지내길 바란다면, 그것이야말로 이대호 도루하는 소리이자 빌 게이츠 마이너스 대출받는 소리 아닐까요?

"네가 나를 모르는데 난들 너를 알겠느냐"라는 노랫말이 있습니다. 지금의 MZ세대들에게는 금시초문일 것 같은, 1992년도에 발표된 김국환 가수의 〈타타타〉라는 노래에 등장합니다. 여기의 '나'를 '브랜드'로, 그리고 '너'를 '모든 임직원'으로 한번 치환해 볼까요? 그러면 이 가사는 그간 한국에서 태어나고 자란 무수한 브랜드들의 서글픈 애환을 대변하는 소리로 변합니다. "브랜드 오너Brand Owner인 당신들조차 나를 모르는데, 난 무슨 힘으로 이 험난한 세상을 살아가겠습니까"라고 하는 것처럼요.

앞서 브랜딩이 전사적 밸류 체인에서 다뤄진 적이 없다 보니 생기는 문제에 대해 짚고 넘어왔습니다. 여러분 스스로는, 그리고 바로 옆자리에 있는 여러분의 동료들은 여러분들의 브랜드가 가진 고유의 정체성과 가치를 어려움 없이 설명하실 수 있나요? 혹여나 '나는 R&D이기 때문에, 영업이기 때문에, 혹은 경영지원이기 때문에…'라고 생각하셨다면 단언컨대 지금 이 순간에도 여러분들의 브랜드는 이 험난한 세상에서 홀로 방황하고 있을 확률이 높습니다.

인터널 브랜딩Internal Branding, 흔히 브랜드 내재화라고 표현하죠. 쉽지 않은 용어라 그 의미가 직관적으로 와닿지 않는 것 같습니다. 각종 사전에 따르면 '내재화'란 '어떤 사상이나 가치관을 자기의 것으로 의식화하는 것[1]'을 의미하고, '이미 충분히 내재화된 것은 외부로부터 받아들인 것으로 느끼지 않게 된다[2]'고 합니다. 이를 브랜딩 실무 관점에서 좀 더 쉽게 정리하면, 브랜드 내재화란 결국 모든 임직원들이 그들의 브랜드를 지지하는 마인드셋mindset을 구축하도록 하기 위한 일련의 활동들을 일컫는 개념이라 할 수 있습니다.

브랜드가 얼마나 잘 내재화 되었는지, 즉 브랜드 내재화의 효과는 당연히 임직원들이 가지는 응원과 지지의 깊이와 단단함에 비례하겠죠? 따라서 브랜드 내재화는 임직원들에게 브랜드의 정체성을 분명하게 '이해'시키는 것에서 시작하여, 자신이 추구하던 가치와 같이 '공감'하게 하고, 더 나아가 이를 적극적으로 '대변'하게 만드는 것까

---

1 「내재화」, 이해하기 쉽게 쓴 행정학 용어사전, 새정보미디어, 2010
2 「내재화」, 두산백과

지 다양한 수준의 목표를 설정할 수 있습니다.

브랜드 내재화에 관해서는 제가 직접 업계에 몸담으며 관찰하고 확인해 온 두 가지 이슈가 있습니다. 통상 '이슈'란 대부분의 일이 정상 범주 내에서 돌아가는 와중에, 그러한 범주를 벗어나 발생하여 해결이 필요해진 일부의 문제를 지칭하는 표현인데요. 그래서 사실 제가 지금부터 말씀드리려는 이 두 가지 상황은 '이슈'라기보다는 국내 기업들이 브랜드 내재화라는 과제를 소화해 가는 과정을 극명하게 보여 주는 두 가지 '단면'이라고 표현하는 편이 좀 더 정확할 것도 같습니다.

관찰했던 기업 중 대부분은 '브랜드 내재화는 이것이 전부다'라는 태도를 보였는데요. 이렇게 브랜드 내재화를 일종의 '일방적 전달 행위'인 양 접근한다는 점이 첫 번째 이슈입니다. 여러분들이 계신 사무실을 한번 쭉 둘러볼까요? 연초에 배포한 업무 다이어리 맨 앞 속지에 혹시 브랜드 비전 체계도 비슷한 것이 그려져 있지 않나요? 정확하게 똑같은 그림이 사무실 벽 어딘가 액자에 고이 담겨 걸려 있을 수도 있습니다. 또는 브랜드 가치들이 아름답게 디자인되어 컵이나 펜, 마우스 패드에 프린팅되어 책상 한구석을 지키고 있기도 하고, PC 보호 화면에 비슷한 것이 종종 등장하기도 합니다. 또 사무실 책장을 잘 찾아보면 브랜드의 정체성부터 시작하여 세부적인 활용 가이드라인까지 빼곡하게 정리된, 소위 브랜드북Brand Book이 한 칸을 차지하고 있을지도 몰라요. 아니면 사내 교육 과정에 브랜드 관련 커리큘럼이 필수 학점 과정으로 운영되고 있을 수도 있습니다. 이러한 시도들은 물론 브랜드 내재화를 위한 좋은 출발점이 될 수 있습니다. 다만 브랜드 내재화를 위한 구체적 수단들이 이러한 일방적인 주입 방식에만 국한되고 있다는 것은 분명 문제가 됩니다.

위에 열거한 브랜드 내재화 방식들을 인因이라 한다면, 그로 인한 과果는 어떤 모습일까요? 멀리 갈 필요도 없습니다. 여러분들이 속한 기업, 즉 기업 브랜드의 브랜드 정체성이 무엇인지, 그리고 핵심 가치는 몇 개이고 각각 무엇을 의미하는지 한번 떠올려 봅시다. 혹시 기억을 더듬고 계시지 않나요? 만약 기억의 벽을 벅벅 긁어내야만 희미하게나마 떠올릴 수 있다면, 브랜드는 내부로부터 충분한 응원과 지지를 받지 못하고 있다고 보시는 게 맞을 겁니다.

타인이, 즉 모든 임직원이 브랜드의 가치를 내재화하기 위해서는 브랜드에 담긴 가치가 임직원들의 행동을 통해 발현되도록 해야 합니다. 가치는 말로 설득하는 것이 아니라, 여러 경험에 묻어나 타인이 그것을 실감할 수 있게끔 만드는 것이기 때문입니다. 따라서, 진정한 의미의 브랜드 내재화는 새로운 가치를 알게 하는 것에 주안점을 둘 것이 아니라 그로부터 어떤 행동을 할 수 있는지에 그 무게가 실려야 합니다. 그렇다면 더더욱 일방적인 주입 방식은 한계가 명확한 것이죠.

또 다른 이슈는 많은 기업에서 브랜드 내재화를 일회성 프로젝트처럼 다루고 있다는 데에 있습니다. 브랜드 가치는 한번 정해지고 나면 대부분 꽤 오랜 시간 유지되며 브랜드의 행동 지침으로서 역할을 하게 되는데요. 그러다 보니 이미 설정된 브랜드 가치에 크고 작은 변경을 가하는 것은 통상적으로 빈번하게 발생하는 일은 아닙니다. 경쟁 환경의 변화에 더욱 민첩하게 대응하기 위해서, 글로벌 시장에 진출하기 위해서, 창립 50주년을 맞아 새로운 도약을 준비하기 위해서 등 경영상의 굵직한 배경과 목적이 뒷받침될 때가 되어서야 그러한 작업이 진행되고는 하죠.

문제는 브랜드 내재화 활동 역시 이러한 사이클과 궤를 같이하고 있는 경우가 매우 흔하다는 데 있습니다. 브랜드 내재화는 브랜드 가치로부터 어떤 행동을 할 수 있는지에 방점이 찍혀야 한다고 말씀드렸죠? 우리는 너무나 잘 압니다. 사람은 쉽게 잘 안 변한다는 것을요. 파편적이고 일시적인 활동으로 어떤 가치가 내재화되기를 바란다는 것은, 다시 말해 모두가 지금부터 당장 새로운 가치를 중심으로 생각하고, 일하고, 성장하기 위한 변화를 만들기를 바란다는 것과 같습니다. 너무 큰 욕심 아닐까요? 더 솔직히 말하면 절대 실현될 수 없는 기대라고 생각됩니다.

재차 강조해도 모자라지 않을 것 같습니다. 브랜드 내재화는 새로운 가치를 '알게 하는 것'에 무게가 실려서는 곤란합니다. 통속적인 표현으로, 우리 임직원 모두가 브랜드 가치에 '꽂히게 하는 것'이 브랜드 내재화의 목표가 되어야 합니다.

효과적인 인터널 브랜딩 방법

*

효과적인 브랜드 내재화, 즉 인터널 브랜딩 방식이란 과연 어떤 것일까요? 무언가를 자신의 것으로 받아들이는 것이 곧 내재화이기 때문에, 그 방식은 절대적으로 수용자에게 가장 적합한 방식이어야만 합니다. 남들이 좋다고 하는 방식, 효과가 대박이라고 하는 방법이 어디늘 내게도 그렇던가요? 만약 그랬더라면, 우리는 식욕을 거스르는 비인간적 다이어트를 진작에 졸업하고도 남았을 거예요.

효과적인 브랜드 내재화 방법은 문화나 업무처리 방식처럼 기업의 특성과 생리에 따라 달라질 수밖에 없는 일입니다. 앞서 브랜드 내재화는 '모든 임직원이 그들의 브랜드를 지지하는 마인드셋을 구축하도록 하기 위한 일련의 활동들'이라고 정의했고, 특히 새로운 가치를 알게 하는 것이 아니라 그로부터 어떤 행동을 할 수 있는지에 그 무게가 실려야 하는 일이라고 거듭 강조했습니다. 즉, 브랜드는 임직원들에게 앞으로 어떻게 일할 것인가에 대한 중요한 힌트를 제공하는 지향점이자 도구이며, 계획을 수립하는 단초로 받아들여져야 한다는 것입니다.

그러기 위해서는 기업의 문화나 업무처리 방식의 차이와 상관없이 가급적 조직 내 모든 임직원이 브랜드의 지향 가치를 몸소 체험할 수 있도록 하는 것이 중요하며, 따라서 브랜드의 가치를 스스로 소화할 수 있는 계기를 만들어 주는 것이 가장 빠르고 효과적인 브랜드 내재화 방법이라 할 수 있겠습니다. 이러한 관점에서 여러분들의 기업 내부에서 스스로 해 볼 수 있는 프로그램들을 소개하고자 합니다.

1. 3 What 워크숍: 브랜드 가치를 이해하고 공감하기

아주 통상적으로 브랜드의 가치는 브랜드가 가진 복잡하고 미묘한 상황적 맥락을 면밀하게 숙고한 후 누구나 이해하고 공감할 수 있는 키워드 또는 구나 절의 형태로 정립이 됩니다. 언어라는 것이 본래 구성원들 간에 맺어진 약속이고, 따라서 우리 내부의 공감대 위에 세워진 브랜드의 가치는 마치 모든 내부 임직원이 함께 약속한 것처럼 같은 의미로 받아들여야 할 것 같지만, 실제로는 사소한 단어 하나도 사람마다 서로 다른 의미나 뉘앙스로 받아들이는 것이 현실입니다. 특히 브랜드의 가치가 영어의 형태로 정립이 되는 경우가 많다 보니 더더욱 그렇기도 한 것 같습니다.

예를 들어, ICTInformation and Communication Technology(정보 통신 기술)를 통해 사람들이 일상생활 속에서 누릴 수 있는 새로운 가능성을 깨우는 브랜드가 되기를 바라는 마음으로 'Awakening'이란 단어를 고객사에 브랜드 정체성으로 제안한 적이 있었는데, 고객사 임원 중 한 분께서 "너무 계몽적이다. 우리가 사람들을 가르치려는 브랜드가 되는 것 같아서 이질감이 든다"라는 의견을 주셨고, Awakening이라는 단어는 그 회의실 안에서 순식간에 계몽적 색채를 가진 단어가되고 말았던 적이 있습니다. 하나의 단어를 통해 전달하고자 했던 의미와 이미지가, 같은 단어에 대한 다른 경험을 만나 의도하지 않았던 의미와 이미지로 변화된 셈이죠. 이처럼, 상호 간 공감과 합의의 과정을 통해 정립된 브랜드 가치도 우리 기업 안 어딘가에서는 서로 다른 의미로 이해되고, 제각각의 방향으로 가지를 치며 파생될 수밖에 없습니다.

그런데 여기서 말씀드리고 싶은 것은, 브랜드의 가치가 모든 임직원에게 가급적 비슷비슷하게, 서로 크게 벗어나지 않은 범주 안에서 이해되고 공감되는 것도 물론 중요하지만, 그와 동시에 브랜드 가치의 본디 의미를 해치지 않는다면 다양한 방식과 방향으로 이해되면서 그 의미와 이미지가 확장되어 나가는 것 역시 브랜드 내재화 측면에서 매우 의미 있는 일이라는 점입니다. 그러한 과정을 통해 브랜드의 가치는 시대적 맥락을 따라 진화할 수도 있고, 또는 이전에는 미처 생각하지 못했던 신선한 해법을 만나게 될 수도 있기 때문인데요. 소개해 드릴 '3 What 워크숍'은 바로 이러한 관점에서 의미가 있는 방법론 중 하나입니다.

3 What 워크숍으로 브랜드 가치에 대한 구성원들의 다양한 이해를 활용해 보자.

브랜드의 가치를 이해하고 공감하기 위해 고안된 3 What 워크숍은 그 이름처럼 세 개의 What으로 구성되어 있습니다. 그 첫 번째 단계는 'What'입니다. 즉, 나는 우리 브랜드의 정체성을 어떻게 이해했는지, 우리 브랜드의 가치를 본인의 방식대로 소화해 보는 단계에 해당합니다.

간단한 예로, 여러분들의 브랜드가 가진 여러 가치 중 하나가 'Smart'라고 해 볼까요? 상품기획팀에 근무하는 16년 차 A 부장님은 '기민함'이 곧 Smart한 가치라고 생각합니다. 빠르게 시장을 모니터하고 고객들의 필요를 누구보다 먼저 제품으로 구현해 내는 것이 오랜 시간 몸에 익혀 온 본인의 미션이기 때문이겠죠. 7년 차 CS팀 B 과장님은 '고객의 소리를 정확히 이해하고 그 행간을 헤아리는 능력'을 Smart함이라고 보고 있습니다. 이번에 갓 입사한 마케팅팀 C 사원은 '독보적'인 가치가 바로 Smart한 가치의 원천이라고 소화했습니다. 모든 것이 상향평준화된 이 시대에 남들과 비슷한 것만으로는 충분하지 않다는 개인의 경험이 투영된 듯합니다.

이처럼, 여러분들의 조직 내 다양한 임직원이 각자의 생각으로 브랜드 가치가 지닌 의미와 이미지를 소화할 수 있는 기회를 제공해 보세요. 참여한 사람들의 수만큼이나 다양하게 해석되며 뻗어 나가는 우리 브랜드의 가치를 확인하실 수 있을 것입니다. 이 활동은 브랜드의 가치가 그 안에서 일하는 '나'라는 개인에게 어떻게 적용될 수 있는지, 나에게는 어떤 가치로 수용되는지를 스스로 확인하고 함께 일하는 동료들의 생각을 들어 볼 수 있다는 점에서 그 의미가 큽니다.

첫 번째 단계인 'What'에 대해 충분히 이야기를 나눈 후엔 그다음 단계인 'So What'으로 넘어갈 수 있습니다. 즉, 자신의 방식으로 소화한 브랜드의 가치를 통해 우리 브랜드가 무엇을 어디까지 해 볼 수 있을지에 대한 생각을 무한히 확장해 보는 시간입니다.

A 부장님은 해마다 출시되는 자사 플래그십 제품의 출시일을 못 박아 놓고 매년 같은 1년이라는 리드 타임 안에 USP_{Unique Selling Points}[3] 기능을 무슨 일이 있어도 전작 대비 정확히 2배 향상하는 것을 공식적인 전사 정책으로 제안해 보면 좋겠다고 생각했습니다. B 과장님은 고객 응대 표준 매뉴얼에 따라 상담원들이 체계적으로 고객 불만을 잘 처리해 왔으나, AI를 통한 고객 응대 체계로 전면 전환한다면 현재 대비 고객 응대 만족도가 크게 제고될 수 있을 것이라고 생각을 확장해 보았습니다. C 사원은 독보적인 브랜드가 되기 위해서는 조직 내부에 독창적인 생각들이 자유롭게 공유될 수 있는 문화가 필요하다며, 고정적인 사무실 공간을 외부인들에게 공개하는 공유 오피스로 활용하고, 그 수익으로 임직원들이 원하는 어느 곳에서든 자유롭게 근무할 수 있는 유연한 분산 근무 체계를 만들어 보자고 제안했습니다. 또한, 해마다 10명의 MZ세대 직원들을 선발하여 1년간 본인이 원하는 국가에서 자유롭게 해당 국가의 시장과 문화를 경험할 수 있도록 지원함으로써 회사 안에 다양한 관점과 경험이 공존할 수 있는 조직 체계를 구현하고 싶다는 제안도 덧붙였습니다.

이처럼, 본인만의 방식으로 브랜드 가치가 소화되면, 이로부터 다양한 실천 아이디어에 관한 생각들이 파생될 수 있습니다. 그러한 아이디어들은 당연히 업무와 관련된 것도 가능할 뿐 아니라, 현재의 업

---

3 해당 브랜드 고유의 차별적 강점

무와 전혀 관계없는 생각들까지도 모두 자유롭게 허용될 수 있습니다. 즉, 브랜드의 가치를 실행 아이디어로 전환하는 과정을 통해 브랜드의 가치는 단순히 언어의 형태로만 머물지 않고 그 실체적 맥락을 형성해 나갈 수 있으며, 브랜드 가치를 만들었던 소수의 사람들의 경험과 관점에 국한되지 않고 다양한 생각과 경험을 만나 확장되는 것을 볼 수 있습니다. 이때 브랜드 가치는 비로소 임직원들이 어떻게 생각하고 행동하고 계획해야 하는지에 대한 생명력을 지닌 가이드라인이 될 수 있습니다.

워크숍은 마지막으로 'What Next'를 통해 마무리됩니다. 이 단계에서는 'So What' 단계까지 완성된 상태에서 우리 브랜드를 한번 돌아보고, 앞으로 어떠한 브랜드가 될 수 있는지, 그리고 사람들에게는 어떠한 의미가 있는 존재가 될 수 있는지, 우리 브랜드의 다음 단계를 탐색해 보는 과정입니다.

A 부장님의 생각을 기초로 할 때 우리 브랜드는 고객과 한 약속은 어떠한 역경이 있어도 지켜내고야 마는 믿을 만한 브랜드가 될 수 있고, 이를 자산으로 하여 식품이나 교육 등 신뢰를 핵심 가치로 하는 다양한 이종 카테고리로 브랜드의 영역을 확장해 볼 수도 있을 것입니다. B 과장님의 아이디어를 놓고 본다면 우리 브랜드는 최첨단 ICT 기술을 적극적으로 도입하여 고객들에게 기대 이상의 가치를 앞서서 제안하는 브랜드로 인식될 수 있는 잠재력을 갖춤으로써 미래의 일상을 오늘로 가져오는 선도적인 브랜드로 그 이미지를 확장해 나갈 수도 있을 것입니다. C 사원의 제안을 기초로 하면, 우리 브랜드는 창의의 가치를 무엇보다 존중하고 직원의 행복을 최우선으로 두

어 투자를 아끼지 않는 브랜드로 포지셔닝되어 '무엇을 제공하는 브랜드인가'라는 전형적인 카테고리의 관점으로부터 자유로워질 수 있고, 직원들의 창의를 바탕으로 자유롭게 업의 영역을 확장해 나갈 수 있는 브랜드를 그려 볼 수 있을 것입니다.

3 What 워크숍을 통해 브랜드의 가치는 '소화―실체화―확장―수렴'이라는 일련의 과정을 겪게 됩니다. 그 과정에서 임직원들은 자연스럽게 제시된 브랜드 가치에 대한 이해와 공감을 만들어 갈 수 있습니다. 3 What 워크숍은 조직적으로 더욱 넓은 범위에서 진행될수록 더욱 효과적인 내재화를 기대할 수 있게 됩니다. 같은 업무를 수행하는 조직이나, 좀 더 범위를 넓혀 업무의 유사성을 가진 조직 간에도 함께 진행할 수 있고, 또는 내부 인트라넷 등을 통해 전사적인 규모로도 충분히 진행해 볼 수 있습니다.

실제 현대자동차에서 유사한 브랜드 내재화 프로그램을 진행했던 사례를 전해 들은 적이 있는데요. 현재의 자동차 산업이 미래 모빌리티를 향해 급격한 패러다임의 전환을 겪고 있는 과정에서, 현대자동차는 그간의 브랜드 비전을 새롭게 수정했습니다. 말씀드린 바와 같이 브랜드(여기서는 기업 브랜드겠죠)의 체질이 근본적으로 변화하는 일은 선언만으로 가능한 것이 아닙니다. 새로운 브랜드의 비전을 모든 임직원 한 분 한 분이 공감할 수 있어야 하고, 그로부터 무엇을 할 수 있을지 계획할 수 있는 가이드가 될 수 있을 때 비로소 가능해지는 일입니다.

현대자동차는 별도의 웹사이트를 개설한 후, 임직원 개개인이 생각하는 새로운 브랜드 비전의 의미는 무엇인지 스스로 영상으로 촬영하고 해당 웹사이트에 업로드하도록 했습니다. 그리고 해당 영상 말미에는 마치 SNS 챌린지와 같이 다음 사람을 지목함으로써 릴레이 방식으로 그 범위가 전사적으로 확대되었다고 합니다. 당연히 참여자는 전체 조직의 최고경영진부터 신입사원까지 그 범위의 한계를 두지 않았다고 하고요.

실질적인 효과는 그 일원들만이 체감할 수 있겠지만, 그러한 과정을 통해 현대자동차의 새로운 브랜드 비전은 자연스럽게 내부 임직원의 생각, 더 나아가 행동의 준칙으로 스며들어 새롭게 그리는 미래의 모습에 다가가는 중요한 출발점이 될 수 있었을 것으로 생각합니다. 여러분도 3 What 워크숍을 통해 브랜드 가치에 대한 다양한 이야기를 시작해 보시기 바랍니다.

2. Stop, Stay, Start 워크숍: 브랜드 가치를 기반으로 업무 수행 방식 재설계하기

브랜드 가치에 대한 온전한 이해를 바탕으로 조직 내 공감대가 형성되었다면, 그다음 단계는 브랜드의 가치가 실제 업무 환경에서 업무를 수행하는 방식에 자연스럽게 반영될 수 있도록 하는 것입니다. 브랜드의 가치가 업무를 실제 진행하는 방식이나 의사를 결정하는 과정에서 중요한 준거로서의 역할을 할 수 있다면, 그 이상의 브랜드 내재화란 없기 때문입니다.

다시 말해서 이제 브랜드 내재화는 브랜드 가치가 임직원들의 행동을 통해 자연스럽게 실현되는, 한 단계 더 높은 상태를 목표로 해야 한다는 것인데요. "브랜드 가치가 여러분들이 업무를 수행하는 방식에 어떻게 적용되어 있나요?"라는 물음에 각자 나름의 방식으로 대답을 할 수 있는 상태를 만드는 것이라고 이해하시면 좀 더 쉬울 것 같습니다. 여러분들은 이 질문에 답변할 수 있으신가요? 만약 썩 자신이 없다면 이제부터 소개해 드릴 'Stop, Stay, Start 워크숍'을 한번 진행해 보실 것을 추천해 드리고 싶습니다.

첫 번째는 'Stop'입니다. 멈추는 것인데요. 즉, 그동안 관습적으로, 관성적으로 수행해 온 여러분들의 업무처리 방식을 한번 돌아보고, 그중 새로운 브랜드 가치와 충돌하거나 어긋나는 것들이 있지는 않은지 찾아내고 솎아내 보는 작업입니다. 만약 그런 것들이 있다면, 앞으로는 멈추어야 하는 일입니다.

두 번째는 'Stay'인데요. 현재의 업무처리 방식 중 브랜드 가치와도 잘 연계되는 것들을 골라내고 앞으로도 계속 유지해야 하는 일이나 방식을 명확하게 하는 것입니다.

마지막으로는 'Start'입니다. 멈추거나 유지하는 것이 있다면 새롭게 시작해야 할 것도 있습니다. 브랜드 가치를 나의 업무에서 더욱 잘 실현하기 위해 어떤 것들을 새롭게 시작해 볼 수 있을지 고민해 보는 단계입니다.

이 세 가지 관점에서 여러분들이 수행해 오신 업무처리 방식을 검토해 보고, 필요하다면 재설계해 보시기를 바랍니다. 이러한 워크숍 활동은 가급적 같은 직무를 수행하고 있는 조직 단위로 진행하는 것이 효과적입니다. 해당 조직의 구성원들이 모두 참여하는 워크숍을 통해 Stop, Stay, Start의 관점에서 각자가 생각하는 업무 재설계 방안을 공유하여 합의에 이른 내용을 우선순위로 정리하고, 이를 부서의 공식적 업무 방식으로 채택할 수 있습니다. 이런 방식을 통해 중요한 일부터 작은 일까지 하나씩 하나씩 브랜드 가치를 근간으로 재설계하는 노력이 지속된다면, 여러분들의 브랜드 가치는 확고한 DNA로 그 존재감을 확보하게 될 것입니다.

Chapter 5

브랜드 인지시키기

이번에는 또 다른 친구 S의 일화를 들려드릴까 합니다. 남자친구와 근사한 레스토랑에서 데이트하기로 한 그날은 이제 막 초겨울이 시작된, 쌀쌀하지만 청명한 날이었다고 해요. 멋지게 차려입은 남자친구가 코트를 벗어 옷걸이에 거는 그 짧은 순간, S는 목격하고야 말았습니다. 그의 주머니 속에 신비로운 나라의 행복한 신부들이 사랑했던 그 보석의 색 같기도, 따뜻한 햇살 내리는 한낮의 뉴질랜드 하늘색 같기도 한 '그' 블루 컬러의 상자가 있다는 걸. 1초도 채 되지 않을, 짧다고도 말하기 숨 가쁜 그 찰나에 그녀는 벼락처럼 깨달았다고 합니다. '아, 나 오늘 뭔가 중요한 고백을 듣게 되는구나.'

우연히 시선을 사로잡은 어떤 것이 강력하고도 명확한 메시지로 마음에 와서 닿을 가능성은 얼마나 될까요? 브랜드 외에 또 어떤 것이 이런 일을 가능하게 할 수 있을까요? 제 생각엔 브랜드는 꼭 언어가 아닌 것으로도 사랑하는 사람의 표정만큼이나 많은 것을 전달하는 것 같습니다. 꼭 로맨스를 믿지 않더라도, 여러분의 브랜드가 성장하는 과정에서 여러분도 제 말을 실감하는 순간을 만나게 되실 거라고 장담합니다.

보는 순간 프로포즈를 떠올리게 만드는 티파니Tiffany & Co.의 블루 박스

브랜드 요소에 대한 이해

*

앞서 수립된 브랜드의 가치는 '브랜드 요소'를 통해 세상과 만나게 됩니다. 브랜드 요소란 작게는 타인의 것과 구별할 수 있도록 해주는 브랜드 네임, 브랜드 로고 디자인 같은 것부터 크게는 브랜드의 가치를 전달할 수 있는 것, 브랜드 스토리, 브랜드 경험 디자인, 브랜드 랭귀지 등을 말합니다. 특히 언어적이거나 시각적인 형체가 있는 유형적 요소를 지칭할 때가 많습니다.

그러나 차별화에 대한 니즈가 높아지고, 브랜드가 노출될 수 있는 환경 자체도 많이 달라지면서 브랜드 요소로 포함될 수 있는 것들 역시 점차 늘어나고 있는데요. 특정 향기나 소리 등 무형적 요소를 활용하는 브랜드도 많아지고 있습니다. 제가 누군가에게 휴대폰으로 전화를 걸 때 '띵띠띠리딩' 하는 소리가 들린다면 여러분은 제가 어느 통신사를 이용하는지 바로 눈치채실 겁니다. 커다란 쇼핑몰을 걷다가 문득 러쉬LUSH 브랜드가 생각나는 순간이 있으시죠? 눈앞에서 러쉬 매장을 발견하거나 누군가 러쉬 쇼핑백을 들고 가는 것을 보지 않아도 그 특별한 향기를 감지하는 순간 우리는 러쉬를 떠올립니다.

러쉬 매장 외관

브랜드 요소는 브랜드의 가치를 잘 전달하고 사람들에게 매력적으로 각인되기 위해 존재합니다. 브랜드의 이미지를 형성하는 아주 중요한 것이지요. 하나의 브랜드 요소, 예를 들어 브랜드 네임이 그 자체만으로 독보적인 이미지를 형성할 수도 있으나 궁극적으로는 다른 브랜드 요소들과 함께 어우러져 그 브랜드만의 이미지를 창출하게 됩니다. '카카오'라는 이름도 독특하고 친근해서 매력적이지만 카카오Kakao의 대표 컬러인 옐로우 역시 누군가에게는 이 브랜드를 대변하는 강력한 브랜드 요소가 되는 것처럼 말이지요. 샤넬CHANEL의 까만 쇼핑백에 붙어 있는 하얀 꽃 한 송이도 마찬가지입니다.

샤넬의 상징과도 같은 블랙 컬러와 흰 까멜리아

브랜드 요소는 분명 트렌드에 영향을 받습니다. 그러나 시간이 흐를수록 브랜드 요소 그 자체가 중요한 전통이자 유산이 되어가므로 빠르게 흘러가는 트렌드에 좌지우지되기보다는 그 브랜드가 가지고 있는 이슈와 브랜드 탄생의 배경을 잘 이해하고 그에 부합하는 요소를 개발하는 것이 중요합니다. '브랜드 요소란 이러이러해야만 한다'라는 진리를 구하시는 경우를 종종 봅니다만, 같은 카테고리의 제품·서비스라 할지라도 내부의 전략 방향성에 따라 브랜드 요소의 방향성은 천차만별로 달라질 수 있습니다.

저희가 이런 프로젝트를 진행할 때는 보통 시장 내 경쟁 브랜드들이 어떤 형태의 브랜드 요소를 가지고 있는지 한눈에 볼 수 있도록 정리하는데요. 형태적·의미적 축을 기준으로 경쟁 브랜드들이 어느 영역에 많이 위치해 있는지 살펴볼 수 있습니다. 이때 새로운 브랜드 요소는 차별화를 꾀하기 위해 현재 비어 있는 영역을 파고들 수도 있고, 시장 내 수용도를 높이기 위해 많은 브랜드가 포진해 있는 영역에 진입할 수도 있습니다. 누구나 이해하기 쉽고 한눈에 띄는 브랜드를 원하는 것도, 어디서도 본 적 없는 완전히 새로운 브랜드를 원하는 것도 모두 기업의 전략일 수 있습니다.

하나의 브랜드를 구성하는 요소가 많다고 해서 언제나 도움이 되는 것은 아닙니다. 브랜드가 세상을 만나 그 가치를 전달하기 위해서는 꼭 필요한 요소들이 그 역할에 맞게 준비되고 서로 시너지를 낼 수 있는 구성을 가지는 것이 중요합니다. 어떠한 브랜드 요소가 필요할지에 대한 고민은 우리 브랜드가 노출되는 접점에서 출발합니다. 접점의 특성을 고려하면 그것을 십분 활용하는 데 필요한 브랜드 요소들을 찾아낼 수 있습니다.

너무 당연한 이야기인 것 같지만 실제로 기업에서는 활용에 대한 고민 없이 '그래도 이건 있어야지' 하는 마음으로 브랜드 요소를 구축하는 경우가 많이 있습니다. 그래서 나중에 이것과 저것의 차이점은 무엇인지를 되묻는 경우가 생깁니다. 같은 브랜드 네임을 사용하지만 브랜드가 론칭되는 지역에 따라 브랜드의 프리미엄 정도가 다르다는 이유로 각기 다른 로고를 사용하는 경우도 있고, 태그라인이나 커뮤니케이션 메시지, 광고 카피, 대표 슬로건 등의 타이틀을 가진 비슷하면서도 다른 메시지를 줄줄이 가지고 있는 브랜드도 있습니다.

이런 브랜드들은 시간이 흐를수록 점점 더 많은 것들이 쏟아져 나옵니다. 요새 이게 핫한 것 같아서, SNS에는 뭔가 다르게 해 봐야 할 것 같아서, 새로운 프로모션 아이디어가 생각나서 등 새로운 것이 필요한 이유는 너무도 많습니다. 이렇게 한 5년을 보내고 나면 그동안 만들어진 많은 것들을 보며 왜 이렇게 로고가 여러 개인지 내부에서도 헷갈리게 되는 것이지요.

대학 시절 유명한 패밀리 레스토랑에서 아르바이트를 했던 경험이 있습니다. 크게 키친과 홀로 아르바이트생의 역할이 나뉘어 있었는데요. 손님들은 홀에 서 있는 아르바이트생들이 모두 같은 일을 한다고 생각했겠지만 그들의 역할도 몹시 구체적으로 구분되어 있었습니다. 처음 손님이 들어서면 자리를 안내하고 메뉴를 가져다주는 친구, 전체 테이블 중 창가 쪽에 쭉 이어진 테이블만 서빙하는 친구, 디저트만 담당하는 친구, 계산만 담당하는 친구가 있었습니다. 많은 친구들이 같은 시간대에 일했지만 이렇게 명확한 역할 구분은 서로의 동선을 겹치지 않게 도와주고, 가장 효율적으로 손님들에게 좋은 서비스를 제공할 수 있도록 하는 근간이었습니다.

잘 준비가 되지 않은 레스토랑은 어떨까요? 이런 곳은 아르바이트생이 몰려다닌다는 특징이 있습니다. 어디든 조금 복잡하거나 바빠진다 싶으면 모두 그곳에 가 있고, 이미 받은 메뉴를 다시 들고 오는 친구도 있습니다. 다 같이 멍하니 서 있다가 우르르, 그리고는 우왕좌왕. 알바 백 단의 유능한 친구가 있어도 매뉴얼이 없으면 아무 소용이 없지요.

브랜드 요소 또한 마찬가지입니다. 각 요소의 역할과 활용이 분명해야 합니다. 현재 확보된 접점뿐만 아니라 이후 확장할 접점까지도 염두에 두고 각 요소의 쓰임을 정하고, 그 쓰임에 맞는 형태로 개발되도록 해야 합니다.

훌륭한 브랜드 요소 구축의 조건

*

브랜드 요소 구축을 위해서 가장 중요하게 고려해야 할 것은 무엇일까요? 매력적인 브랜드가 되기 위한 조건을 생각하기 전에 두 가지 전제를 말씀드리고 싶어요.

첫째로, 브랜드는 살아 있는 생명체와 다르지 않다는 점입니다. 브랜드는 사람의 인격처럼 특정한 성격을 가질 수 있고, 그것을 나름의 화법으로 커뮤니케이션하는 존재입니다. 고정적인 모습으로 시간만 흘려보내는 것이 아니라 그 시간 속에서 나이를 먹기도 하고, 나쁜 소문에 휩싸여 그 평판을 잃을 수도 있습니다.

두 번째로는, 그렇기 때문에 브랜드 요소는 만들어 내는 것이 끝이 아니라 끊임없이 관리해 주어야 한다는 점입니다. 기본적으로 변동성이 많은 환경에서 브랜드 요소들이 고유의 이미지와 가치를 전달할 수 있어야 한다는 뜻이지요.

여러분이 좋아하는 많은 브랜드는 아주 오래전에 탄생했음에도 불구하고 여전히 매력적이죠. 우리는 이러한 브랜드들이 시간을 초월한 가치를 가졌다고 얘기하는데, 이런 브랜드를 만들기 위해서는 아래의 조건들이 가장 중요합니다.

첫 번째로, **적용성**입니다.

과거에 브랜드는 4대 매체(TV, 라디오, 신문, 잡지)나 오프라인 소매점 등 비교적 제한된 노출 접점을 가졌습니다. 이제 브랜드는 핸드폰 속에서 10자 이내로 표현되어야 하며, 홀로그램이나 VR를 통해

어떤 노출 접점에서도 브랜드 고유의 정체성을 유지할 수 있어야 한다.

보여지는 상황 역시도 고민해야만 합니다. 사람들은 브랜드에 대한 정보를 공식 홈페이지보다는 유튜브에서 찾고자 합니다. 우리 브랜드는 움직이는 영상으로, 때로는 픽셀로 표현되어야 하며 어떤 환경에서도 고유의 정체성이 상실되어서는 안 되죠.

더 나은 적용성을 가지기 위해서는 브랜드가 노출되는 다양한 상황에 대한 이해가 선행되어야 합니다. 이는 브랜드 표현에 대한 전략이 더욱 촘촘하게 고려되어야 한다는 의미이기도 합니다. '기억하기 쉽도록 너무 길지 않게' 혹은 '눈에 잘 띄도록 너무 복잡하지 않게' 정도의 기준으로는 충분치 않게 되었습니다. 매장 사인의 브랜드 컬러, 직원 유니폼의 컬러, 디지털 환경에서의 컬러가 다른 경우는 너무나도 흔하고요. 한국어나 한자어를 근간으로 하는 브랜드 네임으로 글로벌 비즈니스를 시작하는 경우, 반대로 외래어로 개발된 것을 한글로 표기하는 과정에서의 괴리감, 옆 레스토랑의 냄새가 섞여 고유의 브랜드 향기가 변질된 브랜드 공간까지. 브랜드가 적용되는 모든 환경과 상황에 대한 충분한 점검이 없다면 브랜드는 준비된 모습으로 사람들을 만날 수 없습니다.

너무 과도한 염려인 것 같지만 사람들이 브랜드 요소를 만나는 모든 순간에 긍정적인 감정이 환기되어야 한다는 점에서 원래 이미지와 전혀 다른 무언가를 연상시키는 브랜드 요소는 성장의 가능성을 스스로 한참 깎아 먹는 것이나 다름이 없지요.

두 번째로, **유기성**입니다.

전통적으로 브랜딩에서는 '일관성'이 강조되어 왔는데요. 브랜드 요소가 오용되지 않도록 명확한 가이드라인 하에서 활용되는 것은 여전히 중요합니다. 브랜드 요소가 미리 설정한 브랜드의 정체성을 100% 표현해야 한다는 생각이 일관성의 중요성을 강조하는 배경이기도 합니다. 그러나 앞서 여러 번 강조한 것처럼 지금 시대의 브랜드는 브랜드 네임 혹은 브랜드 로고만으로 대변되지 않습니다. 브랜드 가치를 전달할 수 있는 브랜드 요소도 접점이 점점 늘어나고 있죠.

요구되는 일관성에 대한 개념을 다시 한번 환기해 보는 것이 좋을 것 같은데요. 하나의 브랜드 가치를 중심으로 모든 브랜드 요소가 일관되게 활용되어야 한다는 규칙은 사실 실제 브랜드의 환경에서는 달성되기 어려운 목표입니다. 각기 다른 특징을 가지고 있는 브랜드 요소들, 그러니까 언어적, 시각적인 것을 넘어 여러 다양한 감각으로 파생되는 모든 것들이 과연 하나의 관념으로 이해될 수 있을까요? 감각에 대한 개인의 해석은 모두 다를 수밖에 없는 것을요. 다양한 브랜드

create ⓐ **Make Airbnb Yours**
Create your Symbol, Tell your Story

에어비앤비Airbnb의 호스트들은 브랜드 로고를 자유롭게 커스텀하여 활용할 수 있다.

요소가 브랜드 가치와 연계되어 있어야 한다는 정도로 약속하는 것이 현실적이겠습니다. 브랜드 요소는 마땅히 브랜드 가치에서 파생되어야 하지만 각 개인의 해석에 앞서 각 요소가 어떤 방식으로 브랜드 가치를 소구하고 있는지에 대한 명확한 설명이 있다면 충분합니다.

　다양한 브랜드 요소가 운용되는 현대의 환경에서는 이러한 일관성을 넘어 각 요소 간의 '유기성'이 더욱 중요합니다. 모든 브랜드 요소는 일관성을 이유로 고정적이거나 보수적으로 운영되기보다는 각 접점 및 요소의 특성에 따라 유기적으로 연결되어야 합니다. 사전에 충분히 계획하고 준비해야 하며 명확한 기준점을 가져야 하는 것은 맞지만, 관리의 편의를 목적으로 브랜드 요소의 활용을 너무 제한한다면 접점의 장점을 누리지 못하는 뻣뻣한 브랜드가 될 것입니다. 접점에 맞게 매력적으로 표현될 수 있도록 유연해져야만 합니다.

패션 상품이 된 필름·카메라 브랜드 코닥Kodak (출처: 코닥 어패럴 온라인스토어)

마지막으로, **확장성**입니다.

시공간의 경계도, 산업 간의 경계도 점차 사라지고 있습니다. 오늘 우리를 깜짝 놀라게 한 기술은 올해만 지나도 시시해집니다. 이러한 변화의 속도에 맞춰 매번 새로운 브랜드를 만들어야 할까요? 고객과 더 친밀한, 혹은 공고한 관계를 맺기 위해서 브랜드에겐 시간이 필요합니다. 당연하게도 함께 나눈 모든 시간은 그 어떤 것과도 비교할 수 있는 둘만의 자산이 되니까요.

여러분의 브랜드는 애플이 될 수도, 마이크로소프트가 될 수도 있습니다. 브랜드만으로 우리의 제품·서비스를 연상시켜 그 시장 내 대표성을 확보할 수도 있고, 메타포를 통해 차별화된 이미지를 구축할 수도 있다는 의미인데요. 그 어떤 방향도 전략적인 선택이 될 수 있지요. 다만 명시적이든 비유적이든 브랜드는 달라질 내일에도 여전히 유효한 것이어야 합니다. 한국 이외의 시장에 진입할 때나 또 다른 업태를 고려할 때, 새 브랜드가 필요할 수도 있지만 잘 만들어 둔 지금의 브랜드가 더 나은 선택일 수도 있기 때문입니다. 모든 기술은 여전히 진화 중입니다. 4차 산업 시대를 사는 우리가 알고 있는 어떤 제품·서비스도 이미 진화가 끝나 수십 년간 변화 없이 계속될 최종 버전이 완성된 것은 없습니다. 수십 년간 몸담았던 업태를 스스로 부정하고 끊임없이 새로운 정의를 내리는 것이 지금, 그리고 앞으로의 상황입니다.

브랜드 요소가 확장성을 가지기 위해선 무엇이 필요할까요? 브랜드 네임이나 로고와 같이 잦은 변동이 불가능한 브랜드 요소에는 비즈니스 속성에 가까운 것보다는 가치 지향적인 표현을 활용하는 것이 유리합니다. 사람들의 삶에서 오랜 시간 함께했던 비즈니스라고 하더라도 시대상의 변화에 따라 그 표현이 부적절해질 수 있기 때문입니다. 진화된 개념을 전하는 새로운 제품·서비스라도 브랜드 요소 탓에 경쟁력이 없는 것처럼 인식될 수 있죠. '약품'이라는 표현과 '바이오' 혹은 '헬스'가 포함된 표현. 그 차이가 느껴지시죠? 시각적인 것은 아무래도 언어적인 것에 비해 그 표현이 포괄적일 수 있지만, 너무 상세한 이미지를 연상시키는 표현이 포함된 경우, 예를 들어 로고에 플러그 모양이 표현되어 있다면 무선으로 시장이 급격하게 변화되는 시점에서 그 브랜드 요소는 경쟁력을 잃고 말 겁니다.

몇 년 전, 〈더 콜The Call〉이라는 음악 예능 프로그램이 있었는데요. 가수들의 컬래버레이션을 주제로 하는 예능이었습니다. 그 프로그램에서 정말 오랜만에 신승훈 가수를 화면으로 만날 수 있었는데요. 그가 새롭게 들려주는 모든 음악은 정말이지 놀라웠습니다. 함께 참여했던 래퍼 비와이가 인터뷰를 통해 신승훈 가수와의 협업을 희망하며 "저런 분들은 시간의 지배를 받지 않거든요"라고 했던 말이 몹시 와닿았습니다. 모든 사람에게 공평하게 주어져 인생사의 희로애락을 만드는, '시간'이라는 거대한 진리를 거스르는 사람에겐 어떤 비결이 있을까요? 바로 변화에 대한 이해와 수용이 아닐까요? 본인이 가장 잘하는 것을 고집하고 안주하는 것이 아니라 변화를 꿰뚫어 보고 그 변화의 맥락에 본인의 강점을 더할 수 있는 사람. 그런 사람이라면 시간의 지배를 받지 않을 것 같습니다.

브랜드도 마찬가지입니다. 위의 조건들을 종합해 보면, 변화와 다양성의 요구에 대응 가능한 브랜드 요소를 구축하는 것이 곧 경쟁력입니다. 달라지는 환경에서 도태되지 않고 변치 않는 매력을 지켜가는 브랜드가 바로 시간을 지배하고 초월하는 브랜드일 테니까요.

좋은 브랜드 요소를 만들기 위한 당부

*

브랜드 요소에 대한 의사결정은 언제나 쉽지 않습니다. 수학 공식처럼 딱딱 떨어지는 기준이 있는 것도 아니고, 감각적인 요소이기 때문에 여러 이해관계자가 모두 만족스러운 합의에 이르기도 어렵기 때문이지요. 오랜 시간 많은 기업들과 프로젝트를 하며 이와 관련된 다양한 상황을 경험해 볼 수 있었습니다. 그간의 시간을 반추하며 이 중요한 과정에 대해 조심스러운 당부를 드리고자 합니다.

이건 꼭 한국에서만 일어나는 일은 아닐 겁니다. 그러나 한국의 기업 환경에서 가장 흔하게 발생하는 상황입니다. 모든 것을 의사결정권자의 입맛에 맞추려는 노력이지요. 의사결정권자의 일이란 본래 중요한 결정을 하는 것이지만, 특히 브랜드와 관련해서는 우리가 관계를 맺으려는 대상의 특성 등을 고려했을 때 주변의 의견이 필요한 경우가 많습니다.

2530의 일하는 여성들을 주 타깃으로, 제품·서비스 특성을 고려하여 스마트하고 진취적인 이미지를 전달하는 브랜드 요소를 결정짓는 자리였습니다. 실무팀에서 제품과 브랜드에 대한 분석 자료는 물론 타깃 연령대의 소비자 간담회 결과 및 프로젝트팀의 의견, 브랜드 전문가의 의견까지 차곡차곡 준비하여 보고를 진행했습니다. 그에 대한 60대 남성 임원의 피드백은 "어린 여자 타깃이라며. 분홍색 레이스 같은 느낌이 나야 할 것 아니냐. 나에게는 전혀 느낌이 오지 않는다"라는 것이었습니다. 한번은 대학생을 타깃으로 스포티한 콘셉트의 브랜드 요소를 결정하는 과정에서 담당 팀장님이 초등학교 저학년인 아드님이 직접 개발했다는(참고로 아드님은 스포츠 제품에 관심이 많고 나이 또래 친구들보다 조숙하다고 합니다) 이름을 계속해서 주장하신 일도 있었습니다.

같은 콘셉트라도 특정 연령대나 성별에서 더 의미 있는 표현이 있습니다. '내가 생각하는' 고급스러움, '내가 아는' 멋진 것이 전부이거나 언제나 절대적일 수는 없습니다.

반대의 경우도 있습니다. 모두의 의견을 듣고 다수결로 결정하는 방식이지요. 사공이 많으면 배가 산으로 간다고, 해당 브랜드와 관련된 정보가 많지 않은 상태에서는 역시 개인의 취향에 따른 피드백이 이루어질 수밖에 없습니다. 혹시 내부 공모전을 진행해 본 경험이 있으신가요? 모두의 생각과 취향은 어쩜 그렇게나 다른 건지요. '이케아 효과'라는 말 들어 보셨나요? 완제품을 구매할 때보다 내가 직접 완성한 제품에 더 큰 만족과 애정을 얻게 되는 효과를 뜻하는 말인데요. 내가 만든 게 가장 좋아 보이는 건 누구에게나 당연한 일입니다.

다만 나만을 위한 브랜드 요소를 만드는 것이 아닌 만큼 후보안에 대해 피드백을 해야 하는 경우엔 '내가 좋아서'라는 이유보다 더 객관화된 의견이 필요합니다. '브랜드 가치가 잘 담겨 있어서' '발음하기 쉬워서' '이미지가 한눈에 들어와서' '브랜드 커뮤니케이션에 조금 더 용이해서' '사람들이 원하는 어떠어떠한 것들이 담겨 있어서' 같은 의견 말입니다. 그렇기 때문에 다양한 의견이 필요하다면 의견을 구하는 과정에서 브랜드가 가지고 있는 이슈, 브랜드의 정체성, 역할, 개발 과정 등을 상세하게 전달하고 이를 바탕으로 의견을 구하는 정성스러운 과정이 꼭 필요합니다.

브랜드 무용론에서 잠깐 다뤘지만, 겉모습보다는 제품·서비스의 실질적인 가치와 고객 경험이 중요하다고 생각하는 사람도 많이 있습니다. 어차피 서로 간에 취향도 다 다르고, 모두를 만족시키지 못하는 것이라면 무엇을 선택해도 상관없지 않냐는 이야기도 종종 듣습니다. 물론 좋은 브랜드 요소가 꼭 힘들여 만들어진 것일 필요는 없습니다. 크고 비싼 전문 업체를 통하지 않고서도 내부의 고민만으로 좋은 브랜드를 만들어 낼 수 있고, 좋은 철학을 바탕으로 한 훌륭한 제품·서비스는 어마어마한 브랜드 요소가 없어도 시장에서 사랑받는 브랜드로 자리매김할 수 있습니다.

그러나 어떤 브랜드 요소는 이 모든 것을 너무도 쉽게 무용지물로 만들 수도 있습니다. 나쁜 브랜드 요소만큼 기업의 발목을 잡는 것도 없습니다. '나쁜 브랜드 요소'란 어떤 것일까요? 멋들어진 디자인 없이 그냥 심심하게 브랜드 네임만 써 놓은 워드마크? 너무 긴 브랜드 네임? 의미를 알 수 없는 것? 말씀드린 것들은 브랜드 개발 단계에서 진행되는 인터뷰를 통해 들었던 예시인데요. 사실 위의 예시들이 언제나 나쁜 결과를 가져오지는 않습니다. 오히려 어떤 기업에서는 선호하는 방향성일 수 있지요. 대체로 나쁜 브랜드 요소라고 하면 이런 특정 형태에 대해서 생각하시는데요. 그보다는 브랜드 존재 자체에 위해를 끼치는 더 큰 리스크가 있습니다.

1. 브랜드의 부정 연상

사람들은 어떤 새로운 것을 보았을 때 각자의 사고방식에 따라 이를 판단하곤 합니다. 여기엔 본인이 속한 특정 문화권, 자라 온 방식, 고유의 가치관들이 주로 영향을 미치게 되지요.

아무리 좋은 제품이라도 브랜드를 접하는 순간 거부감이 든다면 그 사람들과 다음 기회는 없다고 생각해야겠죠. 우리에겐 이 예시만큼 와닿는 게 없을 것 같습니다. 로고 디자인에서 욱일승천기가 연상되는 몇몇 브랜드가 있습니다. 해당 브랜드에서 관련된 해명을 여러 번 했기 때문에 그 로고들을 직접 이 책에 담는 것은 바람직하지 않을 것 같아 생략하지만, 의도했든 그렇지 않든 간에 욱일승천기가 단번에 떠오르는 브랜드라면 정말 치명적인 한계를 가진 브랜드라고 할 수 있겠지요.

이렇게 극명한 경우 외에도 어떤 가치에 대한 사람들의 판단이 달라질 때 브랜드가 이를 잘 반영하지 못하면 긍정적인 이미지를 확보할 방법이 요원해집니다. 한국에서는 공동 주거 상품, 즉 아파트가 부富의 가치를 가장 직접적으로 드러내는 카테고리 중 하나인데요. 시대가 바뀌면서 어떤 표현은 오히려 과하게 휘황찬란해서 선망보다는 희화화의 대상이 되기도 합니다.

글로벌 비즈니스도 꾸준히 늘어나는 추세인데요. 해당 국가나 문화권에서 터부시하는 표현은 반드시 지양해야 합니다. 여기서 한 가지 더, 사전에 검색해 봤을 때 나쁜 의미가 나오지 않았다는 것만으로는 충분치 않다는 점을 꼭 말씀드리고 싶네요. 언어는 사전적 의미 외에도 사회적 의미를 가집니다. '썸'이라는 단어를 '썸을 탄다'라는 의미로 사용하는 문화권은 한국밖에 없을 겁니다.

사전을 예로 들어 말씀드렸지만, 여기엔 시각적인 것도 포함됩니다. 우리 브랜드의 상큼한 이미지를 전달하기 위해 '레몬'이라는 메타포를 사용하여 디자인했다면 레몬이 문화적으로 가지는 의미 역시 잘 헤아려야 합니다. 어떤 경우에 레몬은 상태가 좋지 못한 제품을 뜻하기도 하기 때문입니다.

브랜드가 새로운 시장에서 새로운 관계를 시작하고자 한다면, 그곳에 현재 살고 있는 사람들이 우리 브랜드 요소에 대해 어떤 이미지를 가지는지, 특히 부정적으로 인식될 것은 없는지 그들의 생생한 의견을 실시간으로 꼭 확인해야 합니다.

2. 상표등록 가능성과 브랜드 요소

최근 기업들은 브랜드 요소를 확정한 후 상표 출원을 통해 그 권리를 보호받아야 한다는 것을 잘 인지하고 있습니다. 물론 중요한 요소가 아닌 경우 굳이 돈 들여서 상표를 출원할 필요가 없다고 생각하는 기업들도 아직 많지만요. 우리 브랜드 요소에 적정한 권리를 확보하는 것도 물론 중요하지만, 상표 출원을 위해 상표로서 등록이 가능한지를 검토하는 과정 역시 매우 중요하다는 것을 말씀드리고 싶습니다. 이 과정을 거쳐야지만 우리 브랜드 요소가 앞서 출원된 타인의 브랜드 요소를 침해하지 않는지를 확인할 수 있기 때문입니다.

한국은 전 세계적으로 상표 출원이 많은 국가 중 하나로 손꼽힙니다. 선출원주의를 채택하고 있기 때문에 일단 좋은 것들은 잡아 놓자는 대기업의 부지런함이 오늘의 결과를 만들었는데요. 많은 기업이 그 규모와 상관없이 상표 출원의 중요성을 점차 인지하게 되면서, 아직 시장 내 인지도가 크지는 않지만 적법한 권리를 획득함으로써 허울뿐인 상표가 되지 않도록 열심히 노력하는 브랜드가 많아지고 있습니다.

커뮤니케이션을 위해 제작했던 요소라서 따로 상표까지는 출원하지 않았는데 생각보다 반응이 좋아 그 사용을 확대하는 경우, 있으시죠? 이미 선점된 타인의 상표를 침해하는 결과가 발생할 수도 있으니 꼭 확인하셔야 합니다. 법적 제재를 받을 경우 관련 비용이 어마어마하게 드는 것은 물론이거니와 최악의 경우 브랜드를 폐기함으로써 그동안의 노력이 한순간에 물거품이 되는 경우도 충분히 발생할 수 있습니다.

이런 일이 일어나는 이유는 상표에 대해 충분히 검토하지 않았기 때문만은 아닙니다. 날마다 새로운 기술이 쏟아지고 있는 요즘입니다. 해당 기술력에 대한 이미지를 선점할 수 있는 브랜드를 개발하기 위해 기술용어를 그대로 브랜드화하는 경우가 있습니다. 초기에는 기술명이라고 하더라도 일반인들에게는 잘 알려지지 않아 식별력을 갖춘 브랜드 요소처럼 취급될 수도 있습니다. 그러나 기술이 점차 보편화되고 사람들도 그 기술에 대해서 어느 정도 인지하게 되면 경쟁사와 해당 브랜드에 대한 분쟁이 필연적으로 발생합니다. 이런 경우, 더욱 신중하게 접근하는 것이 좋겠습니다.

그렇다면 브랜드 요소를 선정할 때 법적 이슈가 없는 것을 최우선으로 해야 하는 걸까요? 문득 라떼 한 잔을 들이켜야겠습니다. 제가 일을 처음 시작할 때만 하더라도 인터넷이 이 정도로 발달하지 않았습니다. 지금은 브랜드 요소에 대한 보고를 진행할 때면 많은 분들이 실시간으로 포털에 접속해 계십니다. 비슷한 다른 것은 없는지 찾아보시는 건데요. 포털에서 검색되지 않는, 아무도 모르는 참신한 것에 더불어 '.com' '.net' 등 URL을 바로 확보할 수 있는 것들을 찾으시는 분들도 있습니다. 15개국에 상표등록 가능성 검토를 진행하여 모든 국가에서 100% 가까운 안정성을 가지는 브랜드여야만 선정할 수 있다는 기준을 가진 기업도 있지요. 브랜드 요소에 대한 스크리닝이 엄격해질수록 매력적인 브랜드 요소를 확보하기가 어려워집니다.

상표적인 측면에서 유사성을 검토하는 기준은 분명합니다. 그러나 누군가에게는 컬러만 비슷해도, 앞에 두 글자만 비슷해도, 어떤 경우에는 그냥 느낌만 비슷해도 내가 방금 포털에서 찾은 어떤 것과 유사하니 선정할 수 없다고 하시는 경우가 있습니다. 여태 아무도 하지 않은 것을 만드는 것은 어렵지 않습니다. 낯설고 복잡해지면 되거든요. 하지만 브랜드 요소는 긍정적인 이미지를 환기하는 매력적인 것이어야만 합니다.

진출하려고 하는 국가에서 상표법을 기준으로 동일 카테고리 내에서는 상표를 절대 확보할 수 없는 경우, 그 후보안은 당연히 포기해야 합니다. 상표로 등록되어 있지 않더라도 해당 국가에서 이미 너무나 저명한 브랜드인 경우, 카테고리를 막론하고 포기하는 것이 좋습니다. 그러나 동일 카테고리가 아닌 경우, 추가적인 노력을 통해 해당 카테고리에 상표권을 확보할 수 있는 경우, 포털에서 검색된 유사 브랜드가 주지 저명하지 않고 카테고리 역시 다른 경우라면 우리 후보안을 포기할 필요는 없습니다. 특히 URL의 경우, 많은 사람들이 여러분과 마찬가지로 URL을 직접 치기보다 포털을 통해 해당 사이트에 접속하므로 브랜드와 완벽하게 일치하지 않아도 괜찮습니다.

이처럼 브랜드 요소에 대한 의사결정은 결코 단순하지 않습니다. 이 브랜드에 대한 이해도가 높은 사람들의 건설적인 논의, 그리고 중요한 것들을 놓치지 않는 신중함을 통해서만 좋은 선택을 만들어 갈 수 있습니다.

변치 않는 매력으로 시간을 초월하는 브랜드를 만들기 위해서는 브랜드 요소에 신중해야 한다.

Activity 2

브랜드는 유명해지고자 하는 숙명을 안고 탄생합니다. 요즘 아이돌 팀들이 기나긴 콘셉트 회의를 하고 멤버별로 각기 다른 세계관을 가지는 것처럼, 브랜드의 정체성 또한 구체적일수록 도움이 됩니다. 이 브랜드와 함께하게 될 기업 내부의 모든 사람이 이 구체적인 정체성을 바로 알고 이를 가장 잘 드러내 줄 수 있는 전략들을 마련하고 나면 이제 브랜드는 꽃길만 걸을 준비가 된 것이지요.

이번 액티비티에서는 '구체적인 정체성'을 만드는 연습을 해 볼 텐데요. 어떤 제품·서비스뿐만 아니라 각 개인이 강력한 브랜드가 되는 요즘인 만큼 독자 여러분의 퍼스널 브랜딩을 위한 정체성을 구축해 보면 좋을 것 같습니다. 나보다 남에 대해서 훨씬 잘 아는 세상입니다. 나 자신의 존재 이유 같은 건 애초에 생각해 볼 이유도, 그럴 만한 여유도 없었으니까요. 나 자신을 돌아보는 철학적인 시간이 되어도 좋겠지만, 무엇보다 중심은 스스로를 '멋진 브랜드'로 만드는 것에 있다는 걸 잊지 말아 주세요!

나 ○○○(이름)이라는 브랜드는 [   ]을(를) 위해 존재합니다.

그것을 위해 나는 이 세상과 이 세상을 살아가는 사람들에게 [   ]을(를) 제공합니다. (물리적으로 제공할 수 있는 것이 없다면 나라는 브랜드가 있음으로써 이 세상이나 이 세상을 살아가는 사람들이 누릴 수 있는 이점을 작성해 주세요.)

나는 특히 [   ](한) 사람들과 [   ]의 관계를 맺어 나갑니다.

○○○ 브랜드는 [   ]한 이미지와 [   ]한 스타일로 표현됩니다.

이제 당신이라는 브랜드 정체성이 한 단락의 스토리로 구체화되었습니다. 몇 문장을 완성하는 것뿐이지만 그 과정이 쉽지 않고, 지금 적은 것 외에 다른 것이 더 맞지는 않을까 고민되셨을 겁니다. 우리는 지금 정답을 찾는 과정이 아니라 무언가를 나의 관점과 시선으로 정의하는 과정을 함께하고 있습니다. 결국은 스스로가 맞다고 생각하는 것을 찾아 가는 것이지요. 그렇다고 해서 본질과 전혀 다른 어떤 것을 꾸며 낸다면 이 모든 과정은 의미를 잃게 됩니다. 진짜를 찾아보세요.

이번에는 당신만의 세계관을 만들어 봅시다. 우리는 스스로에 대한 가장 집요한 관찰자입니다. 입술을 달싹이지 않는 순간에 어떤 생각을 하고 있는지, 어떤 감정이 피어나는지, 그 감정에 기대어 시간을 보내는지 또는 모른 척하기 급급한지… 좋든 싫든 간에 스스로에 대한 모든 것들을 속속들이 목격하며 살고 있지요. 그렇다고 해서 "나는 어떤 세계관을 가진 사람이야"라고 단언할 수 있나요? 어쩌면 오늘이 지나면 가능할지도 모르겠습니다.

① '나'라는 등장인물은 이미 파악했으니 나 자신 외에 나의 세계관을 구성하는 다른 등장인물이 있다면 적어 볼까요?

② 이제 등장인물들의 서사를 모아 봅시다. 등장인물들의 일상에서 일어나는 모든 일을 날짜순으로 모두 정리하자는 것은 아닙니다. 당신의 세계관에 관심을 가질 것 같은 사람들(위의 정체성에서 당신이라는 브랜드와 관계를 맺게 될 것 같은 사람들을 정의했는데요, 이 사람들을 떠올려 보면 됩니다)을 만난다면 들려주고 싶은 에피소드들을 정리해 봅시다. 애써 등장인물들의 에피소드를 따로 찾지 않아도 당신의 세계관에 영향을 미치고 있는 주변 사람들이 있다면 이 에피소드들에 가장 빈번하게 등장하게 되겠죠? 이에 더하여, 서사는 위에 정리된 것처럼 어떤 사건이 발생한 에피소드만으로 채워지는 것은 아니고 등장인물들에 관한 이야기, 예를 들면 누군가의 태몽처럼 그들을 잘 알게 되는 데 도움이 되는 것이라면 무엇이든 가능합니다.

③ 이 서사들을 모아 보니 어떤 공통된 맥락이 있나요? 위의 이야기들을 웹툰으로 만든다고 하면 어떤 장르일까요? 한 줄의 작품 소개를 적어볼 수 있을까요? 하나의 공통된 맥락이 발견된다면 '매일 억울한 집순이들'과 같이 주제화할 수도 있겠지만, 이야기들이 당최 중구난방이라면 서로 이어지지 않을 수도 있을 거예요. 이럴 때는 '중구난방'이 주제가 되면 됩니다. 그래서 '우당탕탕 OO 이야기'같은 주제들이 있는 거니까요. 그 주제가 바로 "나의 세계관

을 한마디로 말한다면?"에 대한 답이 될 겁니다.

④ 자, 이제 이 맥락에서 우리 세계관에 관심을 가질 만한 사람들을
이 세계관에 초대한다면 어떤 이벤트를 기획해 볼 수 있을까요?
서사를 채웠던 에피소드와 연결해서 아이디어를 만들어도 좋고
새로운 이벤트를 기획해 봐도 좋아요. 예를 들어, 등장인물들이
미신을 숭배하게 된 에피소드가 있거나 별자리, MBTI, 심리테스
트, 혈액형에 꽂혀 있다면 이런 것들을 매개체로 해서 새로운 사
람들과 관계를 맺어 갈 수 있겠지요?

PART 3

관계

Living as a Brand

사랑받는 브랜드가 된다는 건
사람들의 일상 속에서
그들의 시간을 함께한다는 의미입니다.

Chapter 6

브랜드의 존재 이유
이해시키기

마음이 활짝 열리는 결정적인 순간에 관해서 이야기하자면 우리를 설레게도, 씁쓸하게도 했던 그 수많은(!) 썸의 순간들을 떠올리지 않을 수 없습니다. 요새 저의 최애 프로그램 중 하나는 바로 〈유퀴즈〉인데요. '유느님'의 잇몸을 마르게 하는 커플의 이야기들을 듣고 있자면 주변의 친한 이성친구들이 그들의 썸녀를 위한 조언을 청했을 때가 자연스레 떠오릅니다.

상대의 어떤 점에 반했는지를 물어보면, 의도적인 멋짐 포인트보다 정작 당사자는 인지하지도 못했던 사소한 행동을 떠올리는 분들이 많았던 것 같아요. 저의 조언도 늘 다르지 않거든요. 네가 멋지다고 생각하는 걸 할 생각 말고 상대방이 좋아하는 걸 하라고요. '사람들 많은 곳에서 서프라이즈' 같은 계획을 들으면 절로 고개를 젓게 되는 건 저뿐만이 아닌 거죠?

make
people
feel
loved
today

누군가의 마음을 여는 일은 참으로 어렵지만, 한편으로는 참으로 단순합니다. 그 사람이 원하는 것을 하는 것. 스스로가 자부했던 매력 포인트는 썸의 단계까지 넘어오는데 이미 충분히 그 역할을 한 것 같아요. 썸에서 멈추느냐, 아니면 반쯤 닫혀 있던 마음을 활짝 열고 다음 단계로 넘어가느냐는 결국 서로 얼마나 통하느냐에 달려 있잖아요. 매력을, 마음을, 서로에게 맞게 소통하는 거지요. 상대가 기대하는 것을, 상대가 원하는 방식대로요. 서로를 이해하지 못한 상태에서 나누는 마음은 껍데기일 뿐, 공허할 틈 없이 서로의 마음을 꽉 채워 주는 건 결국 서로에 대한 공감입니다. 번지르르한 말보다는 사소하지만 상대의 마음을 움직이는 진정성 있는 행동들이 아름다운 관계의 시작인 것 같습니다.

커뮤니케이션은 곧 경험

*

브랜드를 알리기 위해 가장 중요한 것, 바로 브랜드 커뮤니케이션입니다. 커뮤니케이션의 사전적 의미는 다음과 같습니다. '누군가에게 정보를 전달 혹은 교환하거나 생각과 감정 등을 표현하기 위해 말, 소리, 표지 또는 행동을 사용하는 행위 또는 과정'. 브랜드의 커뮤니케이션도 마찬가지로 그 '누군가'에 해당하는 '대상', '말, 소리, 표지, 또는 행동'에 해당하는 '방법', 그리고 '정보, 생각, 감정'에 해당하는 '주제'가 필요합니다.

과거에는 비교적 심플했습니다. 브랜드의 세일즈 타깃이 정해집니다. 2030 여성과 같은 형태로요. 4대 매체라는 분명한 창구도 있었습니다. 자본을 들여 프라임 시간대를 선점합니다. 분명한 메시지를 가진 광고도 많았지만 온종일 머릿속을 헤집는 징글jingle(상업적으로 사용되는 짧은 곡)과 함께 15초 내내 브랜드 네임만 주구장창 나오는 광고도 꽤 많았죠. 한국 사람처럼 주입식에 능통한 사람들이 또 있을까요. 브랜드를 머릿속에 때려 박은 것 같은, 소름 끼치는 각인 효과가 있었습니다. 여전히 많은 브랜드 담당자는 브랜드를 반복 노출시켜 사람들의 기억에 남을 수 있기를 바라고 있습니다. 담당자들에게 가장 자주 듣는 말은 "우리는 (이렇게 사람들이 기억할 만큼 엄청난 물량을 쏟아붓는) 광고에 투자할 비용이 없다"라는 말입니다.

그러나 가치의 전달은 가치를 '주입', 아니 백번 양보해서 '이해' 시키기보다 경험을 통해 '실감'하게 하는 것입니다. 사람 간의 관계를 떠올려 보면 쉽습니다. 누군가에게 '참 사려 깊은 사람'이라고 소개하고 싶은 지인이 있다고 생각해 볼까요? 그 지인이 스스로를 사려 깊다고 말했기 때문에 그런 인상을 받게 된 경우는 없을 테지요. 그간에 그가 해 왔던 많은 행동을 지켜보고 함께 많은 시간을 보내 오며 비로소 느끼게 된 감상인 것입니다.

따라서, 브랜드의 커뮤니케이션은 우리 브랜드가 어떠하다고 알리기보다 사람들로 하여금 그런 감상을 가지도록 여러 경험을 제공하는 데 그 핵심이 있습니다. 이 경험이란 당연하게도 전방위적으로 제공되어야 하고, 긍정적인 감정을 불러일으켜야 합니다. 커뮤니케이션을 구성하는 세 가지 요소인 대상, 방법, 주제 중 '방법'에 대한 대전제입니다. 이후 브랜드 경험에 대해서는 좀 더 자세히 다룰 예정이지만, 이 책에서 말하는 '브랜드 경험'은 마케팅 활동과 광고의 일환인 BTL[1]에만 한정된 것은 아닙니다.

지난 겨울 네이트판에 백화점에 방문했다가 추운 날씨에 코트를 입고 주차를 안내하는 주차 요원들을 보고 안타까운 마음이 들었다는 글이 게시된 적이 있었습니다. 글쓴이는 해당 백화점에 직접 전화를 해서 주차 요원들이 패딩을 입고 근무할 수 있었으면 좋겠다고 건의를 했다고 합니다. 많은 사람이 이 게시글에 공감하며 직접 백화점 측에 건의를 올리며 거들었고, 결국 갤러리아 백화점과 신세계 백화점은 주차 요원들에게 패딩을 지급했다고 하는데요.

---

1 미디어를 매개체로 하지 않는 이벤트, 팝업스토어, 박람회 등의 양방향 대면 커뮤니케이션 방식

백화점 오시는 사모님들이 주차요원들 꼭!!!
코트 입으라고 하나요? 아니면 VIP들이
패딩은 격없어 보이니 코트 입으라고 하는건가요??

저번주 연말에 g백화점 갔었는데 그때
영하 8도였던 날이었고. 주차장 들어가는 차들
많아서 정리하느라 나와있는 주차요원이
코트에 야광조끼 입고 있더라구요.

입이랑 얼굴이 얼어서 안내하는데
말도 잘 못하시더라구요.

그 다음날 백화점 주차 담당 직원에게 전화해서
주차요원들 롱패딩으로 입게 해달라고
오히려 추운날씨에 코트입고 있는 모습
보기 좋지 않다고 꼭 시정해달라고 부탁했었네요.

어제 늘 다니던 s백화점 갔는데
평소에는 눈여겨보지 않아서 몰랐나봐요.
도로에 나와있는 주차요원이
여기도 코트를 입고 있더라구요...
오늘 이 백화점에도 전화를 드릴 예정입니다.

추운 날씨에 코트를 입고 근무하는 백화점 주차 요원들을 안타까워하며 올라온 글 (출처: 네이트판)

이처럼 브랜드와 사람들 간에 일어나는 모든 일, 특히 사람들에게 브랜드에 대한 특정 인상을 주는 일들을 모두 브랜드 경험으로 포함합니다. 기업이 고심하여 전략적으로 추진하는 브랜드 커뮤니케이션만큼이나 예상치 못했던 요구에 대한 후속 조치, 9시 뉴스에서 듣게 되는 브랜드에 대한 소식 역시 브랜드에 대한 사람들의 생각을 크게 좌지우지합니다. 이는 특히 브랜드에 대한 요구가 제품·서비스에 한정되지 않고 더 높은 수준의 가치로 확대되었기 때문인데요. 사람들은 좋은 제품·서비스가 윤리적이기를, 더 나아가 선善함의 가치를 실현하기를 바라고 있습니다. 아무리 제품의 질이 뛰어나도 악덕 기업의 손에서 탄생한다면 그 브랜드는 사랑받을 수 없는 세상이 되었죠. 사람들의 기대치는 생각보다 높고, 그들의 시선은 집요하며, 그 어느 때보다 엄격합니다.

자연스레 커뮤니케이션의 '주제'로 이야기가 이어지는데요. 가장 근간이 되는 것은 역시 브랜드의 정체성과 이를 뒷받침하는 브랜드의 핵심 가치입니다. 저의 전 보스는 아무리 산만한 대화 속에서도 절대 길을 잃지 않는 분이셨습니다. 이야기를 나누는 사람의 의견을 충분히 듣고, 그에 대해 적절한 대응을 하면서 이야기의 주제가 천 갈래만 갈래 갈라지게 되어도 종국에는 처음 출발했던 그 주제로 돌아오곤 했습니다. 이 세상에는 여러 가지 이슈가 있고 사람들은 궁금한 이야기가 따로 있습니다. 지금 세상에 의미 있는 브랜드가 되기 위해서는 이 모든 이야깃거리에 기민하게 대응해야 합니다. 그러나 그 와중에 브랜드의 지향점을 잃어서는 안 되겠죠.

매력적인 브랜드는 이 다양한 이슈를 그 브랜드만의 주제로 소화합니다. 왜 그런 사람 있잖아요. 주제를 가리지 않고 막힘없이 술술 대화를 이끄는 사람, 거기에 세상에서 얘기되는 표면적인 내용만을 전달하는 것이 아니라 그 안에 자기만의 뚜렷한 생각이 있는 사람. 브랜드가 뚜렷한 의견을 가지는 것이 위험하다고 생각하시나요? 많은 사람에게 사랑받아야 하는 운명을 타고났으니 민감한 주제에 대해서는 가급적 피하고 대체로 완만한 태도를 취하는 것이 좋다고요. 하지만 최근 많은 브랜드가 용감하게 앞장서는 쪽을 택하고 있습니다. 그리고 이런 브랜드는 특별해집니다.

에프엑스f(x)라는 아이돌 그룹의 멤버인 '엠버'를 아시나요? 소녀 콘셉트, 섹시 콘셉트 등 특히나 여성성을 강조하는 아이돌들 가운데 중성적인 스타일을 고수하며 눈길을 끌었던 멤버인데요. 그녀는 그룹 내에서 가장 인기 있는 멤버도 아니었고, 심지어 일부 사람들에게는

엠버를 모델로 선택해 브랜드의 가치와 생각을 뚜렷하게 전달한 나이키

여성스럽지 못하다는 이유로 조롱을 받기도 했습니다. 그런 그녀가
나이키의 모델이 되었을 때 사람들은 나이키의 선택을 의아하게 생각
했지요.

엠버는 유튜브 채널을 통해 〈내 가슴은 어디 있지?〉라는 제목의
영상을 올렸습니다. 스타일에 대한 많은 악성 댓글을 보면서 그에 대
한 자신의 목소리를 내고자 했던 것입니다. 나이키의 행보는 그녀의

용기와 생각에 대한 지지의 표시였던 것이죠. 최고의 사랑을 받는 연예인을 모델로 선택해 브랜드의 이미지를 돋보이게 할 수도 있었겠지만, 그보다는 더 중요한 가치에 집중하며 나이키의 정체성 안에서 나이키만의 생각을 뚜렷하게 전달한 것입니다. '편견'이라는 중요한 사회 문제를 나이키만의 방식으로 정면 돌파한 것이지요.

갤럽Galop에서 발표한 〈Hate Crime Report 2021〉에 따르면 LGBT+에 대한 혐오 범죄는 지난 2년 동안 다른 형태의 혐오 범죄보다 두 배나 더 빠르게 증가했다고 합니다. LGBT+ 커뮤니티를 혐오한 나머지 직접적인 범죄를 저지르는 사람의 수가 이렇게 높은 수치로 증가하는 것만 보아도 여전히 세상에는 그들을 향해 차가운 시선을 보내는 사람이 많이 있다는 것을 짐작할 수 있는데요. 이들 역시 한 명의 소비자겠죠.

일상이 싫어 섬으로 떠나 나무 열매를 줍고 낚시를 하며 유유자적한 삶을 즐기는 게임, 〈모여봐요 동물의 숲〉이 혐오 범죄의 타깃이 되는 LGBT+ 커뮤니티의 가장 큰 행사인 '글로벌 프라이드Global Pride'를 게임 내에서 개최했습니다. 평화로운 콘셉트로 전 세계 사람들을 사로잡은 게임 브랜드가, '굳이' 말이지요. 이 게임에서 중요한 액티비티 중 하나는 섬에 사는 친구들을 찾아가 안부를 묻는 것인데요. 그 모습처럼 세상은 함께 살아가야 하는 곳이고 그곳에서는 그 누구도 정체성을 이유로 배척을 받아서는 안 되겠죠. 세상의 이슈를 주제로 커뮤니케이션하되 브랜드의 생각은 언제나 그 중심에 견고하게 자리 잡고 있어야 합니다.

LGBT+의 중대 행사를 게임 내에서 개최한 <모여봐요 동물의 숲>

마지막으로 '대상'에 대해 생각해 볼까요? 아주 새로운 제품이나 서비스에 대한 브랜딩 프로젝트를 진행할 때 저는 종종 고객사의 담당자분들께 이 제품·서비스를 초등학생인 조카에게 설명한다면 어떻게 할지를 묻곤 합니다. 기술 등에 문외한인 대중이 들어도 쉽게 이해할 수 있는 정의를 찾기 위함인데요. 정보를 전달하기 위한 특정 상대를 지정하고 나면 그 상대에 맞는 말투와 표현을 찾게 됩니다. 브랜드가 타깃들과 보다 나은 방식으로 커뮤니케이션하기 위해서는 타깃을 고려한 브랜드만의 언어가 필요합니다.

브랜드의 언어라. 다소 생소한 표현일 수 있겠습니다. 자주 이야기를 나누는 가까운 친구를 떠올려 보세요. 그 친구만의 어조, 자주쓰는 단어나 표현, 거기에서 느껴지는 그 친구만의 성격과 감정을요. 브랜드의 어조, 브랜드 메시지에 대한 가이드를 규정하게 되면 그게 바로 브랜드의 언어가 되는 것입니다. 브랜드의 언어는 브랜드의 개성, 즉 브랜드 페르소나를 반영합니다. 브랜드의 정체성과 우리의 타깃, 커뮤니케이션 방향성을 두루 고려하여 우리 브랜드의 개성을 설정하게 되면 브랜드의 이미지가 보다 분명한 가이드라인 하에서 유지, 관리될 수 있습니다.

브랜드 페르소나는 핵심 가치처럼 몇 가지 형용사로 정의되곤 했습니다. 최근 MZ세대들은 자신의 성격을 MBTI 결과로 손쉽게 공유하곤 하는데요. 브랜드 페르소나를 정의하기에도 좋은 방법입니다. 장난기 많고 활동적인 성격으로 새로운 것들을 찾아다니기를 좋아할 수도 있고, 뭐 하나에 꽂히면 몇 시간이고 꼼짝 않고 무섭게 몰입하는 성격일 수도 있습니다. 촘촘하게 설계된 브랜드 페르소나는 브랜드가 전달해야 할 많은 것들을 커뮤니케이션할 때 더 풍성한 서사를 만들어 줍니다. 브랜드 언어를 만드는 데에 훌륭한 지침이 되는 것은 물론, 브랜드 스타일도 브랜드 개성을 통해 풍부해질 수 있고요.

커뮤니케이션의 주체 역할을 하는 브랜드 페르소나

대부분의 경우, 브랜드의 모델을 선정할 때 역시 브랜드 페르소나가 중요한 역할을 합니다. 그러나 반대로 기업이 선호하는 탑 티어 모델의 이미지를 브랜드 페르소나화하는 경우도 많이 있습니다. 물론 누구나 선망하는 모델은 그만큼 멋진 브랜드의 개성을 만들어 줄 수도 있겠습니다만 리스크는 분명합니다. 시간은 흐르고, 모델은 달라지고, 사건·사고까지 많은 세상에 살고 있으니까요. 모델이 교체될 때마다 브랜드 개성이 흔들리게 되겠지요.

브랜드 페르소나를 설정하는 것은 브랜드 하우스 혹은 시스템의 한 칸을 채우기 위한 일이 아니라 커뮤니케이션의 주체를 설계하는 일입니다. 다시 말해 브랜드 페르소나는 관념으로 존재하는 것을 넘어 실질적인 역할을 해내야 한다는 뜻이지요. 따라서 우리의 타깃을 생각했을 때, "이런 개성을 가진 사람이라면 좋은 관계를 만들어 갈 수 있겠다"라는 관점에서 출발해야 합니다.

먹히는 커뮤니케이션이란
'사람들'이 좋아하는 것

*

사람들은 바쁘고 바쁘고, 또 바쁘지요. 휴대폰만 있다면 혼자서도 몇 날 며칠은 거뜬하게, 지루할 틈 없이 보낼 수 있습니다. 세상에는 새로운 것도 재미난 것도 너무 많고요. 그러니 손톱만큼이라도 관심이 가는 구석이 없으면 신경을 기울일 이유도 의지도 없습니다. 기가 막히게 운이 좋아서 그들의 관심을 끌었더라도, 그 관심이 식어 버리는 데는 검색어를 넣고 엔터를 치는 시간 정도밖에 걸리지 않지요.

한때는 궁금하게 하는 것, 신비로운 브랜드 커뮤니케이션을 하는 것이 사람들을 끌어모으는 효과가 있었습니다. 하지만 요새는 16부작 드라마도 30분 요약해 주는 유튜브 영상을 보는 것으로 충분하다고 생각합니다. 음악의 도입부를 견디지 못하고 바로 다음 곡으로 넘어가 버리기 때문에 시작 후 곧장 곡의 클라이맥스가 나와야 한다고 하네요. 설사 어떤 영상이 계속해서 플레이되고 있어도 정작 사람들의 시선과 관심은 휴대폰 메신저에 있는 경우가 허다합니다. 세상이 이렇다 보니 사람들의 관심을 환기하는 것은 물론이고 그들의 시간을 붙잡는 브랜드만이 그 브랜드의 가치를 경험하게 할 기회를 얻게 됩니다.

사회인이 되고 얼마 지나지 않았을 때, 난해한 연애사에 끙끙 앓는 저를 보며 멋진 언니들이 해 주었던 충고는 지금도 되새기는 만고 불변의 진리입니다. "사람은 마음 가는 데 돈과 시간을 쓴다." 사람

간의 관계를 되짚어 보게 되는 순간이면 상대가 저에게 베풀었던 시간을 반추해 봅니다. 사람은 누구나 마음이 있는 곳에 시간을 씁니다. 마음이 간다는 건 긍정적인 감정이 남는다는 뜻이고, 그 배경에는 상대와 자신이 공유하고 있는 무언가가 있다는 게 아닐까요. 그것이 함께한 시간이든, 어떤 주제에 관한 생각이든 서로가 공감하는 무언가 말이지요.

유머도, 센스도, 멋도 종국에는 취향의 문제입니다. 취향을 읽는 것이 전부라면, 데이터를 활용하면 됩니다. 각 개인이 자신을 드러내는 SNS의 발달, 이를 활용할 수 있는 기술의 진화는 기업의 고민을 덜어 주지요. 한 걸음 더 나아가 사람들의 일상에 가까워질수록 공감대 형성은 더욱 쉬워집니다. 이 역시 사람 간의 관계를 생각하면 이해가 조금 더 쉬울 것 같습니다.

소개팅을 거쳐 갓 연인이 된 커플이 있다고 합시다. 여자들은 꽃을 좋아하니까, 로맨틱한 남자가 되어 보기 위해 그는 첫 데이트에 꽃을 준비합니다. 이렇게 저렇게 예쁜 시간이 쌓여서 그들은 어느덧 1년여의 시간을 함께 보낸 연인이 되었습니다. 이제 그는 자신의 여자친구가 무엇보다 치킨에 행복해한다는 것을 알게 되었고, 무언가를 먹기 전엔 긴 생머리를 가지런히 묶는 버릇이 있다는 것도 알게 되었습니다. 아주 사소하게는 손목에 걸려 있는 머리끈을 하루에도 세 번씩 잃어버린다는 것까지 알게 되었지요.

오늘 그의 여자친구는 엉망진창인 하루를 보냈고, 스트레스 때문에 힘들어하고 있습니다. 그런 그녀에게 예쁜 꽃 한 다발을 건넨다면 어떨까요? 혹은 김이 모락모락 나는 치킨과 함께 이미 사라졌을 머리끈을 건넨다면 또 어떨까요? 어떤 선택이 이 둘의 관계를 깊어지게 할지를 생각하다 보면 브랜드가 소비자의 일상에 관심을 가져야 하는 이유가 더욱 명백해집니다. 더불어 그 소비자를 '20대 여성'으로 바라봐야 할지, '치킨이 구원이라고 믿으며 사소한 것을 챙기는 데 서투른 사람'으로 바라봐야 할지도 말입니다.

분기별 소비자 정량 조사를 하면 그녀가 하루에도 세 번씩 머리끈을 잃어버린다는 사실을 알 수 있을까요? 아니, 애초에 그녀를 행복하게 하는 건 꽃다발보다 치킨이라는 것을 알 수 있었을까요? 아무리 정밀한 조사 설계도 일상의 민낯을 보여 주지는 않습니다. 낯선 사람 대엿이 모인 정성 조사 역시 그렇습니다. 우리는 의외로 어떤 태도를 취하는 데 능숙합니다. 정성 조사는 특정한 목적으로 낯선 사람들과 함께 낯선 곳에서 시간을 보내는 상황을 만듭니다. 그곳에 초대된 소비자들은 솔직하게 답변하기보다 '솔직해 보이기 위한' 답을 하는 경우가 많습니다. 누구나 낯선 사람들 앞에서는 자신만의 방어기제를 꺼내 듭니다.

이건 참여자들을 의심하거나 조사 자체를 부정하기 위한 말은 아닙니다. 한국 사람으로 교육받고 자라 온 시간을 생각해 보면 많은 부분 고개가 끄덕여집니다. 예정된 수업 시간이 끝났을 때 질문하기보다 궁금해도 참는 것이 미덕인 줄 알았고, 다른 사람들이 나를 어떻게 생각할지보다 나 자신을 솔직하게 표현하는 것이 중요하다는 것을 배우지 못했고, 의견 차이가 있을 때 상대방의 의견에 전적으로 동의하지 않고 나의 주장을 펼칠 수 있다는 것도 생각해 보지 못했으니까요.

제가 오랜 시간 일해 온 인터브랜드에서는 여러 목적으로 내부

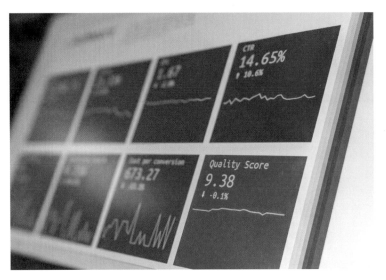
아무리 정밀한 정성 조사 설계도 일상의 민낯을 보여 주지는 않는다.

조사를 진행합니다. 문화와 업무에 대해 내부 임직원들이 평가하는 설문, 국가별 진행 중인 프로젝트의 결과물에 대해 정량적으로 의견을 제시하는 설문 같은 것들이 진행되는데요. 유독 한국의 직원들은 '보통'이라는 답을 가장 많이 합니다. 그에 대해 다른 나라 친구들이 이유를 알고 싶어 할 정도로요. 결코 설문에 나태했기 때문은 아니라고 생각합니다. 진지하게 임했지만 저 역시도 꽤나 자주 '보통'을 클릭하게 되었는걸요. 그냥 이렇게 배우고 자라난 우리 DNA인지도요.

결정적 순간을 일컫는 'Moment of Truth'

2005년 프록터앤드갬블P&G의 당시 회장이자 CEO였던 알란 G. 래플리는 특정 브랜드, 제품 또는 서비스에 대한 인상을 형성하거나 바꾸기 위해 고객이나 사용자가 브랜드, 제품 또는 서비스와 상호작용하는 순간에 대한 본인의 생각을 피력하며 'Moment of Truth(이하 MOT)'라는 표현을 썼습니다.

간단히 소개하자면 첫 번째 MOT는 처음 접하는 제품이나 서비스를 둘러보던 사람이 마케팅을 통해 소비자로 전환될 수 있는 3~7초가량의 시간으로, '소비자가 다른 경쟁사 제품보다 우리 제품을 선택하는 순간'을 말합니다. 두 번째 MOT는 '소비자가 제품을 경험함으로써 그 브랜드의 약속을 향유하는 순간'을 뜻합니다. 세 번째 MOT는 보다 시간이 흐른 뒤, '브랜드 혹은 제품에 대한 소비자의 피드백이나 리액션이 소셜 미디어를 통해 확산될 때'를 말합니다.

2011년 구글은 'Zero Moment of Truth', 즉 '0번째 MOT'라는 표현을 썼는데요. 이는 온라인을 통한 의사결정 시간을 말하며, 구매 전 온라인 리뷰를 확인하거나 브랜드에 대한 다른 정보들을 습득하여 구매 의사결정에 이르는 단계입니다. 실제로 미국 소비자의 88%가 구매 전 온라인을 통해 정보를 확인한다고 하네요.

정리하자면 MOT는 브랜드가 선택되는 결정적 순간에 사람들이 어떤 행동을 하고 어떤 것이 그들의 행동에 영향을 미치는지에 대한 내용인데요. 소비자 행동에 대한 표면적인 조사보다는 그들이 드러내지 않는 본심을 들여다보는 것이 핵심입니다.

이를 위해서는 새로운 방법론과 솔루션이 필요합니다. 빅데이터라는 말이 시장에 던져졌을 때 이에 대한 기대는 굉장했습니다. 그러나 몇 년의 시간이 지난 지금, 빅데이터를 통해 얼마만큼 깊이 있는 사람들의 본심을 발견할 수 있는지에 대한 경험적 증거가 기대만큼 발견되지는 않는 것 같아 개인적으로도 아쉬운 마음입니다. 하지만 빅데이터 외에도 에스노그라피Ethnography를 비롯한 관찰 조사, 웹보드 활용, 브랜드 패널, 커뮤니티 등 다양하고 새로운 조사 방법론이 등장하고 있고, 브랜드에 대한 중요한 의사결정 과정에 소비자들의 생생한 의견을 듣고자 하는 기업 내 니즈도 점차 커지고 있습니다.

사랑받는 브랜드가 된다는 건 사람들의 일상 속에서 그들의 시간을 함께한다는 의미입니다. 제품·서비스를 직접 사용하는 시간을 넘어 브랜드가 제공하는 여러 가지 경험들을 기꺼이 누리며 다음 날의 시간도 이 브랜드와 보내고자 하는 마음을 만드는 거지요. 이 목적을 잊지 말아야 합니다. 이 어려운 과정에서 도움을 받고자 기업의 담당자는 데이터를 찾아 헤매는 것이고요. 그런고로 조사 데이터는 브랜드가 사람들의 마음에 들도록 만들 수 있는 인사이트를 제공해야 합니다.

일상을 함께하고픈 브랜드가 되기 위해서는 사람들의 본심을 읽을 수 있는 데이터가 필요하다.

다음의 두 가지 데이터를 기반으로 아이디어 회의를 한다고 상상해 봅시다.

① 20대 여성의 50%가 우리 브랜드를 정인지하고 있으며, 특히 30% 가량은 우리 브랜드를 친근한 브랜드라고 인식했다. 조사 응답자 중 65%는 우리 브랜드가 타 브랜드 대비 접근성이 좋아 선택했다고 답했으며, 이 중 48%가 향후에도 우리 브랜드를 재구매할 의사가 있다고 밝혔다.

② 약 11평의 1.5룸에 거주하는 직장인이며 최근 3일 이상 오피스 이외의 공간에서 업무가 가능했다. 주로 주말이 이어지는 금요일과 월요일의 재택근무 비율이 높으며 자신의 집보다는 활용 공간의 효율이 좋은 경기도 본가에서 재택근무를 하는 비중이 늘어나고 있다.

두 번째 데이터와 비교하면 첫 번째 조사 데이터는 추가적인 아이디어를 만들어 내기에 다소 표면적입니다. 사람들의 일상에 침투하기 위해서는 그들의 생활과 그 안의 감정에서 공감대를 만들어야 합니다. 사람의 마음으로 사람의 일상을 읽는 것이 중요하겠습니다. 그 과정에서 사람들이 여태껏 입 밖으로 말하지 않았지만 사실은 원하고 있었던 본심을 찾아낼 수 있다면 더할 나위 없을 테고요. 소비자를 이해하기 위해 노력했던 그 많은 시간들, 이제 그 목적과 이해의 깊이에 대해 다시 한번 생각해 봐야 할 때입니다. 필요한 것이 달라졌다면 다른 방법론에 대해서도 열린 마음으로 시도해 보면 좋겠습니다.

차별화 다시 보기

*

트렌드를 따르는 것과 차별화를 추구하는 것. 브랜드 커뮤니케이션에서 가장 중요한 두 가지이지만 이 둘은 언뜻 보면 상충하는 가치를 가지고 있습니다. 많은 사람이 한 방향성을 가지게 되는 '추세', 많은 사람이 좋아하고 그래서 취하고자 하는 '유행'은 남들과 다른 것을 추구하는 '차별화'와는 정반대의 가치니까요. 트렌드를 따르면서 차별화하기란 정말 불가능한 이야기일까요? 커뮤니케이션 전략의 방향성을 명확히 함으로써 두 마리 토끼를 잡을 수 있습니다.

시대에 따라 사람들의 여가는 달라지고, 사람들의 눈과 시간이 모이는 곳도 달라집니다. 트렌드를 읽고 좇아 유의미한 커뮤니케이션 접점을 확보합시다. 사람들이 시간을 가장 많이 쓰는 플랫폼에 대한 이해가 필요합니다. '핫플'의 맥락을 이해해야 합니다. 구글 트렌드와 같은 디지털 툴은 이 모든 것을 좀 더 수월하게 할 수 있도록 도와줍니다. SNS 속 많은 이야기도 '사람들이 요새 꽂힌 그것'을 찾는 데 도움을 주고요. 우리 브랜드의 성격과 요즘 핫한 온·오프 공간의 성격을 고려하여 우리 브랜드를 드랜드 속으로 진입시킬 수 있습니다. 이때 중요한 것은 브랜드가 적극적으로 수용하는 트렌드의 주제를 '공간'으로 한정한다는 것입니다. 사람들이 몰리는 공간에 브랜드가 적극적으로 등장함으로써 트렌디해질 수 있습니다.

사람들이 몰리는 공간을 생각하면 커뮤니티가 빠질 수 없는데요. 과거에도 많은 커뮤니티가 있었지만, 브랜드가 이러한 커뮤니티를 주목해야 하는 이유는 흔히 '입소문'이라고 얘기하던, 소비자 간의 바이럴이 이루어지는 곳이었기 때문입니다. 그러나 최근의 커뮤니티는 그 영향력이 더욱 커져 브랜드 경험과 긴밀하게 연결되거나 더 나아가 큰 영향을 미치고 있습니다.

게임 커뮤니티로 출발한 '레딧Reddit'이나 '트위치Twitch'의 경우 Z세대가 온갖 시시콜콜한 이야기를 나누는 디지털 핫플로 부상했지요. 브랜드에 대한 베타 테스트, 론칭 이벤트뿐만 아니라 '트위치 모드'를 탑재한 게임도 출시되고 있습니다. MZ세대에게 많은 사랑을 받고 있는 패션 브랜드 '무신사'도 커뮤니티에서 출발한 브랜드입니다. '무지하게 신발 사진 많은 곳'이라는 이름의 유래처럼 운동화 찐 덕후 커뮤니티의 성격을 이어받아 스타일링 정보, 콘텐츠, 패션 아이템이 공존하는 패션 플랫폼으로 성장했습니다. 또한 메타버스도 빼놓을 수가 없는데요. 게시판을 중심으로 운영되었던 기존 커뮤니티와 다르게 새로운 공간과, 또 다른 나인 '아바타'를 제공하는 가장 최신 버전의 커뮤니티입니다. 메타버스의 화법에 브랜드를 녹여 신선한 방법으로 사람들과 만날 수 있습니다. 핫한 커뮤니티와 가까워질수록 브랜드 역시 트렌디해집니다.

메타버스는 새로운 공간을 제시하는 최신 버전의 커뮤니티이다.

어떤 스타일의 콘텐츠, 어떤 셀럽, 특정 디자인, 특정 이슈 등 요새 세상과 사람들이 관심을 쏟는 것을 이해하는 것은 중요하지만 브랜드 커뮤니케이션이 이 모든 트렌드를 좇는 모양새가 되면 브랜드의 징체성이 흐려지기 쉽습니다. 커뮤니케이션의 주제가 되는 것은 반드시 브랜드의 정체성과 부합해야 하며, 그 어떤 주제라도 우리 브랜드만의 방식으로 소화되어야 합니다.

브랜드의 영리한 선택은 트렌디한 접점에, 브랜드만의 정체성을 표현하는 방식으로 등장하는 것입니다. 이슈에 대한 기민한 이해를 바탕으로 해당 이슈에 대한 브랜드만의 생각을, 브랜드 정체성을 바탕으로 표현할 수 있어야 합니다. 하루는 B급 감성, 다음 날은 '영앤리치', 그다음 날은 다시 기득권에 냉소적인 태도를 보이는 진보적인 누군가가 될 수는 없습니다. 트렌드에 따라 정체성이 흔들려서는 안 됩니다.

브랜드만의 개성을 유지한다는 측면에서 '차별화'에 대한 이야기를 이어가 볼 수 있을 것 같습니다. 브랜드는 본래 그 탄생이 타인의 상품과 나의 상품을 구별(상표적 표현으로는 식별)하기 위해 표기한 특정 마크를 뜻합니다. 이 개념이 생겨난 이유가 '구별'에 있다 보니 브랜드가 소구해야 하는 중요한 경쟁력은 '차별성'으로 귀결되어 왔습니다.

앞서 브랜드를 보는 관점이 차별성에서 벗어날 필요가 있다고 말씀드렸는데요. 말 그대로 브랜드의 방향성을 오로지 차별성에만 집중하지는 말자는 뜻입니다. 차별성에 과도하게 집중하게 되면 제품·서비스의 본질과 우리 브랜드의 타깃에 대한 것은 모두 잊고 그저 '차별성을 위한 차별성'에 빠지게 됩니다. 기존의 것과 다르기는 하지만 기업과 소비자, 그 누구에게도 의미가 없는 존재가 되어 버리지요. 오늘날 브랜드가 타인의 것과 구별되는 것은 '사랑받는 브랜드', 즉 저희가 흔히 쓰는 표현으로는 '강력한 브랜드'가 되었기 때문이지요. 색다르지만 의미 없는 것이 아니라, 같고 다름을 떠나 사람들에게 '의미 있는 것'이 되었기 때문입니다.

"그러니까 차별화 없이 대체 어떻게?"라고 반문하신다면 이렇게 답하겠습니다. 오히려 차별화를 추구하지 않음으로써 종국에는 가장 돋보이는 브랜드가 되는 방법으로 사랑받게 되었다고 말입니다. 말장난이 아니고요. 우리 기업들이 차별화를 위해 노력하는 방식에는 필연적으로 경쟁사가 등장합니다. 경쟁사와 상대적인 개념에서 우리 제품의 우월함을 찾으려고 합니다. 이번 시즌에는 경쟁사가 하지 않는 이러한 방식으로, 그다음 시즌에는 경쟁사가 더 낫다고 얘기하는 이 기능을 좀 더 고도화함으로써, 그리고 그다음에는 또 경쟁사보다 더 나은 어떤 것을 머리 터지게 찾아서…. 우리 브랜드가 달라지는 과정 속에 정작 우리 브랜드만의 생각은 없었던 거지요.

나만의 철학도 취향도 없이 남만을 기준으로 발버둥을 치는 것. 어딘가 낯설지 않으면서 기분은 점점 씁쓸해지네요. 한국 브랜드는 정말 훌륭한 품질을 자랑하지만, 어딘가 영혼이 없다는 말이 이런 이유로 생겨났겠지요. 상대적 기준에서 벗어나서 오로지 스스로가 추구하는 바에 몰입하게 되면 그때 비로소 '나다운 무언가'가 생기게 되고, 나다운 것이야말로 남과 가장 다른 것이 됩니다.

우리 브랜드의 나다움, 즉 브랜드 정체성을 사람들이 실감하게

가장 나다운 것이 가장 특별한 것이다.

하기 위해서는 모든 경험 설계가 해당 주제를 따라야 합니다. 시즌 캠페인부터 아주 사소한 안내까지 촘촘하고 세심하게 정체성을 드러낼 수 있도록 해야 합니다. 대충 그런 느낌, 어디서 본 것 같은 그런 풍. 독보적인 느낌은 그렇게 만들어지지 않습니다. 브랜드가 추구하는 가치에 대한 완벽한 몰입만이 완성도 있는 브랜드 경험을 제공합니다.

글로벌 지동차 브랜드 볼보의 브랜드 정체성은 'Safety', 비로 '안전'인데요. 안전이야말로 모든 자동차가 추구해야 하는 가장 기본적인 가치이므로 어느 한 브랜드가 이 가치를 선점하고 있다는 것이 브랜딩을 업으로 하고 있는 저에게도 매번 놀랍습니다. 남들과 비교했을 때 차별화되는 가치를 선점하는 것이 아닌, 모든 자동차가 할 법한 평범한 얘기를 우리 브랜드만의 가치로 완성시킨 것인데요. 다시 말해서 어떤 자동차 브랜드에게도 안전이라는 가치는 차별적이지 않지만, 볼보는 이 평범한 가치에 완벽히 몰입함으로써 가장 차별화되는 가치를 완성시켰습니다.

요즘 모든 브랜드가 쓰고 있는 3점식 안전벨트를 최초로 개발한 것이 바로 볼보입니다. 이후 모든 자동차들이 이 방식을 사용할 수 있도록 특허 사용을 허락하기까지 했지요. 도심 긴급제동 기능도 전 세계 자동차 브랜드 중 가장 먼저 선보였습니다. 정말 무시무시한 사고 상황에서 볼보가 등장할 때 그 피해가 얼마나 다를 수 있는지를 보여주는 영상도 많고, 유명인들의 자동차 사고 소식에 미담처럼 등장하는 브랜드가 바로 볼보입니다.

최근 자동차 충돌 안전성의 기준으로 통하는 미국 고속도로 안전보험협회IIHS의 스몰 오버랩 테스트Small overlap test를 볼보는 이미 1990년대부터 자체적으로 시행하고 있었던 것[2]처럼, 사람의 안전을 가장 중요시하며 안전과 관련된 핵심 기술력에 대한 투자를 아끼지 않는 것은 물론이고, 새로운 제품이 출시되었을 때 해당 차량에 안전과 관련된 어떤 기술력이 포함되었는지를 늘 강조해 오고 있습니다. 더 이상 내연기관 자동차를 출시하지 않겠다고 선언하며 전체 라인업을 전기차로 채우고 있는데요. 최근 출시된 C40 리차지 모델 역시 IIHS의 충돌 테스트 평가에서 최고 등급인 TSP+Top Safety Pick+를 획득하며 뛰어난 안정성을 다시 한번 입증했습니다. 기술의 발달로 안정성에 대한 브랜드 간의 변별력이 점차 떨어지고 있는 가운데, 최근

---

2 ""스몰오버랩? 우린 20년 전부터 했다"...볼보, 안전의 '넘사벽'", 모터그래프, https://www.motorgraph.com/news/articleView.html?idxno=9261

반려견의 안전을 위한 볼보 세이브 시트 (출처: Volvo Exklusiv 마이크로 홈페이지)

볼보는 어린이와 임산부 등 교통약자를 배려할 수 있는 안전기술 개발에 더욱 집중하고 있습니다.

더 나아가 차를 타고 함께 이동하는 반려견의 안전을 위한 굿즈도 개발되었는데요. 바로 볼보 세이브 시트Volvo save seat입니다. 이동장과 같은 형태인데 안쪽에 분리되는 쿠션이 있어 집 안에서 강아지들이 침대처럼 쓸 수 있도록 되어 있습니다. 반려견이 집 안에서도 사용할 수 있게 하여 낯선 장소로 이동하더라도 편하게 적응하도록 한 것입니다. 이러한 이동장 형태의 카시트는 차량에 직접 연결하는 아이소픽스ISOFIX 방식을 통해 쉽게 고정됩니다.

또 다른 굿즈는 볼보 세이브 태그Volvo save tag인데요. 목줄 대신 반려견의 어깨와 가슴에 착용하는 하네스 제품입니다. 여기에는 반려견의 이름을 비롯한 중요한 정보와 견주가 지정해 둔 동물 병원, 사고 시 연락할 수 있는 제3보호자 정보, 그리고 반려견이 가지고 있는 주요 병명 등이 각인되어 있는데요. 사고가 발생하여 보호자가 반려견을 돌볼 수 없을 때 해당 정보를 통해 반려견이 필요한 도움을 빠르게 받을 수 있도록 하는 안전장치입니다.

평범한 가치가 어떤 브랜드만의 특별한 가치가 되기 위해서는 제품 하나를 잘 만들어 그 가치를 전달하는 데 그치는 것이 아니라 사람의 삶에서 해당 가치를 확보하기 위해 주의를 기울여야 할 많은 지점에 브랜드가 깊게 관여해야 합니다. 변별력이 떨어지는 가치여도 브랜드만의 철학이 더해지면 다른 브랜드와는 전혀 다른 경험이 설계됩니다. 브랜드의 정체성을 딛고 단단히 서서 세상의 변화와 발맞추어 성장하는 브랜드는 나다움을 통한 진정한 차별화와 그만의 방식으로 트렌드를 따르는 것을 게을리하지 않음으로써 더욱 강력한 브랜드가 됩니다.

나다움을 통한 진정한 차별화와 그만의 방식으로 트렌드를 따름으로써 더욱 강력한 브랜드가 된다.

Chapter 7

경험을 통해 관계 구축하기

(대체 언제 적 얘길 하는 거야, 하시겠지만) 대학교 때 어떤 교양과목에서 조별 과제를 하게 되었습니다. 교수님께서 가나다순으로 친절하게 묶어 주신 조에는 일면식도 없던 다른 학과의 친구들만 있었는데요. 그중 유난히 차갑다고 느껴지는 친구가 있었습니다. 그 친구는 중간중간 알코올 향이 느껴지는 물티슈로 손을 닦고, 함께 간 카페에서 음료를 마시지도 않았습니다. 어쩌다 의도치 않게 부딪히기라도 하면 유난히 몸을 피하기도 했지요. 깔끔한 것을 엄청나게 중요하게 생각하는 듯 보이는 친구의 모습은 함께 퍼먹고 함께 뒹구는 게 익숙했던 저에게는 다소 냉정하게 느껴졌던 것 같습니다.

조별 과제를 하려고 모이는 시간 외에는 조원들끼리 아직 개인적인 시간을 가지지 못했던 어느 날, 오후 수업이 갑자기 휴강되는 바람에 조별 모임 후 별달리 할 일이 없어진 저는 역시 오후 수업이 없던 그 친구와 버스 정류장까지 함께 걷게 되었습니다. 그때 알게 된 사실인데요, 그녀는 유별나게 깔끔떠는 성격이 아니라 늦둥이 동생이 투병 중이라 동생을 만나러 가게 되는 날이면 조금 더 조심하는 따뜻한 누나였던 겁니다.

우리들은 굉장히 쉽게 사소한 정보들을 모아 선입견을 만들어 버리곤 합니다. 이런 선입견들에 가려 그 사람의 진가를 미처 발견하지 못하는 경우가 허다하지요. 누군가를 잘 알기 위해선 결국, 겪어 보는 수밖에 없습니다. 잘 모르는 채로 바라본 누군가는 정말 멀게 느껴질 수 있지만, 그 사람과 시간을 보내고 많은 경험을 함께 공유하다 보면 어느새 세상에서 제일 좋은 내 친구가 될 수도 있다는 것을 잊지 마세요.

함께하는 시간과 그 속의 경험이 바로 좋은 관계의 첫걸음이다.

브랜드 경험의 스펙트럼

*

브랜딩이나 마케팅 활동에서 '고객 경험Customer Experience'이 중요해진 것은 이미 오래된 일입니다. 이는 지난 세기에 쓰인, 파인B. Joseph Pine II과 길모어James H. Gilmore의 《경험 경제》에서 처음 이야기되었습니다. 많은 기업이 더 나은 제품·서비스 경험을 제공하기 위해 고심하고 있는데요. 특히 이 책에 따르면 고객 경험이란 구매 전, 소비 및 구매 후 단계를 포함하여 소비 프로세스의 모든 단계에서의 인지적, 정서적, 감각적, 행동적 소비자 반응의 총체를 뜻합니다. 경험의 단계를 더욱 잘 이해하기 위한 소비자 조사나, 단계를 나누어 논의하는 워크숍 등을 경험해 본 분도 있으실 겁니다. 이미 한 세기를 거쳐 고심해 온 이 개념에 대해 오늘을 살고, 내일을 준비하는 우리가 새롭게 생각해야 할 것은 무엇일까요?

맨 첫 번째는 '소비'의 개념에서 벗어나는 것이라고 생각됩니다. 단계 구분의 중심에는 구매, 즉 소비자의 소비행위가 있습니다. 물론 브랜드란 더 많은 소비자에게 선택받기 위해 존재해야 하겠지만, 그것은 어디까지나 아주 단기적 관점에서의 목표입니다. 장기적으로는 강력한 감정적 관계를 구축하여 대체되기 어려운 존재가 되어야만 하니까요.

그렇다면 과연 어디서부터 어디까지를 '브랜드 경험'으로 고려해야 하는 것일까요? 소비의 전후를 넘어 사람들이 브랜드를 향유하는 그 모든 순간들, 브랜드가 발신하는 콘텐츠를 보고 누리는 시간이 포함되는 것은 이미 당연합니다. 지금, 그리고 앞으로는 브랜드가 자발적으로 개입하지 않더라도 사람들 스스로 브랜드를 '가지고 노는', 브랜드에게 '어떤 감정을 느끼는' 순간까지도 중요한 브랜드 경험으로 간주되어야 합니다.

여기서 아주 중요한 말씀을 드리고 싶은데요. 소비의 개념을 넘어 제품·서비스가 기능하는 순간의 일상에 대한 관점이기 때문에, 소비자를 소비자에만 국한하지 말아야 합니다. 다시 말해 우리 브랜드에 대한 경험 설계의 대상을 우리 브랜드를 구매한 또는 곧 구매할 '소비자'로만 한정하는 것이 아니라 다양한 성격과 니즈가 있는 '사람들'로 보아야 한다는 뜻입니다.

그 '사람들'이 구매 등 직접적인 경험 외 간접적인 브랜드 경험을 통해 우리 브랜드의 '소비자'가 되는, 그러니까 닭이 먼저냐, 달걀이 먼저냐 같은 이야기인데요. 많은 분들이 공감하시겠지만, 관점의 차이는 전략의 방향성을 좌우하기 때문에 말장난 같은 이 이야기는 오늘의 브랜딩에 대단히 중요한 포인트라고 다시 한번 강조하여 말씀드려야 할 것 같습니다.

이 책에서는 소비를 중심에 둔 브랜드 경험에 대해서는 다루지 않으려고 합니다. 예를 들어 어떤 판매 접점이 브랜드에 유리하며 이떤 키 메시지Key Message가 필요한지, 구매 발생을 위해 사전정보를 제공하는 채널에 대한 전략과 인플루언서의 필요성에 대한 것들 말입니다. 모두의 일상이 다르듯 브랜드를 접하게 되는 순간은 수천, 수만 가지에 이를 수 있기 때문에, 명확한 선을 그어 여기서부터 여기까지를 고려하여 브랜드 경험이 설계되어야 한다는 말씀은 드리기 어렵습니다.

대신, 브랜드 경험에 브랜드가 직접 개입하는 경우와 그렇지 않은 경우를 나누어 몇 가지 사례를 들려드리려고 합니다. 이 사례들을 통해 말씀드리고 싶은 것은 브랜드 경험이란 담당자 홀로 몇 날 며칠을 고민하여 설계하고 준비해야 하는 것이 아니라는 점입니다. 브랜드가 어떤 경우에도 긍정적인 이미지를 가질 수 있도록 브랜드가 속한 기업의 모두가 노력해야 합니다.

얼마 전 약속 시간보다 조금 일찍 도착하여 별생각 없이 휴대폰을 보고 있었습니다. 그러다 우연히 포털사이트 '다음Daum'의 모바일 뉴스와 관련된 공지사항을 보게 되었는데요. 다음 첫 화면에서 뉴스가 사라진다는 안내였던 것 같습니다. 조목조목 이러한 변화가 필요한 이유를 '카카오의 말투'로 설명하며 새로운 변화에 대한 기대를 당부하였는데요. 저의 시선을 오래도록 끌었던 것은 공지사항 말미에 있던 맺음말이었습니다.

'익숙한 것도 언제나 더 좋아질 수 있다고 믿는 카카오 드림'

많은 분들이 카카오의 성공 사례들을 한 번쯤은 보셨을 텐데요. 모바일 커뮤니케이션 툴로 시작하여 현재는 실로 다양한 사업 분야에서 카카오를 만나 볼 수 있습니다. 골목 상권 등에 관한 우려도 있지만, 일단 브랜드의 관점으로 바라본 카카오에는 새롭게 진출하는 여러 사업들을 그 성격에 상관없이 관통하는 카카오만의 가치가 있습니다. "카카오만의 방식으로 더 좋은 서비스를 선보인다"라는 것인데요. 금융업과 관련된 유구한 역사가 있지는 않지만 카카오만의 친근함과 직관성, 접근성을 무기로 "같지만 다른 은행"인 카카오뱅크를 성공적으로 시장에 안착시켰던 것처럼 말입니다.

이러한 그들의 브랜드 가치는 어디에서나 자연스럽게 드러나는데요. 저 같은 브랜드쟁이가 아니고서야 저 공지사항에 특별히 감명받는 사람은 물론 많이 없겠지요. 그렇지만 사소한 곳에서까지 이 일이 필요한 이유, 그들이 서비스를 대하는 자세 등이 드러나는 브랜드 가치를 전달하게 되면 그 많은 사소한 경험들이 모여 비로소 카카오에 대한 경험과 그에 대한 인상을 완성하게 되는 것입니다. 이러한 경우가 바로 브랜드가 직접 관여하는 방식입니다.

그 후 얼마 지나지 않아 카카오의 주식과 관련하여 리더들의 무책임한 행동에 관한 기사가 쏟아져 나왔습니다. 우리는 물론 기업 총수들과 브랜드 그 자체를 구분할 수 있지만 부도덕한 리더가 만들어가는 브랜드에 대해 좋은 감정을 가지기는 쉽지 않습니다. 그들의 서비스에 대한 철학이 어떤 사소한 감동을 주었든지 간에 이러한 기사를 접하는 순간에는 '그럼 그렇지, 이들이라고 특별할 리 없지' 하고 생각하게 됩니다. 브랜드 활동이 직접 관여하지 않더라도 브랜드는 충분히 불쾌한 경험을 줄 수 있습니다.

브랜드 PPL은 또 어떤가요. 티비 속 주인공이 마시는 음료와 평소에 그가 마시는 음료가 같지 않을 것이라는 것쯤은 이제 모두가 알게 되었습니다. PPL이 처음 등장했을 때만 해도 TV 속 근사한 주인공이 슬쩍슬쩍 보여 주는 브랜드가 탐이 났던 게 사실입니다. 하지만 최근 국내 OTT의 실적에 관한 헤럴드경제 기사에는 다음과 같은 이야기가 실렸습니다.

"지상파 연합 웨이브Wavve를 통해 즐겨 보는 드라마가 PPL 범벅이라 몰입이 잘 안 됩니다. 티빙TVING 오리지널 콘텐츠와 너무 비교돼요(직장인 H 씨)."[1]

1위의 자리를 굳게 지키고 있었던 웨이브가 티빙에게 그 자리를 넘겨줄 위기에 처했다는군요. 최근의 PPL은 셀럽을 향한 사람들의 숨은 욕구를 자극하는 역할을 하는 대신 드라마의 맥을 툭툭 끊어 먹는, 그야말로 '눈새[2]'와 같은 처지가 되었습니다.

대부분의 콘텐츠가 브랜드 광고비를 바탕으로 만들어집니다. 그렇기 때문에 콘텐츠와 브랜드 광고는 그야말로 떼려야 뗄 수가 없는 관계인데요. 얼마 전 미국 NBC방송사의 인기 토크쇼 〈더 투나잇쇼 The Tonight Show〉의 SNS에는 프로그램에 도움을 주는 브랜드를 소개하는 글이 하나 올라왔습니다.

〈더 투나잇쇼〉를 제작 지원하는 브랜드 중 하나인 '비타코코Vita Coco'는 코코넛워터 브랜드인데요. 코코넛워터를 한 번이라도 마셔 본 사람이라면 그 특유의 맛을 잊을 수가 없을 것 같습니다. 건강과 미용에 좋다고 하니 많은 분들이 꾸준히 시도하는 음료이긴 한데, 뭔

---

1 ""PPL 범벅 드라마 보기 싫다" 콧대 높은 방송사만 믿었다가 이런일이", 헤럴드경제, http://news.heraldcorp.com/view.php?ud=20220318000656
2 눈치 없는 사람을 낮잡아 이르는 말

공식 SNS를 통해 제작 지원 브랜드 '비타
코코'를 유쾌하게 소개한 <더 투나잇쇼>와
이에 대한 비타코코의 반응

가 밍밍하면서도 달착지근하고 질감은 미끈미끈한 것이 영 낯선 맛이
지요. 그래서인지 후기들을 살펴보면 "그래도 먹을 만한"이라는 표현
이 비타코코의 맛을 긍정적으로 평가하는 최대치입니다.

　　이런 비타코코가 한국 콘텐츠에 PPL로 등장했다면 어땠을까요?
본업하랴, 절친이랑 치맥하랴, 부사장님과 열애하랴… 눈코 뜰 새 없
이 바쁜 여주인공이 아침부터 세상 산뜻한 룩으로 조깅까지 마치고서
는, 비타코코를 쭉 마시고 생긋 웃으며 "아, 이거 맛있네"라고 혼잣말
하는 장면이 눈에 선합니다.

　　그러나 <더 투나잇쇼>는 소중한 광고주님의 제품을 두고 "비타코
코가 말합니다: 자꾸 마시다 보면 결국엔 맛있다고 믿게 될 거예요(스
스로를 설득하게 될 거예요)"라고 표현합니다. 행간의 함의는 '비타코
코도 자기네 제품이 엄청 맛있지는 않다는 거 알고 있다니까'라며 낄

낄거리는 것일 텐데요. 짓궂은 장난도 유쾌하게 소화하는 쇼의 성격처럼, 브랜드를 무작정 칭찬하기보다는 약점이라도 사람들이 공감할 만한 이야기를 콕 집어 재미있는 이야깃거리로 만든 것이지요.

이에 비타코코도 주어와 목적어만 바꾼 댓글로 응수합니다. "더 투나잇쇼가 말합니다: 자꾸 보다 보면 결국엔 지미 키멜 라이브보다 낫다고 믿게 될 거예요." ABC 방송사의 토크쇼 〈지미 키멜 라이브 Jimmy Kimmel Live!〉를 진행하는 지미 키멜Jimmy Kimmel은 〈더 투나잇쇼〉의 호스트인 지미 팰런Jimmy Fallon과는 종종 라이벌로 언급됩니다. 사람들은 이런 비타코코의 응수에 너무 재밌다는 댓글로 화답하며 SNS 담당자를 치켜세웁니다. 브랜드가 콘텐츠에 직접 등장하여 '밉상'으로 전락하느니 오히려 콘텐츠의 성격에 맞는 커뮤니케이션을 통해 간접적으로 노출되는 것이 현명한 선택일 수 있습니다.

브랜드의 경험은 브랜드가 직접 설계하여 사람들에게 제공하는 것에서 그치지 않습니다. 브랜드를 둘러싸고 있는 다양한 환경 속에서 브랜드가 간접적으로 노출되며 특정한 가치나 심상을 전달할 수도 있고, 더 나아가서는 브랜드의 어떠한 개입도 없이 사람들이 브랜드를 '자발적으로 가지고 노는' 세상이 되었으니까요.

우크라이나에 대한 러시아의 침략이 전 세계적으로 큰 걱정거리가 되었습니다. 이 사태에 대해 사람들은 각국 정상뿐만 아니라 세계적으로 사랑받는 브랜드들의 책임감 있는 행동을 요구했지요. 실제로 많은 브랜드가 러시아에서 비즈니스를 하지 않겠다고 선언했습니다. 체코의 한 디자이너는 러시아를 떠나는 브랜드들을 로고 패러디로 표현했는데요.

러시아를 떠나는 유명 브랜드들의 로고 패러디

　이처럼 브랜드란 어떤 현상을 즉각적으로 전달하는 수단이 될 수도 있습니다. 어느 누구라도 그들의 일상 가까이에 있는 브랜드를 통해 전달하고자 하는 수많은 메시지를 전달할 수 있습니다. 그렇다면 브랜드는 통제할 수 없는 브랜드 경험에 대해 어떤 자세를 취해야 할까요? 즉시성과 열린 마음입니다. 사람들이 우리 브랜드를 향유하는 것에 기민하게 반응하며 그들과 함께함으로써, 동질감과 친밀함을 나누는 것이지요. 브랜드를 품 안에 감싸 안고 너무 애지중지하며 곱게 키우기보다, 공감할 수 있는 비판은 함께 공유하며 위트와 유머를 탑재한 열린 마음으로 다른 사람들 손안의 우리 브랜드를 바라봐야 합니다.

　(노파심에서 덧붙입니다.) 물론 브랜드가 과하게 희화화되거나 정당한 이유 없이 부정적 프레임에 갇히는 것은 경계해야 합니다. 유명

개그맨이 개그에 소재로 활용했던 '노스페이스THE NORTH FACE', 이름이 알려지는 것은 좋은 일이지만 정통 아웃도어 브랜드가 '등골 브레이커'의 대명사가 되어 가는 상황은 절대 좋은 방향은 아니니까요.

요즘 NFT에 대한 얘기, 정말 많이 들으시죠? 이 개념이 확대, 발전됨에 따라 개인이 브랜드의 조각을 소유할 수 있게 되며, 더 나아가 그를 통한 2차 창작물을 무한대로 만들어 갈 수도, 그를 통해 경제활동을 할 수도 있게 됩니다. 나만이 소유하고 있는 브랜드의 한 조각. 어쩌면 곧 사람들이 가지고 노는 방식에 대한 리액션만으로는 충분치 않아질 수 있습니다. 사람들이 가지고 노는 방식을 이해하고 그에 최적화된 브랜드 콘텐츠가 준비되어야 하겠습니다.

브랜드의 경험이 이토록 다양해진 이유는 브랜드가 노출되는 접점이 그만큼 넓어졌기 때문이며, 새로운 일부 접점을 통해 소비자와 브랜드가 1:1의 관계를 맺을 수 있게 되었기 때문입니다. '소비자 개인'의 니즈와 감상을 브랜드가 인지하도록 할 수 있게 되었지요. 이토록 변화무쌍한 환경에서 대다수의 브랜드는 선택과 집중을 택할 수밖에 없습니다.

브랜드 경험의 스펙트럼 중 우리 브랜드 가치가 가장 잘 드러날 수 있는 단계를 찾아야 합니다. 브랜드 가치도 경험도 종국에는 사람들의 시간을 붙잡고 그 시간 안에서 더 나은 관계를 만들기 위한 수단이라는 것을 잊지 마세요. 손뼉도 마주쳐야 소리가 나고, 탱고를 추려면 두 사람이 필요합니다. 강력한 관계는 브랜드 혼자서 절대 만들 수 없지요.

아직도 우리 기업들은 우리가 무엇을 할 수 있고, 무엇을 제공할 것인지에만 집중하고 있습니다. 이제 사람들과 우리가 무엇을 함께할 수 있는지를 고민해야 합니다. 사람 간의 소통에 매개체가 될 수도 있고, 누군가의 창작열에 불을 지필 수도 있지요. 지금까지 집중해 왔던 브랜드의 역할, 그 선을 넘는 생각이 필요합니다.

소비자와의 관계 구축

*

브랜드와 브랜딩에 대한 수많은 견해가 혼재하지만, 브랜드가 제품·서비스와 소비자를 이어 주는 매개체라는 점에 대해서는 대체로 공감대가 형성되어 있습니다. 그러한 매개체로서의 역할은 산업이 발달하고 시장이 커짐에 따라 점차 확대되었는데요. 누구의 제품인지를 식별할 수 있게 하고, 선호하는 제품을 브랜드를 통해 기억함으로써 타 제품과 구분하여 반복 구매를 돕는 역할을 하던 시절은 지났습니다. 오늘날의 브랜드는 단순히 기억하게 하는 것을 넘어 사람들의 마음을 사로잡아야만 매개체로서 기대되는 역할을 충실히 수행할 수 있습니다. 다시 말해, 사람들과 특별하고 깊은 애착 관계를 맺는 것이 그 브랜드의 아주 중요한 존재 이유가 된다는 뜻입니다.

우리 각자에게는 특별한 의미를 가지는 사람들이 있습니다. 유일무이하기에 절대적 가치를 가지는 가족, 친구들 중에서도 가장 가까운 친구, 사회에서 만난 멘토처럼 말입니다. 비단 사람 간의 관계에서만 일어나는 일은 아닙니다. 어떤 특별한 순간이 사진처럼 생생하게 기억에 남는 경험, 모두 있으시죠? 일상의 순간들 중 마음에 남는 순간들은 그 특별한 사건과 더불어 그 시간 흐르던 음악과 풍경의 색, 계절의 냄새까지 고스란히 간직됩니다. 그래서 그 특별했던 일이 다시 일어나지 않더라도 우연히 마주한 비슷한 색감의 풍경이 우리를 그때 그 순간으로 곧장 데려다 주기도 하지요. 그리고 그건 참, 멋진 일인 것 같습니다. 마음에 남은 좋은 기억을 시간과 공간을 거슬러 다시 생생하게 떠올릴 수 있다는 것 말이죠.

브랜드는 가장 가까운 친구가 될 수도 있고, 일상을 특별한 기억으로 남기는 순간의 풍경이 될 수도 있습니다. 네, 브랜드가 그 존재 이유인 '매개체'로서의 역할을 훌륭히 해낼 수 있는 두 가지 방법을 소개하려고 합니다.

첫 번째, 누군가와 특별한 관계가 되는 것.

모두의 이상형은 다 제각각이지만, 관계에 대한 만고불변의 진리는 '말이 통하는 사람'과 좋은 관계를 맺어갈 수 있다는 겁니다. 말이 통하려면 공통의 관심사가 있어야 하겠죠. 그리고 무엇보다 상대의 말에 귀를 기울이고, 그에 맞는 대답과 이야기로 대화를 이어 나가야 합니다. 일방적인 사람은 말이 잘 통하는 사람이 될 수 없고, 공감 능력이 없으면 열심히 듣고자 해도 아무 쓸모가 없습니다.

우리 브랜드가 이렇게 노력했고, 이렇게 멋진 제품을 준비했다는 일방적인 주장은 관계를 지속하는 데 큰 도움이 되지 않습니다. 요즘처럼 소비자(우리 브랜드를 구매하여 사용하고 있는 사람으로 특정하기 위해 '사람들'이 아닌 '소비자'라는 표현을 썼습니다)의 날것 그대로의 이야기를 기업이 쉽게 접할 수 있었던 때는 없었는데요. 개인의 SNS에서 우리 브랜드가 소비되는 내용을 기민하게 듣고 그에 걸맞는 다음 대화를 준비해야 합니다.

소비자들은 '말이 잘 통하는' 브랜드와 오래도록 친밀한 관계를 유지한다.

기업과 소비자의 공통 관심사는 의외로 쉽게 발견됩니다. 그 제품만을 생각하는 사람과 그 제품과 시간을 보내는 사람. 우리가 제공하는 모든 제품과 서비스가 공통의 관심사가 됩니다. 다만 가격이나 사용 후기와 같이 지금까지 해 오던 마케팅 활동에 국한된 소재는 관심사가 되기엔 너무 단편적입니다. 브랜드와 그 브랜드에 관심이 있는 사람들이 '티키타카'가 가능한 세상이잖아요.

언젠가 온라인 콘텐츠 기업의 SNS 담당자님과 대화를 나누면서 채널이 잘 되기 시작한 시점의 이야기를 들을 수 있었는데요. 퇴근 후 한잔하신 담당자님이 평소와 달리 본연의 캐릭터 그대로 댓글을 단 적이 있으시답니다. 브랜드를 위해 일하는 직원이 아닌, 한 명의 사람으로 힘 빼고 적은 댓글들에 반응이 좋았다고 하지요. 팔로워들과 가까워지는 방법을 우연히 알게 된 귀중한 경험이었다고 합니다.

제품을 관심사로 기업 담당자와 소비자가 하염없이 뜨거운 대화를 나누는 광경을 보고 싶다면 최근 진행된 온라인 게임콘을 살펴보시면 큰 도움이 될 겁니다. 사람이 욕망하는 가치를 제공하는 브랜드라면 그 카테고리가 무엇이든 소비자와 특별하고 뜨거운 관계가 될 수 있습니다.

스마일게이트의 온라인 게임 '로스트아크'는 2014년 겨울 최초 공개되었고 2019년 정식 서비스를 시작했습니다. 중국을 비롯한 해외 국가에서 사랑받은 '크로스파이어'가 있었으나 국내 게이머들의 눈높이에 맞는 독보적인 IP는 부재했던 스마일게이트에서 7년여간의 제작 기간과 1000억에 달하는 제작비를 투입한 MMORPG 게임인데요. 정말 잘 준비된, 매력적인 IP이긴 했습니다만 지금의 로스트아크는 브랜드와 게이머 간의 소통, 그리고 이를 통한 그들만의 특별한 관계가 만들어 낸 성공이라고 할 수 있겠습니다.

로스트아크의 총괄 디렉터인 금강선 디렉터가 리드하는 온라인 간담회에서 브랜드는 소비자가 듣고 싶은 이야기를 합니다. 커뮤니티 등을 참고하여 우리 브랜드가 어떻게 이야기되고 있는지 귀를 기울이며, 실제 게임을 하는 사람으로서 서비스의 일부 설계가 마음에 들지 않는다고 시인합니다. 내부에서 보고 있는 여러 지표를 공유하며 그중 어떤 부분이 브랜드의 수익으로 반영되는지도 가감 없이 전달합니다. 지난 간담회 때 했던 약속들이 얼마만큼 지켜졌는지, 지켜지지 못했던 약속은 어떤 배경에서인지, 어떤 다른 방식으로 소비자들의 해당 요구를 만족시킬 수 있는지를 이야기합니다.

2022년의 업데이트에 대해 다룬 최근의 간담회, '2021 로아온 윈터'에서는 급기야 "(게임 내 재화 중 하나인 골드 인플레이션과 관련하여 발생하는) 매출 17%를 포기하겠다"라고 선언합니다. 그의 말을 그대로 옮겨 보자면 이렇습니다. "깔끔하게 매출 17%를 포기해서 우리의 미래와 맞교환하죠." 한 시간이 넘게 진행되는 간담회는 지루할 틈이 없습니다. 어떤 계획으로 게임 내 이런 기능을 만들었는데 상상도 못 한 방식으로 게이머들이 이 기능을 가지고 놀더라, 하는 이야기가 나올 땐 간담회를 보고 있는 게이머들도 그 즐거웠던 순간을 회상하며 디렉터와 함께 낄낄댑니다.

로스트아크는 다른 게임보다 업데이트 주기가 짧은 것으로도 유명합니다. 피드백을 즉각적으로 반영하고, 새로운 콘텐츠가 끊임없이 생겨납니다. 로스트아크를 보고 있자면 쉴 새 없이 흐르는 비옥한 샘

'빛강선'이라는 금강선 디렉터의 별명을 표현한 이미지 (출처: 로스트아크 인벤)

처럼 느껴집니다. 흐르지 않고 고여가며 탁해지지 않을 수 있는 것은 계속해서 같은 온도로 브랜드를 케어하는 디렉터, 즉 기업이 있기 때문이고 신선한 샘을 더 많은 사람이 찾는 것은 자연스러운 이치일 겁니다. 나를 즐겁게 해주는 게임을 더 나은 것으로 만들어 주는 사람에게 내적 친밀감을 느끼는 것도 그만큼이나 자연스러운 일입니다. 금강선 디렉터는 사용자들 사이에서는 '빛강선'으로 불립니다.

로스트아크는 최근 2천만 사용자를 돌파했습니다. 특히 게임 플랫폼 스팀Steam을 통해 글로벌 진출 후 3주째 동시접속자 수 Top 3를 유지했습니다. 한국의 MMORPG는 글로벌 시장에서의 성과가 미비한 편이었는데요. 특유의 과금 시스템 때문이라는 평가가 많았습니다. 이에 비해 로스트아크는 과금과 관련된 것들보다는 게임 그 자체의 완성도를 높이는 데 주력하였습니다. 브랜드의 소통이 사용자와 브랜드를 끈끈한 '우리'로 만들고, 결과적으로는 사용자에게 사랑받을 수밖에 없는 서비스를 만드는 원동력이 된 것입니다.

두 번째, 사람들의 순간순간에 함께하는 것.

누군가의 일상에 들어간다는 건 정말 쉽지 않은 일입니다. 여러 디지털 채널을 통해 자신에 대해 적극적으로 노출하는 요즘이지만, 역설적으로 각 개인이 가진 자신만의 벽은 생각보다 견고하고 빈틈이 없어졌습니다. 마음먹고 파고들려고 하면 할수록 더욱 길이 없지요. 그런 측면에서 요즘 유행하는 '스며든다'라는 표현이 아주 절묘합니다. 사람들의 일상에서 어떤 일이 벌어지는지 알지 못하면 그 안으로 어떻게 '스며들' 수 있을까요.

직접 겪으면서도 늘 새삼스럽게 믿기 어려운 일 중 하나는, 기업 안의 많은 제품·서비스 담당자들이 새롭게 설계한 기능이나 고객 경험이 왜 준비되었는지 설명하지 못한다는 것입니다. 브랜드 스토리를 만들어 갈 때, 모든 기업은 한목소리로 "고객의 마음으로 생각했다"라고 합니다. '더욱 쉬운' '젊은 취향의' '완전히 새로운'…. 모두 소비자가 누리게 될 혜택은 맞습니다만 뭔가 특별하게 느껴지지는 않지요. 기업의 담당자들은 이런 경우 너무 흔한 표현이라서, 남들 다 하는 얘기라서 그렇다고 생각합니다. 그렇지만 세상에 온통 새롭기만 한 것이 얼마나 될까요. 어떻게 쉬운지 설명하자니 기술 용어가 빠질 수 없고, 요즘 사람들 취향에만 따르자니 고심하여 수립한 브랜드 가치가 희석되는 것만 같습니다.

누군가에게 스며들 수 있다는 건, 그만큼 그 상대를 잘 안다는 의미입니다. 우리 브랜드가 등장할 수 있는 일상의 풍경을 생각해 본 적 있으신가요? 요즘 같은 개성시대에 사람들의 각기 다른 라이프스타일을 기업이 무슨 수로 다 분석하냐는 한숨이 바로 옆에서 들리는 것 같습니다. 물론 그렇습니다. 그러나 "사람이 사는 게 다 거기서 거기지"라는 말, 저는 그 말에도 깊이 공감합니다. 우리 브랜드의 페르소나라고 상정한 아주 멋진 몇몇 '워너비 라이프스타일'을 분석하자는 의미가 아닙니다. 정말 말 그대로, 모두가 거기서 거기인 시시콜콜한 일상을 잠시 생각해 보자는 겁니다.

이 지점에서 소개해 드리고 싶은 예가 있습니다. 라디오에 매달려 하나둘셋 타이밍에 맞춰 내가 좋아하는 노래를 녹음하던 시절 얘기는 생략하더라도, 최애의 음악을 한 땀, 한 땀 다운받던 시절이 정말 얼마 전입니다. 요즘의 뮤직 스트리밍 서비스는 어떤가요. 그 유명한 알고리즘 선생님이 저도 몰랐던 제 취향을 다 알려 주는 세상이 되었습니다.

특히 한국은 통신사 서비스와 음악 스트리밍 서비스 브랜드가 연동되며 성장해 왔으므로 누구나 취향에 맞는 서비스 하나쯤은 이용하고 계실 겁니다. 유튜브에서 '나른나른한 요즘 날씨에' '해피바이러스 뿜뿜 터지는' '연남동 힙스터로 변해 버리는' '일하면서 둠칫한' '독서의 계절' '싸이월드 감성 한 스푼' 같은 플레이리스트들이 처음 등장했을 때, 저는 음악에 큰 의미를 두지 않는 사람들을 위한 것이라고 생각했습니다. 그 채널들이 100만 명에 가까운 구독자를 갖게 될 거라고는 상상도 못 했는데요. 내 취향에 맞는 음악을 골라 주는 서비스는 이미 이용하고 있으니, 선택의 편의를 위한 것은 아닐 겁니다. 그보다는 내 일상과 상황에 더 가깝기 때문이겠죠.

일상에 가까워진다는 건 특정한 상황을 공유한다는 의미입니다. 예를 들어 여러분이 뷰티 브랜드 담당자이고 이번에 새롭게 틴티드 립밤을 출시했다고 상상해 봅시다. '생기충전 립밤' 과 '갑자기 찾아

온 애인도 반하게 하는 쌩얼 완성 립밤'. 어떤 주제가 더 끌릴까요?

태국의 공포 영화가 어마어마하다는 건 다들 한 번쯤 들어보셨을 겁니다. 〈곡성〉의 나홍진 감독이 참여한 태국 공포 영화 〈랑종〉이 개봉했을 때 시사회를 찾았던 많은 관객이 "지금껏 경험해 보지 못한 공포"라고 입을 모았는데요. 세상 쫄보인 저는 영화 근처에도 갈 수 없다는 걸 잘 알면서도 얼마나 무서운 영화일까, 하는 호기심도 사라지지 않더라고요.

우리 쫄보들의 마음을 읽은 롯데시네마에서 '겁쟁이 상영회'를 열었습니다. 겁쟁이들도 무서운 영화를 즐길 수 있도록 상영관에 불을 끄지 않고, 선착순 추첨을 통해 중간중간 소리를 차단해 주는 이어플러그도 선물했습니다. 일반 상영관 대비 10배 밝은 LED 상영관이기에 가능했다는데, 평소라면 관심 두지 않았을 설명이지만 겁쟁이 상영회라는 즐거운 이벤트와 함께 알게 되니 기술의 우수성을 논할

롯데시네마의 〈랑종〉 겁쟁이 상영회 (출처: 유튜브 채널 일사에프)

길이 없는 뼛속까지 문과쟁이인 저로서는 '롯데시네마가 상영관 품질도 좋구먼' 하고 쉽게 수긍하게 되더군요.

일상을 완성하는 것들, 소소하지만 무궁무진한 주제들에 집중해야 합니다. 계절, 날씨, 상황, 감정, 반응, 주변 사람, 관계, 이벤트… 브랜딩 또는 마케팅 담당자라면 촉각을 곤두세우고 있을 이 주제들을 아주 작은 조각으로 만들어 그 안에 우리 브랜드가 투영될 수 있는 방법을 찾아야 합니다. 시시콜콜한 일상에 빠짐없이 함께하는 브랜드만이 누군가의 특별한 순간에 잊지 못할 풍경이 될 기회를 얻게 되는 것이지요.

브랜드 전략서에 자주 등장하는 '브랜드가 사람들과 소통한다'라는 표현을 저 역시도 이 책에 담아 두었지만 사실 너무나 막연한 말입니다. 어디서 언제 보기로 약속하고, 테이블 앞에 마주 앉아 '자, 지금부터 서로의 이야기를 나누어 보자'할 수 없으니 브랜드가 사람들을 만날 수 있는 곳을 찾게 되고, 이는 다시 브랜드 전략서에서 '접점' '터치포인트' '채널'이라는 표현으로 등장하지요. 브랜드 커뮤니케이션은 어쩌면 '브랜드가 사람들의 일상에 스며드는 것'이라고 표현하는 것이 오늘날 브랜드에게 더 적절한지도 모르겠습니다. 그래서 이번 액티비티에서는 일상에 스며든 브랜드를 찾아보려고 합니다.

여러분의 일상 중 몇 가지 순간들을 골라 우리가 좋아하는 육하원칙에 맞게 정리해 봅시다.

① When

▶ 어느 계절인가요? (봄, 여름, 가을, 겨울의 딱 부러지는 답도 좋지만 한 발자국 더 들어가 봅시다. 예를 들어, '계절상 봄이지만 겨울의 찬바람이 아직은 말끔히 사라지지 않은' 혹은 '매미 울음소리의 데시벨이 최고조인 한여름의 정점'처럼 이 계절을 잘 설명하는 몇 가지 수식어를 붙여 보아요.)

▶ 하루 중 언제인가요? (아침, 저녁, 오전, 오후, 새벽 - 이 역시도 조금의 수식어가 있다면 더 좋겠습니다.)

② Where

▶ 어디인가요? (장소는 구체적일수록 좋습니다.)

③ What

▶ 지금 이 장면에 등장하는 브랜드는 무엇인가요?

④ Why

▶ 이 브랜드는 어떤 이유로 지금, 이 장소에 함께 있나요?

⑤ How

▶ 이 브랜드는 이 장면에서 어떻게 사용되고 있나요? (별다른 쓰임 없이 어디에 어떻게 놓여 있다는 정도로도 괜찮습니다.)

⑥ Who

▶ 이 브랜드의 쓰임에 관여하고 있는 이들은 어떤 사람들이며, 어떤 상황(표정, 행동, 기분 등)인가요? (장소와 시간에 따라 다양한 사람들이 등장할 수도 있고, 당신만 등장할 수도 있습니다.)

이번 액티비티를 통해 하나의 브랜드적 장면Brand Scene이 완성되었습니다. 우리는 지금까지 경쟁 브랜드에 대해 이런 관점을 가진 적이 없지만, 사실 브랜드적 장면에 함께 등장한 브랜드들이야말로 사람들의 시간과 욕망을 같이 공유하는 경쟁 브랜드입니다.

PART 4

진화

Sustaining a Brand

빠르게 변하는 세상에서 어떤 상황과 위기를 맞더라도

결국 답은 브랜드에 있습니다.

Chapter 8

브랜드의 위기와 기회

제가 사랑해 마지않던 드라마, 〈슬기로운 의사생활〉에 이런 장면이 나옵니다. 어느 날 갑자기 입원을 하게 된 정로사 여사는 애지중지하는 막내아들 정원이에게 인생에는 어쩔 수 없는 일도 있다며 위로하는데요. 그때 그녀가 했던 말이 아직도 기억에 남습니다. 전화 한 통으로 확 달라지는 게 바로 인생이라고요. 불행한 소식을 알리는 전화 한 통은 우리의 인생을 나락으로 빠뜨리기에 너무나도 충분하지요.

　브랜드의 생도 그렇게 벼락처럼 위기를 맞이합니다. 특히 브랜드에 대한 기고문을 쓰거나 강의 자료를 만들 때 좋은 케이스로 소개하고자 했던 브랜드가, 마감 날짜가 채 되기도 전에 안 좋은 뉴스로 도배되는 일은 겪을 때마다 참 당황스럽기만 합니다.

위기를 기회로 만드는 브랜드

*

많은 사람의 애정과 돌봄에도 불구하고 모든 브랜드는 예기치 못한 위기를 겪게 됩니다. 기업 내부적으로 야기된 문제가 원인이 되기도 하지만 브랜드가 제어할 수 없는 외부적인 요인들도 많이 있는데요. 시간이 흐르면서 세상이 변하고, 그 과정에서 시장의 판도와 사람들이 브랜드에 바라는 것들도 함께 달라지는 경우가 가장 보편적입니다. 결론부터 말하면 위기를 타개하는 가장 좋은 방법은 역시 브랜드에 집중하는 것입니다.

브랜드가 위기를 겪는 것은 새로운 내일을 위해 정비할 시간을 갖게 된다는 의미가 있습니다. 훌륭하게 위기를 극복한 브랜드는 그 자산을 더욱 공고히 하며 더 넓은 세상으로의 활로를 확보하게 됩니다. 사람의 생과 마찬가지로요. 코로나라는 전례 없는 위기를 맞으면서 이전에는 상상만 했었던 재택근무나 온라인 교육 등이 현실화된 것처럼 말입니다.

1. 구시대의 산물이 되어 가는 브랜드

빠르게 변화하는 세상을 실감하며 달라질 내일을 상상할 때 더 이상 이 세상에 존재하지 않겠구나, 생각되는 제품·서비스들이 있습니다. 종이책과 신문이 그 대표적인 예일 텐데요. 세상에서 아예 자취를 감추지는 않았습니다만 실제로 그 저변이 현저하게 줄어들었습니다. 우리 브랜드가 대표하는 제품·서비스가 시대상의 변화로 인해 사람들에게 더 이상 중요하지 않다면 어떻게 해야 하는 걸까요? 상상 속에만 존재했던 하늘을 나는 자동차가 곧 상용화된다고 하니 점차 더 많은 브랜드가 이 고민 속에 빠지게 될 것 같습니다.

많은 신문들은 그들의 서비스를 제공하는 방식을 온라인으로 이동하기만 했을 뿐, 이 과정에서 경쟁 우위를 점할 수 있는 별다른 성과는 이루어내지 못했습니다. 그마저도 대다수 저널 브랜드들의 존재감은 포털 브랜드에 가려지고 있지요. 여러 신문 브랜드 중 저널리즘, 뉴스, 정보를 강력하게 대변하는 브랜드는 부재하는 현실입니다.

미국 일간지 '뉴욕타임스The New York Times' 역시 종이 신문의 부진으로 광고 매출이 급격하게 줄어드는 위기에 봉착합니다. 이에 뉴욕타임스는 2011년부터 온라인 기사 유료 구독 모델을 시작하는데요. 심층 탐사와 양질의 기사 등으로 고품질의 저널리즘을 지향하면서 120만 명의 구독자를 보유한 스포츠 매체 '디 애슬레틱The Athletic'을 인수하는 등 콘텐츠 강화를 통해 그 기반을 마련했습니다.

이와 더불어, 유료임에도 불구하고 사람들이 뉴욕타임스를 구독해야 하는 이유를 브랜드를 통해 전달했는데요. 뉴욕타임스는 "All the News That's Fit to Print", 즉 인쇄할 가치가 있는 모든 기사를 담는다는 뜻을 앞세워 당시 유행했던 옐로 저널리즘과 분명하게 선을 그으며 출발했습니다. 특히 전달 방식으로 인해 독자들이 특정 이슈에 대한 선입견을 품는 것을 방지하기 위해 중요한 연설이나 논의에 대한 원고를 빠짐없이 모두 게재하고, 1971년에는 베트남 전쟁과 관련하여 미국 국방총성의 내부 문서인 펜타곤 페이퍼를 공개해 당시 정부가 뉴욕타임스를 비밀누설죄로 고소하는 일도 있었습니다. 재판

소는 이에 대해 보도의 자유가 정부의 문서 공개 기준보다 우선한다는 판결을 내렸고 이는 미국 헌법의 수정 제1조(언론의 자유)에 관한 이후의 판례에 큰 영향을 주는 사건으로 남았습니다.

뉴욕타임스는 디지털 변혁을 맞아 '위대한 저널리즘은 각 개인의 삶을 풍요롭게 하며 사회를 더욱 정의롭고 건강하게 만든다[1]'라는 신념을 지속적으로 전달합니다. 특히 '진실The Truth'을 중심으로 한 캠페인을 연달아 진행하는데요.

2019년 진행한 'The Truth is Worth It' 캠페인은 그들이 얼마나 치열하고 끈질기게, 그리고 엄격하게 취재하는지를 보여 줍니다. 특히 뉴욕타임스 기자들이 취재 시에 가지는 다섯 가지 자세를 트럼프 대통령의 탈세, 온난화에 따른 기후문제, 이슬람 무장단체 ISIS의 테러 등을 다룬 처절한 실제 취재 과정과 함께 제시합니다. 이듬해 진행된 'The Truth is Essential' 캠페인에서는 격변하는 시대에서 객관적이고 독립적인 시각을 가진 저널리즘이 얼마나 중요한지, 그 가치에 대하여 말합니다. 2021년에는 'The Truth Takes a Journalist'라는 캠페인을 통해 전 세계 1700명 이상의 뉴욕타임스 저널리스트들의 기사들을 제시하며 모두의 삶을 향한 진실의 힘을 이야기합니다. 2022년 'Independent Journalism for an Independent Life' 캠페인에서는 뉴욕타임스의 독자들이 어떤 사람들인지를 보여 주고, 각기 다른 삶을 살아가는 개인을 위한 독립적인 저널리즘이라는 브랜드 가치를 말

---

1 We believe that great journalism has the power to make each reader's life richer and more fulfilling, and all of society stronger and more just

뉴욕타임스의 The Truth 캠페인 (출처: design.moninavelarde.com)

하며 독자와 뉴욕타임스의 관계를 조명합니다.

이 모든 브랜드 커뮤니케이션은 실제 뉴욕타임스가 지향하는 가치와 더불어 그들과 관계를 맺고 있는, 혹은 맺어 나갈 사람들이 누구인가, 그들에게 가치 있는 뉴스란 무엇인가를 이해하는 과정을 토대로 전개되었습니다.

뉴욕타임스는 디지털화를 진행하면서 브랜드 그 자체와 그들이 전달하는 정보 역시 활자를 넘어 특유의 이미지를 반영한 진지하고도 감각적인 영상으로 콘텐츠화했습니다. 더불어 유튜브나 넷플릭스처럼 사람들이 시간을 쏟는 모든 것을 그들의 경쟁자로 정의하고, 스스로가 미디어 브랜드임에도 불구하고 사람들의 시선이 몰리는 다양한 접점에 효과적으로 브랜드를 노출했습니다. 페이스북 라이브, VR을 활용한 스냅챗 디스커버, 오디오 뉴스인 The Daily 팟캐스트, 심지어는 요리법을 제공하는 앱이나 십자말풀이 앱 등 다양한 시도를 멈추지 않고 있습니다. 그 결과 2025년을 목표로 했던 구독자 1000만 명 달성을 3년이나 앞당겼고, 2021년도 4분기 실적 보고서에 따르면 종이 신문 구독자 수 80만 명 대비 10배에 가까운 790만 명의 온라인 유료 구독자를 보유하였습니다.

2. 브랜드가 완전히 새로운 비즈니스를 만났을 때

여러분의 브랜드가 충분히 잘 성장했다면 이윽고 더 큰 역할을 맡게 될 겁니다. 지금까지 쌓아온 인지도와 자산을 기반으로 새로운 비즈니스까지 품게 될 텐데요. 원래의 제품·서비스와 그 결이 다르지 않다면 별문제가 없겠지만 기존의 사업과는 또 다른 영역으로 확장하게 된다면 어떨까요. 사실 이런 종류의 이슈는 심사숙고가 필요한 일이지만 의외로 쉽게 의사결정이 이루어지는 것을 종종 목격합니다. 그간의 성공에 기대어 우리 브랜드에겐 어떤 시장도 정복할 수 있는 '슈퍼 파워'가 있다고 믿게 되는 것이지요.

그러나 새로운 카테고리에 승승장구 중인 브랜드를 달아 주는 것만으로는 부족합니다. 새로운 카테고리를 통해 발생하게 될 브랜드 경험, 그를 통한 새로운 소비자 인식이 기존의 브랜드 가치와 어긋나서는 곤란하겠죠. 우리 브랜드의 정체성이 새로운 카테고리에서 어떤 방식으로 발현되어야 하는지에 대한 분명한 방향성이 있다면 슈퍼 파워까지는 발휘하지 못하더라도 브랜드에 돌이킬 수 없는 생채기가 나는 일은 벌어지지 않을 것입니다.

정말 짧은 시간에 예상보다 많은 OTTOver The Top, 즉 영상 스트리밍 서비스 브랜드가 쏟아져 나왔습니다. 영상 콘텐츠를 향유하는 완전히 새로운 방식을 제시한 넷플릭스를 필두로 국내외 많은 브랜드들이 사람들의 더 많은 시간을 탐하고 있습니다. 한국에서는 비교적 그 출발이 늦었던 '애플TV플러스Apple TV+'는 미국에서 2019년에 서비스를 정식 론칭하였는데요. 이미 많은 사람이 넷플릭스에 익숙해져 있었고 애플은 디즈니나 HBO처럼 콘텐츠를 근간으로 하는 기업이 아닌 데다, (아마도 당분간은) 여전히 세상의 반을 차지하는 안드로이드 사용자를 끌어들이기에 다소 벽이 높을 수 있다는 한계를 가지고 출발하였습니다.

애플은 브랜드 메시지로서 프리미엄을 직접적으로 전달하지는

애플TV플러스 오리지널 콘텐츠 <파친코> 공식 포스터 (출처:애플TV플러스)

않지만, 프리미엄 브랜드라는 공고한 인식을 가지고 있습니다. 언제나 시장의 화법을 따르지 않고 스스로 새로워지는 길을 택하며 브랜드를 키워 왔는데요. 기술적인 것보다는 사람들의 삶 속에서 더 가치 있는 것들을 만들어 냅니다. 제품 라인업을 다량으로 확대하지 않고 애플다움을 잘 드러낼 수 있는 소수의 제품들에 집중하고 있습니다. 애플의 기술, 혹은 제품의 질이 경쟁 브랜드의 그것보다 뛰어나게 앞선다고 말하기는 쉽지 않지만, 애플이 그들만의 무언가를 뚜렷하게 드러내며 그것이 사람들에게 매력적이고 프리미엄하게 인식된다는 깃은 분명합니다.

애플TV플러스 역시 애플다운 방식을 차용합니다. 다른 OTT 브랜드와 애플TV플러스를 비교하는 기사나 리뷰를 보면 애플TV플러스의 강점은 강력한 오리지널 콘텐츠임이 분명합니다. 콘텐츠의 수가 넷플릭스 외 다른 경쟁 브랜드와 비교할 수 없을 정도로 적지만 기존의 TV 채널 콘텐츠나 오래된 콘텐츠를 마구 사들여 수를 늘리기보다

애플TV플러스 오리지널 콘텐츠 <CODA> 공식 포스터 (출처:애플TV플러스)

는 작품성이 뛰어난 오리지널 콘텐츠를 론칭하는데 집중하고 있습니다. 실제로 애플TV플러스의 오리지널 콘텐츠인 <CODA>는 스트리밍 브랜드 최초로 오스카 작품상을 수상하였습니다.

애플의 2021년 4분기 실적발표 콘퍼런스는 애플TV플러스의 자체 제작 콘텐츠들이 2년 만에 전 세계 890개 시상식 후보에 올랐고 200개 넘는 상을 수상했다고 전했는데요. 가장 대표적인 OTT 브랜드인 넷플릭스가 2013년부터 현재까지 267개의 상을 수상한 것과 비교하면 애플의 전략은 의미 있었던 것으로 보입니다. 시장의 방식을 차용하여 빨리 선두를 빼앗으려는 노력보다 브랜드다운 가치를 줄 수 있는 제품, 즉 콘텐츠 그 자체의 특별함에 주목함으로써 궁극적으로는 '역시 애플이다'라는 인식을 만들어 가는 것이지요. 오리지널 콘텐츠 하나하나가 사람들의 시선을 붙잡으면서 새로운 시즌 론칭될 작품들에도 기대가 쏟아지고 있습니다. 늦게 시작한 만큼 경쟁 브랜드 대비 시장 점유율이 높지는 않지만 타 브랜드의 사용자 이탈률과 애플TV플러스의 가입자 증가세를 함께 보면 내일의 애플TV플러스는 더욱 좋은 소식을 듣게 되리라는 것을 알 수 있습니다.

애플은 기존과 다른 새로운 비즈니스에 진입하면서 강력한 브랜드를 통해 애플을 사랑하는 사람들에게 기대감을 심어 주었습니다. 애플다운 서비스를 제공하며 독자적인 브랜드 가치를 공고히 하는 과정을 만들어 가고 있지요. 애플TV플러스는 하드웨어가 아닌 콘텐츠로 브랜드 자체의 생태계를 융성하게 하며 궁극적으로는 브랜드를 더욱 매력적으로 만드는 데 기여할 것입니다.

3. 사람들의 인식과 브랜드가 가는 길이 다를 때

브랜드는 그 가치를 통해 사람들과 관계를 맺는 존재입니다. 사람들은 브랜드를 알게 되고 경험하면서 브랜드에 대한 인식을 만들어 가는데요. 많은 사람들이 동의하는 브랜드에 대한 인식이 우리 브랜드가 추구하는 가치에 대한 것이라면 그 브랜드는 순조롭게 성장하고 있다고 봐도 무방할 것입니다. 성장 배경도 삶의 방식도 각기 다른 사람들이 공통의 인식을 가지기란 매우 어렵기 때문에 브랜드 정체성에 근간을 둔 일관된 커뮤니케이션이 정말 중요하겠습니다.

브랜드에 대한 특정한 인식이 생기고 나면 사람들은 그와 관련된 기대를 하기 마련입니다. 물론 사람들의 기대를 충족시키는 것이 최우선 과제이겠으나 시장의 변화에 따라 기존과는 조금 다른 길을 가게 되면서 달라진 인상을 줄 수도 있는데요. 브랜드에 대한 기대와 현실 사이의 격차를 수용하지 않으려는 사람들도 많이 있습니다. 기업으로서는 사소한 변화, 혹은 더 나은 결과물이라고 생각될 때도 사람들은 각자의 기대를 더 우선시합니다. 쉽게 실망하고, 심지어는 예전에 애정하던 그 브랜드가 아니라고 생각해 버리지요. 상황에 맞게 브랜드를 운영하면 이러한 변화의 고비도 조금 더 수월하게 넘을 수 있습니다.

2022년 CES에서 인텔이 12세대 칩을 소개하면서 올해 업그레이드되어 출시될 디지털 디바이스들에 관심이 쏠렸습니다. 얼마 전 브랜드 A도 12세대 칩을 탑재한 노트북을 출시했는데요. 새봄에 찾아올 신제품 소식만 손꼽아 기다리던 마니아들은 막상 출시된 제품을 보며 정색하고 있습니다. 다름 아닌 예전 모델들보다 현저하게 높아진 가격 때문입니다. "A는 A의 역할이 있다" "A가 선을 넘었다" 등의 평가가 눈길을 끕니다.

2022년 출시된 A의 신제품은 12세대 코어인 엘더레이크 i7, 그리고 A 브랜드 라인업 최초로 외장 그래픽이 탑재되어 기존 모델 대비 스펙에서 많은 차이를 보입니다. 특히 외장 그래픽은 기존의 사용자들이 무척이나 바라던 것이기도 한데요. 사람들의 마음을 따라 그 성능을 업그레이드시켰고, 그에 따라 가격이 다소 상승하는 것은 있을 수 있는 상황인데 왜 유독 이렇게 싸늘한 반응인 걸까요?

A는 모든 브랜드 커뮤니케이션을 통해 '초경량 고성능 노트북'이라는 인식을 만들었습니다. 100만 원 중반대의 가격으로 맥북보다는 상대적으로 가격 이점이 있고, 그 밖의 외국 브랜드 대비 다소 비싸더라도 A가 소구하는 가치, 즉 가벼움과 (그래픽, 화면비율, 내구성 등에

서의) 고성능이라는 가치를 선호하는 사람들에게는 가장 좋은 선택이자 대안이 없다고 느껴지는 브랜드였습니다.

그런데 이번 가격 상승의 원인이 되었을 것이라고 추정되는 외장 그래픽은 물론 내장 그래픽에 비해서는 좋은 성능을 가지고 있지만, 현재 출시되고 있는 것의 이전 세대 모델이기 때문에 기대를 만족시키기엔 충분하지 않았던 것 같습니다. 그렇다 보니 가격의 상승 폭을 더 받아들이기 어려워지고 비슷한 예산의 범주에 있는 맥북과 직접 비교 대상이 되면서 A의 경쟁력이 다소 희석되는 결과가 나타났습니다.

브랜드로서 A는 진화하며 더 큰 경쟁력을 만들어 가는 것이 당연합니다. 'A의 역할, A가 지켜야 할 선'이라는 사람들의 인식 안에 머물러 있자면 한계가 분명해질 테지요. 이런 경우 브랜드의 변화를 뒷받침해 줄 수 있는 브랜드 요소가 있다면 사람들은 변화의 여지를 감안하고 브랜드를 바라볼 수 있습니다. 뭔가 달라진 대표 브랜드에 서브 브랜드와 같은 추가적인 요소를 붙여 기존 브랜드의 연장선에서 일부 구분되는 가치를 가진 버전의 제품을 구분해 주는 것입니다.

예를 들어 특정 가격대 안에서 뛰어난 성능을 보이는 경량 노트북 A와, 스펙을 좀 더 높여 활용의 범위를 넓힌 'A ○○○'처럼 말입니다. 추가적인 브랜드 요소를 가진 제품은 그 성공 여부에 따라 하나의 라인업으로 자리 잡을 수도, 시즌 제품으로 남을 수도 있습니다. 만약 'A ○○○'이 만족스럽지 못하다면 A에 대한 평가가 아닌, 'A ○○○'에 한정된 평가일 수 있도록 브랜드를 운용하여 위기의 순간, 더 큰 리스크를 방지할 수 있습니다.

세상이 정말 빠르게 변하고 있습니다. 브랜드는 이런 세상 속에서 예정에 없던 상황들을 맞닥뜨리게 됩니다. 브랜드가 흔들리지 않으려면 정체성에 대한 중심을 잡고 그로부터 변화에 유연하게 대응할 수 있는 새로운 방식을 찾아가야 합니다.

브랜드에 영향을 미칠 수 있는 변화를 기민하게 알아차리는 것이 가장 먼저입니다. 그 다음은 우리 브랜드의 정체성을 새로운 세계에 어떻게 물들일 것인가를 고민할 차례입니다. 가치를 확장할 수도 있고, 브랜드 요소를 더하거나 뺄 수도 있습니다. 마치 색이 그라데이션 되듯이 말입니다. 우리 브랜드의 정체성은 고려하지 않은 채 그 시장에서 먹힌다는 것들에만 집중할 때 위기의 순간은 실패를 향해 갑니다.

강력한 브랜드의 조건

*

얼마 전 새로운 모임에 참석할 기회가 있었습니다. 초대해 주신 분 외에는 대부분 처음 뵙는 분들이었는데요. 한 번에 많은 수의 낯선 분들을 만나다 보니 당연하지만 모든 분을 기억하는 것은 무리더라고요. 그 와중에도 뚜렷이 기억에 남는 몇 분이 계셨고, 모임에 두어 번 더 참석하고 나니, 기억에 남았던 그분들과 더 많은 이야기를 나눠 볼 수 있기를, 더 가까워질 수 있기를 기대하는 마음도 생겼습니다. 만남의 첫 순간, 서먹한 공기가 흐르는 그때에도 대번에 눈에 띄는 사람들이 있더라고요. 그분들에게선 그야말로 두드러지는 존재감이 느껴졌는데요. 그게 외모든, 스타일이든, 그 사람 주변에서만 느껴지는 분위기든, 말 그대로 시선을 사로잡는 사람들이었습니다.

대화를 할 기회가 생기자 각자의 태도에 따라 조금 더 편한 사람과 그렇지 않은 사람으로 나누어졌습니다. 편한 쪽은 아무래도 자기 중심으로 대화를 이끌어 가는 사람이 아니라 상대에게 잘 맞춰 주는 사람이었겠지요. 스스럼없이 타인에게 다가가고 상대가 익숙한 주제를 찾는 배려를 갖춘 사람이요. 취향이 꼭 맞는 것까지는 아니더라도 요즘 세상에서 얘기되는 것들을 해박하게 알고 있어서 어떤 주제로도 술술 이야기 나눌 수 있는 사람이라면 더할 나위 없을 거고요.

그리고는 하는 일이나 좋아하는 것에 대해 뚜렷한 신념이 있는 사람을 만났을 때 마음이 확 기울었습니다. 물론 그 신념이 모두의 상식 안에서 긍정적인 것일 때 그렇지만요. 나도 그런 사람이 되고 싶다는 생각을 했던 것도 같고요. 상대의 공고한 신념에 응원을 보내게 된

달까요. 그 신념에 몰두하는 모습은 또 어떤가요. 본인이 중요하게 생각하는 가치가 곧 태도로 드러나는 사람. 더 알고 싶고, 더 가까워지고 싶은 사람은 딱 그런 사람들이었습니다.

낯선 사람 중에 발견하게 된 호감이 가는 상대와 더 많은 시간을 함께 보내고 싶은 바람이 드는 건 자연스러운 수순이지요. 우리가 브랜드에 기대하는 바도 다르지 않습니다. 긍정적인 감정을 바탕으로 사람들이 우리 브랜드에 대해 더 알고 싶어 하고, 일상의 더 많은 시간을 우리 브랜드와 함께하고 싶어 한다면 그야말로 완벽한 브랜딩, 특별한 브랜드 아닐까요?

강력한 브랜드가 되기 위한 다음의 조건들을 소개합니다.

1. 존재감

브랜드는 특정한 가치를 바탕으로 다수의 사람들과 관계를 만들어 가는 존재입니다. 관계를 시작하고 더욱 견고히 하기 위해서는 필연적으로 다른 브랜드들 사이에서도 눈에 띄어야만 하고, 많은 낯선 사람들에게 우리 브랜드만의 이미지가 닿을 수 있어야 하겠지요. 존재감이라는 것은 뚜렷하게 드러나는 인상과 같은 것입니다. 수렴되지 않는 복합적인 모습으로 이도 저도 아니게 되거나 다른 브랜드와 혼동되어서는 안 되겠죠. 브랜드의 가치, 요소, 이미지가 일관성을 가져야 하는 이유입니다. 한결같이 매력적인 모습으로 사람들의 눈과 귀가 몰리는 곳에 빠짐없이 등장할 때 비로소 사람들은 우리 브랜드의 존재에 대해 알아차리게 될 것입니다. 브랜드의 가치에 대해서 더 많은 사람이 공감대를 형성하고, 그에 대해 자발적으로 얘기하기 시작할 때 브랜드의 존재감은 커지게 됩니다.

2. 관계

브랜드의 모든 것은 관계 중심적으로 다루어져야 합니다. 이는 곧 브랜드를 이루는 하나하나가 이로부터 영향을 받게 되는 대상이 있다는 것을 인식한다는 의미입니다. 어떤 일을 하다 보면 우리는 너무도 쉽게 자신의 생각에 갇히게 됩니다. 기업이나 브랜드도 크게 다르지 않습니다. 우리가 잘하는 것에 너무 몰두하는 나머지 이 가치들이 상대에게 어떤 의미가 있을까를 너무도 쉽게 망각합니다. 하고 싶은 이야기보다는 듣고 싶은 이야기를, 우리만의 것이 아닌 이 세상과 눈높이를 같이 하는 브랜드가 사람들의 마음에 더 가까이 다가갈 수 있습니다. 관계의 중요성을 알고 브랜드의 중심에 이 가치를 두는 경우와 그렇지 않은 경우, 브랜드라는 존재의 본질은 같을 수 있어도 맞이하게 되는 내일은 확연히 다를 겁니다.

3. 신념

브랜드의 존재감은 어쩌면 다양한 브랜딩 활동의 결과일 수 있습니다. 그렇다면 그 출발점은 어디일까요? 바로 우리 브랜드만의 신념입니다. 어떤 제품을 만드느냐가 중요했던 시절은 한참 전에 지나갔습니다. 이제 사람들은 어떤 제품을 '어떤 생각'으로 만들었는지를 더 중요하게 생각합니다. 제품 그 자체가 아니라 그 이면의 철학마저도 공감할 수 있고, 더 나아가 매력적이어야 합니다. 그리고 이 모든 것들은 바로 브랜드를 통해 세상에 드러납니다. 이를 위해서는 철학이 곧 신념이 되어야만 합니다. 구성원 모두가 잘 이해하는 것을 넘어 완벽하게 체화하여 이를 중심으로 생각하고, 일하고, 생활해야 우리 브랜드만의 가치가 됩니다. 우리가 가장 중요하게 생각하는 그 어떤 것, 그래서 세상에 주고 싶은 것. 신념이 있는 브랜드만이 제시할 수 있습니다.

4. 몰입

신념이 있다면 모두의 모든 활동은 그 신념을 향해야만 합니다. 사람들은 브랜드가 스스로 지향하는 가치에 얼마나 몰두하는지를 브랜드의 활동을 통해 느끼고 경험합니다. 당장 내일의 성과로 증명되는 일이 아니라고 할지라도 브랜드가 지향하는 가치에 도달하기 위해서 한눈팔지 않고 몰두하는 모습에서 사람들의 신뢰가 시작됩니다. 더 나아가 그 길을 함께 가고자 하는 사람들이 곧 우리 브랜드의 팬이 되는 것이지요. 몰입의 차이는 디테일의 차이를 만듭니다. 사람이라면 누구나 추구하는 보편타당한 가치라고 하더라도 이 가치에 몰입하는 방식을 통해 우리 브랜드만의 가치로 만드는 것이 가능합니다. 가치는 언어를 통해 천명되지만 행동을 통해서만 실감할 수 있습니다.

사람들이 우리 브랜드와 더 많은 시간을 함께하고 싶어 한다면 그야말로 완벽한 브랜딩, 특별한 브랜드가 아닐까?

여러분의 브랜드가 강력한 브랜드가 되는 길을 향해 가고 있는지 확인해 볼 수 있는 체크리스트를 준비했습니다. 질문을 읽고 Yes/No로 답해 주시면 됩니다. 현재 해당하지 않는다고 생각되는 질문은 답하지 마시고 넘어가 주세요.		
1. 우리 기업의 기업 브랜드 정체성 및 지향 가치를 잘 알고 있나요?	☐ Yes	☐ No
2. 본인의 업무를 하거나 타 부서와 협업할 때 브랜드의 정체성 및 지향 가치를 염두에 두고 일하고 있나요?	☐ Yes	☐ No
3. 우리 제품·서비스의 기능을 오로지 소비자 관점에서 설명할 수 있나요?	☐ Yes	☐ No
4. 새로운 제품·서비스를 기획하는 초기 단계에서부터 모든 유관 부서들이 참여하여 브랜드 관점(존재, 목적, 소비자 핵심가치, 관계를 맺게 될 사람들의 라이프스타일 등)에서 논의하는 프로세스가 있나요?	☐ Yes	☐ No
5. (직접적인 논의 프로세스가 없더라도) 새로운 제품·서비스가 브랜드가 되어가는 과정(정체성, 브랜드 요소 개발 및 결정 등의 과정)에 다양한 유관 부서가 시의적절하게 정보를 공유하고 부서 간 피드백을 공유하는 프로세스가 있나요?	☐ Yes	☐ No
6. 새로운 제품·서비스를 기획할 때 이 세상과 이 세상을 살아가는 사람들을 위해 어떤 필요성을 충족시킬 수 있을지에 대한 충분한 고민이 있었나요?	☐ Yes	☐ No
7. 새로운 제품·서비스의 어떠한 특성이 기업 브랜드의 지향 가치와 상충하지는 않는지, 혹은 기업 브랜드의 지향 가치와 어떠한 연계성을 가지는지에 대해 충분한 검토가 있었나요?	☐ Yes	☐ No
8. 기업 내 브랜드와 브랜드 체계에 대해 잘 이해하고 있나요?	☐ Yes	☐ No

9. 기업 내 브랜드 중 새로운 제품·서비스와 유사한 영역(유사한 비즈니스 카테고리, 유사한 지향 가치)을 담당하고 있는 브랜드의 유무에 대해 알고 있나요?	☐ Yes	☐ No
10. 새로운 제품·서비스를 위해 신규 브랜드를 론칭할 경우, 기존 브랜드와의 시너지 창출 방법에 대해 충분한 검토가 있었나요?	☐ Yes	☐ No
11. 새로운 제품·서비스를 위해 신규 브랜드를 론칭할 경우, 기존 브랜드와 중복되는 영역이 있거나, 역할 및 가치 측면에서 상충하는 부분이 있는지에 대해 충분한 검토가 있었나요?	☐ Yes	☐ No
12. 제품·서비스의 카테고리에 한정하지 않고 우리 브랜드와 경쟁 관계가 될 수 있는 다양한 브랜드들의 현황에 대해 검토하였나요?	☐ Yes	☐ No
* 아래 항목에서 지칭하는 '브랜드'는 우리 기업이 보유하고 있는 모든 브랜드를 가리킵니다.		
13. 브랜드의 정체성은 기업 내 누구나 쉽게 이해할 수 있도록 개발되었나요?	☐ Yes	☐ No
14. 브랜드의 정체성에 대해 공통의 이해가 구축될 만큼 시스템을 구성하는 요소들이 충분히 구체적인가요?	☐ Yes	☐ No
15. 브랜드의 존재 이유 및 지향 가치에 공감할 수 있나요?	☐ Yes	☐ No
16. 브랜드 정체성은 브랜드의 활동을 기획하는 데 영감을 주고, 실질적인 방향성을 제시하는 것인가요?	☐ Yes	☐ No
17. 브랜드의 정체성이 정립된 후 이를 전사적으로 내재화하기 위한 별도의 활동이 있었나요?	☐ Yes	☐ No

18. (그러한 활동이 있었다면) 브랜드 정체성을 전달하는 데 그치지 않고 조직원이 해당 가치에 공감할 수 있도록 하는 활동이었나요?	☐ Yes	☐ No
19. 이러한 활동이 일회성에 그치지 않고 정기적으로 진행되나요?	☐ Yes	☐ No
20. 신규 브랜드 요소를 개발하거나 브랜드 캠페인을 기획하였을 때 해당 요소에 부정연상이 있거나 희화화될 소지가 있는지 충분히 검토하였나요?	☐ Yes	☐ No
21. 브랜드 요소가 안정적으로 법적인 권리를 확보할 수 있는지, 예상되는 리스크가 있는지, 더불어 그 리스크를 벗어날 방법이 있는지에 대해 충분히 검토하였나요?	☐ Yes	☐ No
22. 언어적, 시각적, 그리고 그 밖의 감각적 요소들 중 우리 브랜드만의 독자적 이미지를 구축할 수 있도록 하는 요소가 포함되었나요?	☐ Yes	☐ No
23. 브랜드 요소가 해당 브랜드의 정체성에 근간하여 개발되었나요?	☐ Yes	☐ No
24. 브랜드 요소를 개발, 확정하는 단계에서 일부 혹은 다수의 선호도보다 브랜드 전략(브랜드의 역할 및 지향 가치와의 연계성 등)이 더욱 중요하게 고려되었나요?	☐ Yes	☐ No
25. 브랜드를 의인화했을 때 공통으로 떠오르는 특정한 상이 있나요?	☐ Yes	☐ No
26. 브랜드가 일관성을 가지고 커뮤니케이션하기 위한 브랜드 가이드북 또는 커뮤니케이션 가이드북이 존재하나요?	☐ Yes	☐ No

27. 브랜드의 커뮤니케이션이 마치 한 명의 사람처럼 일관된 화법과 공통의 이미지를 가지고 있나요?	☐ Yes	☐ No
28. 브랜드의 모든 활동이 우리 브랜드의 정체성을 효과적으로 전달하는 데 집중되어 있나요?	☐ Yes	☐ No
29. 사람들에게 자발적으로 회자되는 우리 브랜드만의 활동이 있나요?	☐ Yes	☐ No
30. 브랜드 커뮤니케이션 시 시의적절한 주제를 우리 브랜드만의 가치를 투영하여 효과적으로 다루고 있나요?	☐ Yes	☐ No
31. 브랜드가 시대의 변화에 기민하게 대응할 수 있는 능력을 갖추고 있나요?	☐ Yes	☐ No

답변의 방식은 단순한 Yes 또는 No지만 답하는 과정은 단순하지 않을 거라고 생각됩니다. 여러분이 브랜드와 생활하는 모든 순간들을 찬찬히 살펴볼 기회가 되기를 바랍니다. 각자의 기준이 다를 수 있으므로 몇 개 이상의 Yes가 필요한지는 정해 두지 않겠습니다. 브랜드에 대한 노력 여하에 따라 절반의 Yes도 충분히 좋은 결과일 수 있으니까요. 그러나 이 책을 다 마치신 이후에는 더 많은 Yes를 욕심내셨으면 좋겠습니다. 코로나 시국에도, 4차 산업혁명에도, 아니, 그 어떤 경제 상황에도 결국 답은 브랜드에 있기 때문입니다.

결국 답은 강력한 브랜드에 있다.

Chapter 9

다른 조직, 다른 브랜딩

앞서 소개한 브랜드에 대한 이야기들은 특정 조직에만 유효한 것은 아닙니다. 대기업이든 중소기업이든 관계없이 여러분이 속한 조직의 성격과, 조직이 보유하고 있거나 보유하게 될 브랜드의 상황에 맞게 활용해 보실 수 있을 것입니다.

그럼에도 불구하고 조금 더 상세하게 다루면 좋겠다고 생각한 두 개의 조직이 있습니다. 바로 스타트업과 공공 부문인데요. 스타트업의 경우 사업 자체가 막 태동한 시점이고, 특히 최근 스타트업에 대한 투자가 활발히 이루어지다 보니 그 경쟁은 점점 더 치열해지고 있습니다. 기업가정신과 첨단기술을 기반으로 하고 있다는 특수성까지 더해져 있기 때문에 스타트업의 브랜딩은 조금 다른 각도에서 들여다볼 필요가 있다고 생각했습니다.

그리고 또 하나, 정말 열심히 그리고 빠짐없이 브랜딩을 시도

하지만 적어도 국내에서는 그 효과를 누린 적이 별로 없는 분야가 바로 공공 부문인데요. 서울 곳곳에서 볼 수 있는 'I·SEOUL·U'부터 강남대로를 달릴 때 늘 대로변을 채우고 있는 'ME ME WE GANGNAM', 그리고 기차역이며 고속버스 승하차장마다 빼곡히 들어찬 각 시·군·도의 브랜드들. 최근에는 관광 브랜드, 지역 특산품 브랜드, 경제지구 브랜드까지 공공 부문에서 더 많은 브랜드가 탄생하고 있습니다.

스타트업과 공공 부문 모두 브랜드의 영향력을 실감하기에 최적의 조건을 갖추고 있지만, 투자 금액의 제한 등을 이유로 정말 '제대로 된 브랜딩'을 하기가 쉽지 않지요. 보통 하나의 조직에 0.5명(브랜딩 외 다른 업무도 담당하고 계실 테니 오롯이 1인분은 아닐 것 같아서요) 정도의 담당자가 맡고 계실 주제일 겁니다. 다음에 이어질 내용을 통해 스타트업과 공공 부문에서 홀로 외로이 브랜딩을 고민하고 계실 담당자 분들이 조금 더 효율적으로 경쟁력 있는 브랜드를 만들어 갈 수 있는 힌트를 얻게 되시길 바랍니다.

스타트업 브랜딩

*

글로벌 스타트업 생태계 평가 기관인 스타트업 지놈Startup Genome에서는 '글로벌 창업 생태계 랭킹'을 통해 스타트업을 위한 경쟁력 있는 생태계를 구축하고 있는 도시들을 매년 선정합니다. 2022년 서울은 랭킹에서 10위를 차지했는데요. 20위까지 발표되는 순위에 서울이 처음 진입한 것은 불과 2년 전인 2020년이었습니다. 이듬해인 2021년에는 16위에 올랐고요. 서울의 창업 생태계 가치는 약 223조 원 (1,770억 달러)으로 평가되었습니다. 국가와 관련 기관에서 스타트업의 창업을 장려하며 지원과 투자를 아끼지 않고 있는데요. 제2의 벤처붐이라는 말이 무색하지 않을 정도로 정말 많은 스타트업들이 새로운 시장을 만들어 가고 있습니다.

그러나 아직까지 스타트업들에게 브랜딩이란 추후 과제처럼 치부됩니다. 기술을 사업화하고 투자를 유치하는 과정에서 눈앞에 닥치는 많은 어려움들에 집중하다 보니, '이 모든 것들이 어느 정도 해결된 후에, 어느 정도 자리를 잡으면 그때 브랜딩을 하면 되겠지'라고 생각하는 경우가 많은데요. 큰 비용을 투자해야 하는 브랜딩 프로젝트를 지금 당장 힐 필요는 없겠으나, 사업의 시작을 브랜드의 관점으로 하는 것은 꼭 필요합니다.

브랜딩은 스타트업이 그들만의 세상에 갇히는 것을 방지해 주고, 투자자 등 다양한 이해관계자에게 그들의 존재 이유를 보다 생생하게 전달하는 데 도움을 줍니다. 더 나아가 멀티플레이어의 역할을 하는 소수의 내부 구성원이 같은 지향점과 비전을 가짐으로써 길을 잃지 않고 공통의 목표를 위해 정진할 수 있도록 합니다.

    많은 스타트업들이 사람들의 일상에서 아이디어를 얻습니다. 불편한지조차 모르고 지내던 것들이 더 나아질 수 있는 방법을 제시합니다. 퇴근하고 오니 대낮에 배송된 고기가 다 상해 있더라는 김슬아 대표의 경험담이 마켓컬리의 시작이었던 것처럼 말입니다. 2021년 소프트뱅크 비전펀드2에서 약 2,000억원 규모의 투자를 유치하며 투자 유치 Top 5 안에 들어간 인공지능 교육 솔루션 기업 '뤼이드Riiid' 역시 현재 공교육에 대한 뚜렷한 문제의식에서 출발했다고 합니다.

    앞서 브랜드의 관점이란 관계를 맺어 나갈 '사람들'에 대한 것이라고 말씀드렸는데요. 그런 맥락에서 스타트업은 그 태생 자체가 브랜드적인 생각에서 출발했다고 할 수 있겠습니다. 그러나 이 아이디어를 사업화하는 과정에서 사람들에 대한 생각이, 철저히 공급자 중

아이디어를 사업화하는 과정에서 사람들을 향하던 브랜드의 관점이 사라지는 경우가 많다.

심의 생각으로 변해 갑니다. 우리 기술과 특허에 관한 것, 물류나 플랫폼 등 사업화 과정에서 우위에 있는 것 등을 설명하는데 몰두합니다. 투자 유치를 위해 사업계획서를 작성할 때 시장성을 확보하고 더 나은 이익 창출을 위한 방법에 집중하다 보면 관점의 중심이 달라지는 것은 어쩌면 당연한 일이겠습니다. 문제는 이 과정을 거치면서 사람들에 대한 관점이 완전히 사라지고 오롯이 공급자 중심의 경쟁력만을 강조한다는 것입니다.

또한 스타트업은 일정 기간동안 소수의 구성원들이 다양한 역할을 하며 성장을 도모해 갑니다. 소위 시스템이라고 불리는 것이 부재한 상황일 수밖에는 없지요. 아무리 오랫동안 알아 온 가까운 사이라고 하더라도 새로운 일로 손발을 착착 맞춰 가는 것은 쉽지 않습니다. 하물며 외부에서 영입한 인재가 하나둘 늘어나게 되면 공동의 목표가 아닌 각자의 상황과 관점이 생겨나게 됩니다.

이러한 차이는 업을 대하는 태도에서부터 궁극적인 목표까지도 제각각인 상황을 만들고 마는데요. 우연한 기회에 웹콘텐츠를 서비스하는 스타트업의 대표님과 만나 나누었던 대화가 떠오릅니다. 시장에서 자리 잡고 어느 정도 이름을 알리고 나니 브랜딩을 해야겠다는 생각이 들었다고요. 그래서 우리를 정의할 수 있는 하나의 정체성을 만들고자 구성원들과 이에 대한 논의를 시작했는데, 대화를 하면 할수록 각 개인이 생각하는 회사에 대한 정체성과 비전이 너무 다르더라는 겁니다. 오로지 성장만을 바라보고 달려온 지난 시간들을 반추하며, 이제는 그 성장에 대한 정의마저도 각기 달라 모두가 공감할 수 있는 가치를 과연 찾을 수 있을까 염려하시던 얼굴이 눈에 선합니다.

브랜딩은 멋진 로고나, TV광고를 만드는 일이 아닌, 의미를 찾는 일입니다. 스타트업에게 가장 필요한 브랜딩 활동은 바로 브랜드 정체성의 수립입니다. 브랜드 정체성은 보통 '나다움'을 정의하는 것으로 이해되지요. 그래서 브랜드 정체성을 수립하는 첫 번째 과정으로 과연 우리다운 게 무엇일지를 고민하는 기업들이 많습니다. 그러나 스타트업의 브랜드 정체성을 수립하는데 있어 이 방법은 다소 막연할 수 있습니다. 누군가에 대한 특별한 인상을 가지기 위해서는 함께 나눌 시간이 필요합니다. 단 한 번의 경험으로 타인을 정의하는 것은 쉬운 일도, 권할 만한 일도 아닌 데다가 그 생각은 곧 바뀌게 될 테니까요.

우리가 '누구누구답다' '참 누구누구스럽다'라는 생각을 하게 될 때는 그 사람이 가진 단 하나의 속성이 영향을 미치는 것이 아니라 어떤 사건과 더불어 그 사람의 성품, 성향, 때로는 이미지, 그간의 행동들이 복합적으로 작용하게 되지요. 다른 기업들에 비해 그 시간이 길지 않았던 스타트업들, 특히 이제 막 사업을 시작하는 단계의 스타트업들에게 '나다움'이란, 지금 정의내릴 것이 아니라 완성되어 갈 주제입니다. 앞으로 맞닥뜨리게 될 여러 가지 상황들을 어떻게 해결해 나가느냐는 기업의 태도와 문화가 됩니다. 이런 것들이 쌓여 가면서 진정한 나다움을 발견할 수 있지요.

그렇다면 스타트업의 브랜드 정체성은 어떤 관점에서 수립해야 할까요? 스타트업들이 매일 해 나가는 그것과 다르지 않습니다. 바로 이 세상에 우리가 존재해야 하는 이유를 찾는 것입니다. 좋은 기술이 있었고, 성공할 수 있을 것 같았고, 그래서 사업을 시작했는데 새삼스럽게 존재 이유라니.

존재 이유는 오늘의 기술을 설명하기도 하지만 내일의 우리가 나아가고자 하는 방향성을 제시하기도 합니다. "지금까지의 기술로는 A 영역까지만 가능했지만 우리 기술은 A를 넘어 B, C, D가 가능하다"라는 설명이 전부라면, 바로 내일 E 이상을 할 수 있는 누군가가 등장했을 때 이 기업은 의미가 없어지게 됩니다. B, C, D를 가진 우리가 이 세상에 존재해야만 하는 이유. 이 세상과 사람들에게 어떤 것들을 해 줄 수 있고, 세상의 어떤 부분에 책임감을 가지고 있는지에 대한 분명한 청사진이 있다면 우리 기업은 현재 경쟁력 있는 어떤 기술을 가진 기업이 아니라, 이 세상의 어떤 부분을 바꾸어 줄 수 있는 기업으로 남게 됩니다.

스타트업 브랜드의 정체성이 될 존재 이유는 기술과 사업 방향성을 뒷받침해 줄 가장 든든한 근거이자 내부 구성원들을 하나의 마음으로 움직이게 할 동력이 됩니다. 이 존재 이유는 우리가 지금 이 일을 하는 이유, 내부 구성원들이 뜨겁게 공감하는 가치여야 합니다.

사업계획서나 시장 그 자체보다 이 일을 하는 팀과 팀워크에 집중한다는 투자자들의 인터뷰가 기억납니다. 다음Daum 공동창업자이자 초기 스타트업의 멘토로 잘 알려져 있는 매쉬업엔젤스MashUp Angels의 이택경 대표는 여러 인터뷰에서 팀워크의 중요성에 대해 이야기했습니다.

동아일보 Let's 스타트업 인터뷰 — "팀워크 약한 어벤저스, 창업 실패확률 99%"

스타트업레시피 인터뷰 — "시장과 팀을 보기는 하지만 제가 그랬거든요. 첫째도 둘째도 팀, 셋째가 시장이다. 그런데 시간이 더 지나다 보면 첫째도 둘째도 셋째도 팀이고 넷째가 시장이다. 팀이 정말 중요하다고 생각을 해요."

기업가정신을 강조하는 아산나눔재단의 한정화 이사장 역시 스타트업의 성공에 대한 질문에 '5T'라고 답변하며, 트렌드, 트레이닝, 타이밍, 투자 등과 함께 팀을 꼽았습니다.

스타트업 투데이 인터뷰 ― "팀Team. 아무리 강조해도 지나치지 않다. 어떠한 인력으로 팀이 구성됐는지, 소속원 간의 공감이나 소통이 깊고 긴밀한지, 리더십은 이들을 잘 리드하고 있는지에 관한 것이다."

브랜드 정체성에 담겨있는 사업에 대한 분명하고 단단한 공감대와 지향점이야말로 팀을 가장 돋보이게 하는 스타트업의 경쟁력입니다. 투자자의 마음을 사로잡았다면 이제 사람들의 마음속에 우리 브랜드를 심을 차례입니다. 최근 들어 성공 가도를 달리고 있는 스타트업들의 사례를 많이 접하고 계실 텐데요. 그들을 어떻게 기억하고 있는지 한번 떠올려 보시면 좋겠습니다. 기업가로서 성공 사례를 접하실 때와 소비자의 한 사람으로 그들을 반추해 봤을 때는 사뭇 다르지 않나요?

많은 브랜드와 함께 일하는 저도 업무 환경에서 벗어나 일상을 지낼 때 브랜드에 대한 태도가 많이 달라집니다. 기업가로서는 성공한 스타트업들의 경쟁력이 된 특정 기술이나, 투자 유치 과정들을 세세히 복기할 수 있을 테지만, 별다른 관심을 가지지 않았던 스타트업을 소비자의 시선으로 바라보았을 때 그들의 기술이나 밸류 체인을 떠올리기는 쉽지 않을 겁니다. 사람들은 그런 것보다는 그들의 일상에 깊이 관여하는 브랜드 경험을 통해 해당 브랜드에 대한 인상을 간직합니다. 마켓컬리의 '샛별배송', 토스의 '간편송금'과 같이 그 브랜드를 대표하는 하나의 강력한 서비스 경험 말이지요.

아무리 바쁜 투자자라도 우리의 사업 모델과 아이디어를 이해하기 위해서 어느 정도의 시간을 썼을 겁니다. 그러나 사람들은 브랜드를 이해하기 위한 시간 같은 건 낼 생각이 없습니다. 우리가 얼마나 고심했는지, 이 기술이 얼마나 좋은 건지 얘기할 수 있는 기회는 지금 당장 주어지지 않지요. 사람들의 삶에 직접 침투할 수 있으면서도, 우리의 가치를 가장 잘 드러낼 수 있는 단 하나의 서비스에 먼저 집중해야 합니다. B2B 비즈니스에만 온전히 집중하는 것이 아니라면 말이지요. 요즘처럼 온갖 서비스가 쏟아지는 시대에 사람들의 삶에 침투하라니. 그것만큼 막막한 일이 없습니다. 이를 위해서는 몇 가지 조건이 필요합니다.

가장 먼저 '다름'을 실감할 수 있어야 합니다. 핀테크 붐이 일면서 금융서비스를 하는 많은 기업들이 자사의 서비스를 보다 디지털 친화적으로 개편하기 위해 많은 노력을 기울였습니다. 디지털의 태생이 그러하듯 모두가 '쉬운 서비스'를 표방했는데요. 새롭게 개편될 서비스에 대해서 설명을 듣다 보면 기존의 자사 서비스에 비해 다소 간편해진 수준에 머무는 경우가 많습니다. 전에는 이렇게 메뉴를 누르고 거기서 이 버튼을 누른 다음에 실행하면 됐는데 지금은 첫 화면에 메뉴가 나와 있어서 바로 누르고 실행할 수 있다는 설명을 듣고 나서 그 절차가 전부인지를 다시 여쭤어 보면, "아 물론 로그인 하셔야 하고, 인증서 진행하셔야 합니다"라는 추가 내용이 슬그머니 확인됩니다.

디지털 환경 안에서 다섯 번 버튼을 누르던 것을 세 번으로 줄인 건 분명 엄청난 노력의 결과이지만, 사람들에게는 큰 감흥이 없을 수도 있습니다. 당연하다고 생각했던 로그인 절차나 대소문자 구분하고 기호까지 넣어 12문자 이상을 작은 버튼으로 실수없이 눌러야만 했던 절차가 사라지고 단 한 번의 터치만으로 무언가를 해결해 준다면 얘기가 달라지겠죠.

세상에 지금까지 존재했던 그것과 분명히 다르다면 그 다름을 전달할 수 있는 우리만의 표현이 필요합니다. 어렵지 않고, 누구나 듣자마자 어떤 가치를 말하는지 알 수 있는 그런 표현이면 좋겠습니다. '로켓'이나 '샛별'과 같이 누구나 공통의 연상을 가지는 상징도 좋고, 그냥 그 서비스 자체의 강점을 일컫는 '간편'과 같은 수식어도 좋습니다. 그러나 후자의 경우 서비스를 설명하는 표현으로 우리 브랜드만의 독점성을 가지기 어려우니 그 점은 꼭 참고해 주세요.

두 번째로는 서비스를 위해 번거로운 절차가 없어야 합니다. 여러분, 이런 경험 없으세요? 우연히 광고를 보다가 혹하는 서비스가 있어 시작하려고 하다가 문득 귀찮아지는. 회원가입을 하는 절차까지는 꾸역꾸역 참겠는데 거기에서 한두 가지 절차만 더 있어도 그냥 안 할래, 싶어지는 것. 이거 아니면 안 된다는 생각이 없는 한 사람들은 너무도 쉽게 흥미를 잃어버립니다. 이것 아니면 안 된다는 걸 사람들이 알고 있다면 그 브랜드는 아마 이미 해당 시장에서 가장 강력한 영향력을 가지고 있는 브랜드일 겁니다. 대부분의 신규 서비스나 브랜드에 대한 관심은 너무도 쉽게 사그라듭니다. 많은 서비스들이 SNS 등의 기존 개인 계정을 활용한 회원가입과 로그인을 제공하는 것도 이런 이유에서겠지요.

서비스에 대한 진입 장벽은 최대한 낮아야 합니다. 단순하고, 직관적이며 이 서비스에 대한 사람들의 기대를 즉각적으로 만족시킬 수 있어야 합니다. 사람들이 찾는 것이 요즘의 패션 트렌드라면 랜딩페이지에서 바로 그 니즈를 충족시켜 주어야 합니다.

보통의 의류 쇼핑 사이트에서는 남성인지 여성인지를 먼저 선택하고, 제품의 카테고리를 선택한 뒤, 다시 필터나 정렬 기준을 판매순으로 설정해야 원하는 정보를 볼 수 있습니다. 그러나 무신사의 웹사이트는 다른 군더더기 없이 실시간 랭킹을 바로 확인할 수 있습니다. 다른 패션 사이트보다 팬시하거나 감각적인 디자인을 가지고 있는지는 모르겠지만 무신사에서 사람들은 자신들의 필요를 아주 간단하게 충족할 수 있습니다.

마지막으로 서비스와 브랜드를 알리는 기발함이 필요합니다. 마케팅 커뮤니케이션에도 흐름이라는 것이 있기 때문에 어떤 접점에 어떤 방법론으로 접근하는 것이 좋겠다는 얘기는 여러분이 이 책을 접하는 시점에 따라 전혀 유효하지 않을 수도 있을 것 같아 담지 않으려고 합니다. 다만 스타트업 역시도 다른 기업과 마찬가지로 사람들의 시선과 시간을 사로잡기 위한 커뮤니케이션은 반드시 필요하다는 것은 말씀드리지 않을 수 없겠지요. 아무래도 큰 비용을 투자하기는 어렵기 때문에 이러한 제약을 현명하게 뛰어넘을 수 있는 전략이 필요하겠습니다.

물량공세를 이기는 것은 언제나 아이디어입니다. 가격 프로모션이나 아이패드 증정과 같은 실질적인 현물 공세만이 고객 혜택은 아닙니다. 소소한 재미나 즐거움도 그 이상의 가치가 될 수 있습니다. 배달의민족은 초창기 프로모션에서 가용 예산을 고려하여 통상 기업에서 쓰는 비용 대비 아주 적은 금액의 사은품을 기획했다고 합니다. 펜, 티슈 등 간단한 문구류의 굿즈 혹은 샘플 제품 등의 아이템이 떠오르는데요. 배달의민족은 남다른 아이템을 찾기 위해 직원들이 직접 적은 금액으로 구매할 수 있는 것들을 사 모은 후 예상치 못했던 것들을 골라 사은품으로 기획했다고 합니다. 그중 하나가 때밀이 수건입니다. 여기에 '모든 일에는 때가 있다'라는 기발한 카피를 더해 배민다운 가치(B급 감성의 친근함)를 너도나도 SNS에 공유하고 싶도록 만들었습니다.

토스의 '행운퀴즈'는 마케팅의 관점으로 들여다보면 트래픽을 발생시켜 (지금은 사라졌지만 얼마 전까지만 해도 어마어마한 파급력을 가졌던) 포털의 실시간 검색어 노출 및 사이트 유입을 유도하는 CPACost Per Action 기법입니다. 퀴즈를 맞추면 평균 100원가량의 리워드가 지급되는 구조로, 매일 한도를 정해 놓고 비용이 다 소진되면 그날의 퀴즈가 끝나게 되는데요. 보통 몇 시간 내로 마무리되지요. 5천 원 이상이 모이면 현금처럼 사용 가능합니다. 아직은 낯설기만 했던 토스라는 앱에 더 자주 접속하고 그로 인해 브랜드를 더 가깝게 느끼도록 하는, 그야말로 브랜드를 알리기 위한 수단이었는데요. 퀴즈의 내용은 아이돌 그룹의 멤버수를 묻는 질문부터 상식, 넌센스 그리고 타 브랜드와 관련된 것들까지 다양합니다. 힌트를 제공하는 별도 사이트를 노출함으로써 해당 사이트의 트래픽도 올리고, 퀴즈에 등장하는 브랜드로부터 광고 수익도 얻습니다. 마케팅과 수익 창출이 동시에 이루어집니다. 아주 대단한 것이 아닌, 일정시간에 가벼운 놀이처럼 반복되는 퀴즈로 말입니다.

사람들이 우리 서비스를 인지하고 더 나아가 서비스가 주는 가치를 이해하고 나면 그 이후에는 이 서비스를 제공하는 기업이 궁금해지는 것이 자연스러운 수순입니다. 그리고 감사하게도, 주변의 가까운 사람들에게 이 좋은 것을 함께 누리자고 소개하기에 이릅니다.

기존에 알고 있던 기업의 새로운 서비스를 알아 가는 것과, 그 서비스를 제공하는 기업부터 새롭게 알아 가야 하는 상황은 당연하게도 매우 다릅니다. 우리를 궁금해하는 사람들에게 우리의 어떤 면을 소개해야 할까요? 내내 자랑하고 싶었지만 기회가 없었던 우리 기술을 드디어 알릴 차례일까요? 아쉽지만 이번에도 기술은 넣어 두어야 할 것 같습니다. 스타트업을 기업으로서 드러낼 때도 가장 중요하게 생각할 것은 사람들이 관심 있을 것 같은 주제에 집중해야 한다는 것입니다.

가까운 친구들과 모여서 시간을 보내던 중 뭔가 불편하고 난감한 상황이 생겼다고 상상해 봅시다. 다들 난처한 눈빛만 주고받고 있던 중에 한 친구가 이 난국을 해결할 수 있는 기가 막힌 방법을 생각해 냈습니다. 드디어 이 불편한 상황을 벗어날 수 있다는 생각에 모두가 흡족해졌는데요. 그럴 때 우리 이런 말 자주 하죠? "넌 어쩜 이런 생각을 했어?"

이 기업이 제공하는 서비스가 좋다는 건 이미 충분히 경험했으니, 어떻게 그렇게 좋은 서비스를 만들어 낼 수 있었는지, 어떤 생각이 이런 일을 가능하게 했는지, 어떤 사람들이 이런 생각을 했는지 알게 된다면 그 기업과 서비스를 더 잘 이해하고 가깝게 느끼는 계기가 될 것입니다. 사람들이 우리를 궁금해하는 시점에 가장 좋은 답을 할 수 있도록 준비되어 있어야 합니다.

이 서비스를 만들게 된 사람들의 생각이 바로 브랜드 스토리가 되며 더 나아가 이 생각을 시작한 사람들 역시도 브랜드에 중요한 인상을 남기는 하나의 요소가 됩니다. 훌륭한 성과를 만들어 내는 리더들과 사람들에 대한 이야기는 언제나 브랜드에 긍정적인 영향을 줍니다.

이 세상 모두에게 하루 24시간이 주어집니다. 누군가의 하루는 에세이에 담기고, 누군가의 하루는 기억나는 것 하나 없이 그냥 그대로 흘러가 버립니다. 더 많은 이벤트와 드라마가 있는 삶이 따로 있는 것이 아닙니다. 이는 정직하게 흘러가는 시간들을 어떻게 기억하고, 의미를 담아 남기느냐의 차이입니다. 이 서비스가 좋아 어떤 회사가 이런 서비스를 만들었는지 궁금해진 사람들에게 우리가 들려줄 이야기가 그저 우연한 기회로 시작하게 됐고, 운좋게 마음이 맞는 팀을 만나서 투자를 받아 오늘까지 왔다는 것에 그친다면 참 아쉬운 일입니다. 물론 그 모든 게 그 자체로 사실이겠지만 세세히 들여다보면 분명 '우연한 기회'를 만들게 된 관심사가 있었고, '마음이 맞는 팀' 안에는 이런저런 성격이나 특성을 가진 팀원이, 그리고 그들과 함께한 순간순간의 에피소드가 있었을 겁니다. 이 시시콜콜한 이야기들이 바로 사람들과 우리 브랜드를 더 가깝게 만드는 이야기라는 것을 잊지 마세요.

스타트업은 변화를 만들어 가는 젊은 기업입니다. 여러모로 기존 기업들과는 다르기 때문에 기업 브랜드 역시도 기존의 기업 브랜드들과는 확연한 차이를 보입니다. 틀에 박힌 표현 대신 자유롭고 톡톡 튀는 개성을 가진 브랜드들이 눈에 띄지요. 두나무, 뱅크샐러드, 해긴, 뤼이드, 오케스트로, 룰루랩 등등. 건물의 층별 안내에서 본 '멋쟁이사자처럼'도 저에게는 굉장히 인상 깊었습니다. 기업 브랜드라면 어쩐지 무게감 있고 있어 보이는 표현을 사용해야 한다는 생각에 우리답지 않은 것을 선택하는 일이 있어서는 안 되겠지요. 이처럼 다채로운 개성이 드러나는 스타트업 브랜드는 그 팀의 이미지를 엿볼 수 있어 더욱 매력적이라고 생각됩니다.

그러나 표현의 자유를 누릴 때에도 그 표현이 누군가에게 부정적으로 느껴질 수 있다면 그 결정은 신중해야 합니다. 경쟁이 치열하다는 말로는 그 격렬함을 다 표현할 수도 없을 만큼 모든 브랜드는 카테고리를 막론하고 생존을 위한 사투를 벌이게 되는데요. 노이즈 마케팅으로도 훌륭한 성공 사례를 만들어 갈 수 있으니 초기 논란이 있더라도 우리 브랜드를 알리는 것이 더 유리해 보일 수 있습니다.

인지도 그 자체, 그리고 그를 통한 단기적 성과 측면에서는 의미가 있을 수 있으나 이후 빅 브랜드로 성장해 가는 과정에서 브랜드에 대한 기대가 높아지면 부정적 연상을 주는 브랜드는 제약이 될 수 밖에 없습니다. 초반에는 그 파장이 크지 않고, 그러려니 하고 넘어갈 수 있는 정도이지만 시간이 흘러감에 따라 매번 브랜드 교체를 고민하게 됩니다. 정말 말 그대로 매번이요. 매출이 정체되거나, 무시무시한 경쟁자가 나타나거나, 브랜드의 부정적인 이미지를 다루는 기사에 매번 사례로 등장하거나 하는 나쁜 상황을 겪을 때만이 아니라, 시장을 확대하거나, 새로운 서비스를 출시하거나 하는 더 큰 가능성을 준비할 때도 그렇습니다.

2016년 티셔츠 한 장으로 시작해 스트리트 웨어 마니아들에게 사랑받으며 성장해 온 패션 브랜드 '차이나타운마켓Chinatown Market'은 최근 브랜드명을 '마켓MA®KET'으로 변경하였습니다. 마켓은 스마일리 페이스, 다채로운 그래픽, 타이다이 염색 제품으로 유명하지만 특히 패러디 디자인을 주로 선보이며, 유머러스하게 의도된 '짝퉁' 디자인으로도 잘 알려져 있습니다. 창립자인 디자이너 마이클 처먼Michael Cherman은 차이나타운마켓이라는 브랜드가 뉴욕 차이나타운을 가로지르는 캐널 스트리트의 상점, 사람들, 그리고 그들의 활기로부터 영감을 받아 탄생했다고 설명했지만 최근 불거진 아시아 혐오 이슈와 연관되어 회자되자 아시아에 대한 존중의 표시로 브랜드를 변경했다고 밝혔습니다.

물론 브랜드는 필요에 따라 변경될 수 있습니다. 하나의 브랜드를 무슨 일이 있어도 지키는 것만이 능사는 아니지요. 그러나 하나의 브랜드에 그 자산과 히스토리가 충실히 쌓여 가는 것과는 그 영향력을 비교할 수 없습니다. 지금의 시작이 단기간의 집중적인 경제적 성과에 만족하기 위함이 아니라 이 세상에 의미 있는 브랜드를 남기기 위함이라면 강력한 브랜드로 롱런하기 위한 초석을 만들어야 합니다. 누구에게나 기분 좋은 표현으로도 팀의 개성을 충분히 드러낼 수 있습니다.

스타트업은 내외부에 그들이 이 세상에 존재해야만 하는 이유를 끊임없이 상기시켜야 합니다. 그래야 꿈꾸던 내일이 있을 테니까요.

사실 이제 막 세상에 탄생한 스타트업이 일반 소비자를 포함한 여러 이해관계자와 새로운 관계를 맺으려는 매일의 노력, 그 자체가 스타트업 브랜딩이라고 할 수 있겠습니다. 브랜딩이라고 해서 또 다른 거창한 노력을 들여야 하는 것이 아니라 지금까지 해 온 일, 앞으로 해야 할 일들의 방식을 아주 조금 다른 관점에서 한다면 충분합니다. 스스로에만 너무 몰입하지 않고 우리가 영향을 끼칠 수 있는 사람들의 생활에 조금 더 집중하는 것. 그들의 필요와 삶을 통해 존재 이유를 만들어 가는 것. 그것이 바로 스타트업에게 필요한 브랜드적 관점입니다. 이제 막 출발선에 선 많은 스타트업들의 열정과 도전이 우리의 매일을 더욱 풍요롭게 할 매력적인 브랜드로 남아 주기를 바랍니다.

브랜드 정체성에 담긴 분명한 지향점이야말로 팀을 가장 돋보이게 하는 스타트업의 경쟁력이다.

공공 브랜딩

*

브랜드와 브랜딩은 공공 부문에서도 중요한 의미와 가치를 가집니다. 공공(公共)의 이익을 목적으로 존재하는 영역을 우리는 공공 부문이라 부르죠. 국가나 지자체, 정부의 투자나 출자, 또는 재정 지원 등으로 설립·운영되는 기관들로 구성되고, 그들의 활동으로 작동되는 영역입니다. 공공, 즉 국가나 사회를 이루는 구성원들의 이익을 목적으로 존재하기에 우리 모두는 공공 부문의 고객입니다. 게다가 공공 부문은 우리의 세금으로 운영되고 유지되기 때문에 우리는 고객인 동시에 주주이기도 한 셈이죠. 따라서 사회 구성원들의 이익 증진을 위해 존재하는 공공 부문이 수행하는 모든 활동들은 필연적으로 고객이자 주주인 우리들의 삶에 긍정적인 영향을 미치는 실체여야만 하며, 동시에 더 나은 미래를 짚어 내는 전략이어야 함은 당연합니다. 따라서 어떻게 보면 민간 부문보다 더욱 중요한 의미와 가치를 가지며, 보다 높은 수준의 책임을 지녀야 하는 것이 공공 부문의 브랜드와 브랜딩일지도 모릅니다.

고객이자 주주인 여러분들, 그런데 여기 문제가 하나 있는 것 같습니다. 여러분들은 공공 부문에서 활동하고 있는 브랜드들을 얼마나 알고 계신가요? 지금 머릿속에 바로 떠올릴 수 있는 브랜드가 있으신가요? 각자 하고 계신 일이나 관심도에 따라서 다소간 차이는 있겠지만, 우리가 일상적으로 인지하고 있거나 필요할 때 쉽사리 연상 가능한 공공 부문의 브랜드들은 생각보다 많지 않은 것 같습니다. 왜 그런 것일까요? 고객이자 주주로서 우리가 그간 공공 부문에 너무 무관심했던 것일까요? 아니면, 우리 삶에 긍정적 영향을 미치는 실체로 존재해야 마땅할 공공 부문의 브랜드들이 영 시원치 않았던 것일까요?

어떻게든 사람들의 일상에 비집고 들어와 매력을 발산하며 존재의 의미를 찾아야 하는 것이 브랜드의 숙명이라면, 공공 부문의 브랜딩에 대한 문제의 원인을 고객이자 주주인 우리들에게 돌리는 것은 바람직하지 않아 보입니다. 냉정하게 들릴지도 모르겠습니다만, 결국 공공 부문 브랜드들의 심사숙고와 자아성찰이 시급한 때입니다.

뭉뚱그려 '공공 부문의 브랜드'라고 표현했는데요. 국가나 사회 구성원들과 두루 관계되는 것이 곧 공공이기 때문에, 공공 부문에서 생각해 볼 수 있는 브랜딩의 범주는 무척이나 넓고 다양할 수밖에 없습니다. 따라서 이 책에서는 공공 부문의 수요자와 공급자 모두에게 의미가 있으면서도 동시에 직접적 관련성이 높은 부분에 초점을 맞추어 이야기를 해 볼 생각인데요. 바로 우리가 살아가고 있는 공간인 '지역'을 브랜딩하는 일, 소위 '지역 브랜딩'에 대해서 살펴보고자 합니다. 참고로 브랜딩을 하는 대상 지역의 유형에 따라 '국가 브랜딩' 또는 '도시 브랜딩'이라는 용어들이 흔히 사용되고 있는데요. 국가보다 작은 단위 지역을 도시로 총칭할 경우 농촌이나 섬과 같이 지역 형태적으로 도시가 아닌 단위 지역은 브랜딩의 대상으로부터 제외된다고 오인될 수 있어 이 책에서는 지역 브랜딩이란 용어를 사용하도록 하겠습니다.

공공 부문의 수요자에게 지역은 말 그대로 삶의 터전이죠. 일하며 놀고, 배우고, 아이를 키우는. 때문에 우리 지역이 우리의 삶에 긍정적인 영향을 미칠 수 있는 존재가 된다면 더할 나위 없이 좋은 일일 것입니다. 동시에 지역은 공공 부문의 공급자에게는 그 속성상 일종의 상품과 별반 다르지 않습니다. 잠재 수요자들에게 효용을 팔아야 하는 상품 말이죠. 지역의 유지와 발전을 위해 지역은 학교를 유치하고, 기업을 유치해야 합니다. 투자도 유치해야 할 것이고요. 타 지역으로부터 또는 다른 나라로부터 관광객도 유치해야 하겠죠. 따라서 지역 브랜딩은 공공 부문의 수요자와 공급자 모두의 이익을 위해 세심하게 접근될 필요성이 높다 하겠습니다.

우리가 삶을 영위하고 있는 터전으로서의 공간은 이미 오래전부터 브랜딩의 대상으로 여겨져 왔습니다. 아마도 국가 브랜드나 도시 브랜드 같은 용어를 심심찮게 들어 보셨으리라 생각합니다. 우리에게 너무나 익숙한 'I♥NY'이 어느새 불혹을 훌쩍 넘어 50살이 다 되어가는 브랜드라는 사실, 여러분들은 알고 계셨나요?

국가 또는 도시 등 특정 단위 지역을 대상으로 하는 소위 지역 브랜딩은 통상 해당 지역을 살고 싶고, 방문하고 싶고, 투자하고 싶고, 비즈니스 하고 싶은, 종합하자면 삶의 공간으로서 경쟁력이 가득한 곳으로 인식되도록 하기 위한 목적으로 추진되기 마련입니다. 지역 브랜딩이 언급될 때면 늘 뉴욕, 코펜하겐, 암스테르담, 멜버른 등 해외 유수의 도시들이 선진 사례로 거론되고는 하는데, 이들 도시들이 대체로 전 세계 많은 사람들의 크고 작은 동경을 받고 있는 현실을 보면 일단 지역 브랜딩이라는 것이 가지는 활용 가치와 실효성에 대해서는 달리 의문을 제기할 필요성이 크지 않아 보입니다.

한국에서도 이미 크고 작은 도시들이 삶을 위한 공간으로서 저마다의 경쟁력을 대내외적으로 어필하기 위해 도시 브랜드들을 개발하여 활용해 오고 있는데요.

서울특별시 도시 브랜드	대전광역시 도시 브랜드	인천광역시 도시 브랜드	울산광역시 도시 브랜드	대구광역시 도시 브랜드
I·SEOUL·U 너와 나의 서울	Daejeon is U	all ways INCHEON 모든 길은 인천으로 통한다	U ULSAN THE RISING CITY	자유와 활력이 넘치는 파워풀 대구 POWERFUL DAEGU
광주광역시 도시 브랜드	제주특별자치도 도시 브랜드	경기도 도시 브랜드	수원시 CI	성남시 CI
광주광역시 GWANGJU CITY	Only Jeju ISLAND	GO GREAT GYEONGGI	수원특례시	성남시 Seongnam City
의정부시 도시 브랜드	안양시 도시 브랜드	부천시 도시 브랜드	강원도 CI	춘천시 도시 브랜드
의정부 행복 특별시	스마트안양	Fantasia 판타지아 부천	강원도 GANGWON PROVINCE	춘천시 City of ChunCheon
원주시 도시 브랜드	강릉시 도시 브랜드	동해시 도시 브랜드	태백시 도시 브랜드	충청북도 도시 브랜드
다이내믹 Wonju Healthy Wonju	솔향강릉 PINE CITY GANG NEUNG	動트는 동해 Sunrise City	Always Taebaek	생명과 충북 태양의 땅 Chungbuk, Land of Life and Sun
청주시 CI	충주시 도시 브랜드	제천시 도시 브랜드	보은군 도시 브랜드	옥천군 도시 브랜드
청주시 CHEONGJU CITY	Good충주 Chungju	자연치유도시 제천 HEALING CITY JECHON	참 좋아요 보은	your 옥천
충청남도 CI	당진시 CI	천안시 CI	공주시 도시 브랜드	보령시 도시 브랜드
충청남도	Energetic Dangjin 당진 당진	천안시 CHEONAN CITY	흥미진진 공주	만세보령

아산시 도시 브랜드	전라북도 도시 브랜드	전주시 도시 브랜드	군산시 도시 브랜드	익산시 도시 브랜드
Smart Asan	전라북도	한바탕전주 세계를 바꾸다	물빛희망 군산	Amazing IKSAN
정읍시 CI	남원시 도시 브랜드	전라남도 도시 브랜드	목포시 도시 브랜드	여수시 도시 브랜드
정읍시	춘향남원 사랑의 1번지	생명의 땅 으뜸 전남 Land of Life, Best Jeonnam	낭만항구 목포 ROMANTIC PORT MOKPO	섬감여수
순천시 CI	나주시 CI	광양시 도시 브랜드	경상북도 도시 브랜드	포항시 도시 브랜드
순천시 Suncheon-si	NA JU	감동시대, 따뜻한 광양	경북의 힘으로 새로운 대한민국	powerful pohang
경주시 도시 브랜드	안동시 CI	구미시 CI	영주시 CI	경상남도 도시 브랜드
Golden City Gyeongju	안동시	Yes Gumi	영주시 YEONGJU CITY	Bravo Gyeongnam
창원시 도시 브랜드	진주시 도시 브랜드	통영시 도시 브랜드	사천시 도시 브랜드	김해시 도시 브랜드
plus CHANGWON 플러스 창원	참 진주 CHARM JINJU	바다의 땅, 통영	하늘과 바다의 사천 Sacheon	김해

출처: 각 지방자치단체 홈페이지

국내에도 정말 많은 지역 브랜드들이 있었네요. 고객의 마음으로 한번 쭉 둘러볼까요? 친숙한 곳들부터 시작을 해 보죠. 여러분들이 지금 살고 계시거나 이전에 한번이라도 경험해 보신 곳—학교나 직장을 다녔거나, 군복무를 하셨을 수도 있고, 여행의 기억을 간직한 곳일 수도 있을 텐데요. 한번 쭉 둘러보셨으면, 이제 조금 더 시야를 넓혀서 대한민국 구석구석의 브랜드들에게도 한번 눈길을 보내 봅시다.

그러고 보니 우리는 예고조차 없던 코로나 시대를 맞닥뜨리면서 꽤 오랜 기간 해외여행의 기회를 잃었죠. 사회적으로 거리를 두며 살아야 했던 우리는 사실 그 덕에 국내 구석구석을 탐색해 볼 수 있는 뜻밖의 기회를 갖게 되는데요. 제가 종종 방문하는 여행 커뮤니티를 둘러보니 "국내에 이렇게 아름다운 곳이 많았는지 코로나 이전에는 미처 몰랐다"는 류의 리뷰와 이에 공감하는 댓글들을 자주 볼 수 있었던 것 같습니다. 최근 여러분들이 다녀오셨던, 좋은 기억으로 갈무리해 놓은 곳들도 찬찬히 둘러봐 주시면 좋을 것 같습니다.

이제 한번 함께 생각해 봅시다. 친숙한 곳들의 브랜드는 여러분들의 오랜 기억과 추억, 그리고 향수에 어긋나지 않는 공감의 메시지를 던지고 있나요? 신선하고 좋은 기억으로 각인된 곳들의 브랜드들은 다시 한번 당시의 경험과 감정을 연상시키며 다가오고 있는지요? 혹은, 지금까지는 조금의 경험도 공유하지 않았지만 작게나마 궁금증이나 호기심을 불러일으키는 브랜드가 있으신가요? 그런 분들도, 또 그렇지 않은 분들도 계시리라 생각합니다. 그런 분들이 많으면 좋겠습니다만, 국내의 지역 브랜드들을 하나씩 둘러보면 전반적으로 아쉽게 다가오는 지점이 있습니다.

첫 번째 아쉬움은 우리의 지역 브랜드들이 하나같이 대화가 서툰 욕심꾸러기처럼 보인다는 점입니다. 기차역 등에 붙어있는 지역 홍보 포스터, 한 번쯤 본 적 있으시죠? "우리 지역은요, 어마무시한 역사와 전통을 가지고 있어요. 이곳 사람들은 엄청 창의적이죠. 이렇게 맛있는 특산물도 있답니다. 사통팔달 연결되는 교통망도 있지 뭐예요." 스스로 자랑스럽게 생각하는 지역의 자산들을 하나도 놓치지 않겠다는 자세로 단 하나의 지역 브랜드 안에 꾸역꾸역 담다 보니, 안타깝게도 자기 말만 실컷 하는 브랜드, 역설적으로 무엇 하나 마음에 콕 하고 와닿는 것이 부족한 브랜드처럼 보입니다.

작은 도시라도 그 안에는 무척이나 다양하고 다채로운 삶이 담겨 있습니다. 주민의 삶이 있고, 여행객을 포함한 방문객의 삶이 있으며, 투자자 혹은 기업의 삶이 있죠. 이들 각 이해관계자들의 삶의 모습도 그 안에서 각기 다른 모습을 띄고 있습니다. 지역의 규모가 커지면 삶의 다양성과 다채로움은 비례해서 커지고 복잡해질 것이고요. 굳이 유명 건축가나 도시 전문가의 말을 빌리지 않더라도 우리는 도시와 같은 삶의 공간이 결국 유기체와 같은 존재라는 사실을 매일매일 피부로 느끼며 살고 있습니다. 결국 지역을 대변하는 브랜드는 결코 단순화하기 어려운, 실로 다양하고 다채로운 필요needs와 욕망desires을 마주해야 하는 존재인 셈이죠. 따라서, 스스로의 관점에 갇혀 자기가 하고 싶은 말만 하는 브랜드, 게다가 다양함과 다채로움의 진가를 이해하지 못한 채 이들을 하나의 그릇에 모두 담고 말겠다는 유혹에 넘어간 브랜드는 온전한 지역 브랜드가 되기 어렵습니다.

또 다른 아쉬움은 이 책의 맨 앞부분에서 언급했던 브랜드와 브랜딩에 대한 오해가 공공 부문에서도 다시 한번 발견된다는 점에 있습니다. 즉, '슬로건이나 로고와 같은 브랜드 요소를 갖추는 일이 곧 브랜딩이다'라는 착각이 지역 브랜드의 면면을 통해 보이는 것 같습니다. 위에서 살펴봤던 한국 곳곳의 지역 브랜드들이 가진 슬로건이나 로고의 품질에 대해서 얘기하고자 하는 것은 아닙니다. 오히려 가장 중요한 부분, 즉 지역 브랜드들이 브랜드 요소를 통해 제시하고 있는 정체성과 가치를 여러 이해관계자들이 경험하고 공감할 수 있도록 실체적인 요소를 충분히 마련해 두었느냐 하는 부분을 지적하지 않을 수 없습니다.

서울을 경험하는 사람들은 과연 무엇을 통해 'I·SEOUL·U'에서 말하는 '너와 나의 서울'을 실감할 수 있는지, 대전과 관계를 맺고 살아가는 사람들은 'Daejeon is U'를 통해 왜 내가 바로 대전인 것인지, '파워풀 대구'를 제시하는 대구는 무엇을 통해 사람들로 하여금 대구가 지닌 가치를 경험하고 공감케 할 수 있는지에 대해 도시 브랜드를 운영하는 사람들은 거침없이 대답할 수 있어야 합니다. 그러한 대답은 도시 브랜드를 대하는 사람들의 이해와 교집합을 이루어야 하며, 그 결과로 공감을 낳을 수 있어야 한다는 전제 조건이 요구됩니다. 그렇지 못한 채 멋들어진 브랜드 요소를 얻는 것에서 브랜딩 작업이 실질적으로 완료될 때 지역 브랜드는 사람들의 외면을 받게 되거나 때로는 희화화의 대상이 될 뿐입니다.

지역 브랜딩이 기대했던 효과를 온전하게 발휘하기 위해서 다양한 조건들이 충족되어야 함은 당연합니다. 그중에는 심지어 운運이라고 하는 것이 일부 역할을 하는 경우도 종종 있죠. 그 다양한 요건들 중 지역 브랜딩을 담당하는 입장에서 의지를 가지고 통제할 수 있는 영역, 그리고 그 안에서도 가장 핵심이라고 생각되는 두 가지 솔루션에 대해 설명드리고자 합니다.

그 첫 번째는, 현재 우리 지역의 실체를 이루고 있는 여러 영역 중 브랜드의 필요성이 시급한 분야를 정의하는 일입니다. 달리 말하면,

현재 우리 지역을 둘러싼 다양한 주제 중 브랜딩의 힘을 빌려 와 대응해야 하는 영역이 무엇인지를 분명하게 선별하는 것이 지역 브랜딩의 출발점이 되어야 하고, 지역의 브랜드와 브랜딩은 그 지점을 향하여 오롯이 집중해야 한다는 뜻입니다.

브랜드가 필요한 영역을 선별하고 이에 집중한다는 말은 곧 정체가 명확한 타깃을 대상으로 그 끝이 뾰족한 브랜딩을 한다는 의미와 같습니다. 젊은 사람들의 지역 유출에 대응하기 위해 브랜딩이 필요한지, 관광객들의 유치를 통한 지역기반산업의 진흥을 위해 브랜딩이 필요한지, 지역에 대한 주민들의 자긍심 고취를 위한 브랜딩이 시급한지, 세계 속의 대도시로 우뚝 자리잡고자 도시의 스타일을 강조하는 브랜딩이 필요한지에 대한 지역 내부의 명확한 필요성과 공감대 위에서 지역 브랜드가 탄생되어야 합니다.

각 지역의 브랜드를 만들고 관리하는 입장에서는 브랜딩이 뾰족할수록 브랜드라는 바구니에 한참을 덜 담은 것 같아 뭔가 허전하고, 끝이 뾰족하다 보니 브랜드의 손길이 닿지 않는 부분이 많을 것 같아서 우려가 클 수도 있습니다. 그러나 그럴수록 지역이라는 삶의 공간은 무수히 많은 필요와 욕망으로 구성되고, 이들 각각이 실타래처럼 복잡하게 얽힌 채 작동하는 유기 생명체라는 사실을 간과해서는 곤란합니다. 지역 브랜드가 명확한 목표를 설정하고 그에 따라 구체적인 타깃을 대상으로 일관된 브랜딩을 전개하여 발생한 효과는 해당 지역이 안고 있는 기타 다른 문제들로 전파될 수 있기 때문입니다. 지역 브랜딩의 대표 사례로 많은 곳에서 언급되고 있는 'I♥NY'의 사례를 보면 이를 좀 더 구체적으로 살펴보실 수 있습니다.

'I♥NY'은 지금으로부터 근 반세기를 거슬러 올라간 1978년에 론칭한 캠페인입니다. 당시, 즉 1960년대 말~1970년대 중반의 뉴욕은 우리가 지금 연상하는 대도시 중의 대도시인 뉴욕과는 전혀 다른 모습이었다고 알려져 있죠. 지역 내 범죄율은 역사상 최고치를 경신 중이었고, 거리는 지독히도 더럽고 지역 커뮤니티는 철저하게 황폐화되었으며, 헤로인과 코카인이 도시를 통째로 집어삼켰습니다. 결코 방문하고 싶지 않은 곳. 당시 뉴욕은 그런 곳이었습니다.

현 ITA 항공의 전신인 이탈리아 국영 항공사 알리탈리아Alitalia가 1971년에 전개한 "Today, New York City disappears(오늘, 뉴욕이 사라집니다)"라는 카피의 광고는 당시의 뉴욕이 사람들에게 어떤 존재로 인식되고 있었는지를 상징적으로 보여 주고 있습니다. 흡사 재난 영화 타이틀과도 같은 카피를 건 이 광고는 알리탈리아가 신규 취항하는 직항 노선을 홍보하는 내용이었는데요. 이탈리아의 수도 로마와 미국 내 주요 도시들―워싱턴DC, 보스턴, 디트로이트, 필라델피아―간 직항 노선의 신규 개설을 사람들에게 가장 효과적으로 전달하기 위해서 알리탈리아의 헤드라인은 당시 해당 노선들의 중간 경유지였던 뉴욕이 노선에서 배제되었다는 부분에 의도적으로 초점을 맞춘 것입니다.

오늘 우리가 아는 뉴욕을 생각한다면 정말 상상하기 쉽지 않은 일인데요. 당시의 뉴욕이 처한 현실이 어느 정도로 참담했는지 조금 더 얘기해 보면 좋을 것 같습니다. 상황이 이러한데 당연히 주州와 시市 차원의 다양한 개혁을 위한 노력들이 이어졌겠죠. 그러나 의도한 효과는 요원할 뿐 재정만 고갈되는 악순환에 허우적거렸고, 결국 시 소속 공무원의 약 6분의 1을 해고한다는 결정이 뒤이었습니다. 청

소원 노조, 교사 노조 등 다양한 직업별 노동조합에서 대규모 해고 결정을 규탄하는 시위가 전방위적으로 이어졌고, 특히 약 1만 1천 명이 일자리를 잃은 경찰은 〈WELCOME TO FEAR CITY: A Survival Guide for Visitors to the City of New York(공포의 도시에 오신 여러분을 환영합니다: 뉴욕시에서 생존하는 법)〉이란 제목의 소책자를 제작하여 뉴욕 공항으로 들어오는 사람들에게 배포했습니다. "Stay off the streets after 6pm(오후 6시 이후에는 거리를 돌아다니지 마세요)"라던가, "Avoid public transportation(대중교통은 피하세요)", "Try not to go out alone(가능한 혼자 외출하는 것은 삼가세요)"과 같은 그야말로 생존을 위한 팁을 담은 해당 소책자는 약 백만 부 이상 배포되었다고 하죠.

그뿐만이 아니었습니다. 〈If You Haven't Been Mugged Yet(아직 한 번도 강도를 당하지 않았다면)〉과 〈When It Happens to You(여러분에게 그런 일이 닥친다면)〉라는 제목의 가이드도 제작되어 뉴욕에 거주하는 사람들에게 배포되었습니다. 뉴욕은 방문객들이 절대적으로 피하고 싶은 도시이자 주민들이 더 이상 애정을 느낄 수 없는 도시였고, 기업들은 썰물같이 빠져나갔습니다. 설사 어떤 일이 발생하더라도 경찰의 도움은 커녕 생존 가이드 책자에 따라 각자도생해야 하는 도시 그 자체였던 것입니다.

뉴욕시를 위한 브랜딩 활동 'I♥NY'은 바로 이러한 상황에서 탄생했습니다. 지역 브랜딩에 대해서는 이제 단골 메뉴를 넘어 사골 메뉴가 된 뉴욕의 사례를 재소환한 이유는, 다름아닌 'I♥NY'의 태생 부분을 재조명할 필요가 있기 때문인데요. 사실 지역 브랜딩을 해야

변화가 절실했던 당시 뉴욕의 참담한 현실을 단적으로 보여 주는 이미지 (출처: The 1975 pamphlet, flickr, islandersal)

하는 관점에서는 부정적 이미지가 스며든 지역이 가장 어려운 대상일 수밖에 없습니다. 한번 형성된 부정적 인식은 웬만한 노력으로는 되돌려지지 않죠. 게다가 유기체와 같은 존재인 지역이라는 삶의 공간은 필연적으로 사람들과 맞닥뜨리는 무수히 많은 접점을 가지게 되는데, 각 접점에서 개별적으로 마주하게 된 나쁜 경험들은 해당 지역에 대한 전반적인 인식을 부정적으로 바꿔 버립니다. 특별히 이유를 말할 순 없지만 특별히 좋은 이미지를 가지지 않았던 사람들의 마음에도 쉽게 불을 지펴 '역시 별로였어'라는 생각을 하게 만들죠.

뉴욕은 그야말로 지역을 이루는 모든 이해관계자들로부터, 그리고 가장 깊은 곳으로부터의 기본적 효용 가치를 상실한 도시였습니다. 변화가 절실했던 당시 뉴욕의 선택은 선택과 집중이었습니다. 즉, 도시가 처한 모든 문제를 동시다발적으로 살피는 대신, 과거 자신들이 영위했던 산업 중 가장 수익성이 좋았던 관광에 집중했습니다. 뉴욕을 그 무엇보다도 방문객들이 다시 찾는 도시로 재건하겠다는 명확한 방향을 설정했고, 바로 그 지점에 브랜드와 브랜딩의 힘을 빌리기로 결정했습니다.

1970년대의 커뮤니케이션 환경에 따라 대대적인 'I♥NY' 캠페인이 집행되었습니다. 당시 뉴욕이 가진 유일한 자산이었던 브로드웨이의 스타들이 대거 등장해 'I♥NY'을 주제로 노래했습니다. 지금은 전세계 사람들이 동경하는 뉴욕을 대표하는 도시 브랜드가 탄생하게 된 결정적 순간이었다고 해도 과언이 아닌데요. 캠페인의 효과는 즉각적이었다고 하죠. 'I♥NY' TV 광고 방영 직후 약 10만 건에 달하는 관광 브로슈어 요청이 들어왔고, 뉴욕시 소재 호텔 객실 사용률은 90%에 달했으며, 캠페인 집행 첫해 뉴욕시의 관광 수입은 전년 대비

20%나 급증했습니다. 'I♥NY'이 새겨진 티셔츠 등 각종 상품들을 뉴욕 어디서나 만날 수 있게 되었고, 항공사들도 해당 문구를 자사 광고에 활용하기도 했습니다. 뉴욕은 그 이듬해 캠페인 예산을 2배 이상 늘려야 했고요.

보다 중요한 사실은, 'I♥NY'이 관광 캠페인으로서 만들어 낸 변화가 비단 방문객들에게만 해당하는 이야기는 아니었다는 점입니다. 뉴욕을 관찰자 시점으로 바라보는 사람들이 먼저 경험하기 시작한 변화는 뉴욕을 삶의 터전으로 살아가는 사람들, 즉 뉴요커New Yorkers들의 내면 깊숙한 곳까지 깨우기 시작했죠. 우리가 흔히 '국뽕'이라고 부르는 그 감정 상태처럼, 뉴욕의 사람들도 자신들이 살아가고 있는 도시에 대한 애정과 자부심, 즉 '뉴욕뽕'을 재발견하게 되었습니다.

'I♥NY' 로고를 디자인했던 밀턴 글레이저Milton Glaser가 잡지 〈더 빌리버The Believer〉와 진행했던 인터뷰에 이렇게 언급한 부분이 있는데요. "이 더러운 도시, 쓰레기 같은 곳에서 매일 개똥을 밟고 다니는 것이 아무렇지 않았던 사람들이 어느 날 '이곳은 우리 도시야. 이제 되찾고 말겠어. 우리는 이제 이런 일이 일어나는 것을 더 이상 용납할 수 없어'라고 말하기 시작했다." 당시 뉴욕과 뉴요커들에게 만연했던 패배주의적 태도에 비춰볼 때 이러한 변화는 놀라울 정도여서, 당시 다양한 매체에서는 "거의 하룻밤 사이에 뉴욕 사람들에게 놀라운 행동의 변화behavioral shift가 일어났다"고 묘사할 정도였습니다.

다시 한번 강조해도 모자라지 않을 것 같습니다. 지역 '브랜딩은 도시와 같은 삶의 공간을 브랜딩하는 일입니다. 삶의 공간은 유기체

와 같아서 일반적인 상품이나 서비스와 같이 전체를 하나의 브랜드 가치로 수렴하고자 하는 일은 결국 지역 브랜드에 아무것도 담지 않은 것과 같을 뿐이라는 사실을 꼭 기억하셨으면 좋겠습니다.

브랜딩의 힘이 필요한 영역을 선별해 내어 분명하게 정의하고 나면, 지역 브랜드가 관계를 맺어야 할 대상, 즉 타깃이 드러납니다. 이들을 위해 지역 브랜드에 어떠한 가치를 담을 것인지 결정하는 것이 언제나 출발점이어야 하며, 지역 브랜딩은 그 지점을 향해 집요하게 추진되어야 합니다. 그렇게 시작되어 만들어 낸 브랜딩의 힘은 결코 그 분야 안에서만 머물지 않고, 지역의 다른 영역으로 전파되어 기대하지 못한 파급효과를 만들어 낼 수 있습니다.

효과적인 지역 브랜딩을 위해 기억해야 할 두 번째 솔루션은 바로 브랜드 경험 요소의 발굴입니다. 브랜드 경험 요소는 브랜드 가치를 실체적 가치로 전환시켜 주는 역할을 합니다. 지역 브랜드의 존재이유와 타깃이 분명해졌다면 이러한 경험 요소들을 마련하는 데 모든 수단과 자원을 총동원해야 합니다. 사실 두 번째 솔루션은 바로 위에서 언급했던 첫 번째 솔루션과 이어지는 부분입니다만, 실질적으로두 번째 솔루션인 브랜드 경험 요소의 발굴은 역으로 첫 번째 솔루션인 지역 브랜드의 존재 이유와 선명한 가치를 설정하는 과정에 중요한 단서로서 역할을 하게 됩니다.

다시 말하면, 브랜딩의 힘을 빌려 올 영역을 검토하는 단계에서는 검토 대상 영역들이 지니고 있는 다양한 문제들의 크고 작음이나, 또는 어느 영역의 이슈들이 보다 시급한 해결을 필요로 하는지를 중요하게 고려하게 되겠죠. 그런데 이와 함께 현실적으로는 브랜딩의 필요성을 검토 중인 각 영역들이 이미 확보하고 있는 경험 요소가 어느 정도의 수준인지, 또한 필요하다면 새로운 경험 요소들의 개발 가능성은 얼마나 타당한지에 대한 관점에서도 확인이 필요하다는 것입니다.

아쉽지만 통상 지역 브랜딩을 담당하고 있는 조직들은 대부분 충분한 예산을 확보하고 있지 못한 경우가 일반적이기 때문에, 보다 실효성 있는 지역 브랜딩을 추진하기 위해서는 이를 뒷받침할 경험 요소들이 어느 정도 확보되었거나 또는 개발 가능성이 확인된 영역을 선정하는 것이 유효할 수 있습니다. 지역의 브랜딩 담당 조직이 처한 현실적 여건을 고려할 때, 첫 번째 솔루션을 추진하는 과정에 두 번째 솔루션이 중요한 단서로 활용되지 못할 경우 지역 브랜딩은 자칫 경험 가능한 실체가 아닌, 도시를 상징하는 슬로건이나 로고와 같은 브랜드 요소에 그칠 수 있습니다.

브랜드 경험 요소의 발굴은 지역 브랜딩의 실효성을 담보하기 위한 중요한 전제 조건이 되는 만큼, 가상의 상황을 임의로 설정하여 함께 간단한 연습을 해 보면 조금 더 쉽게 이해가 될 수 있을 것 같은데요. 이제부터 여러분들을 광주광역시의 도시 브랜딩 담당자라고 가정해 보겠습니다. 노파심으로 말씀드립니다만, 광주는 임의로 선정된 예시일 뿐 어떤 특별한 이유나 목적을 갖고 선정하지 않았습니다. 특히 이 내용이 광주광역시가 반드시 지향해야하는 올바른 방향성임을 말하고자 하는 것도, 여러분의 의견을 꼭 이 주제에 모아 보기 위함도 아님을 알려드립니다. 지역 브랜딩을 위해 이러한 흐름으로 생각해 보면 좋겠다는 예시로 활용하고자 함이니 참고하여 읽어 주세요.

지난 2022년 5월 CMB 광주방송 뉴스를 보니 지역의 인구 순유출이 지속되고 있고, 호남통계청에 따르면 연령대별로는 20대에서 가장 많은 인구 유출이 있었다고 합니다. 젊은 사람들의 지역 유출은 결국 지역의 전반적인 활력 저해로 이어지죠. 따라서, 여러분들은 지역 내 젊은 층의 유출 방지를 목적으로 브랜딩의 힘을 빌려 보기로 결정했습니다.

통계청 자료들을 좀 더 꼼꼼히 살펴보니 젊은 층의 유출은 대부분 진학이나 취업을 목적으로 이뤄지고 있음을 알 수 있었는데요. 그런데 이러한 경향은 서울이나 경기 등을 제외한 대부분의 지방자치단체들이 겪고 있는 공통적 문제 중 하나라는 사실도 확인할 수 있었습니다. 진학과 취업을 목적으로 한 지역 유출 현상을 통해, 젊은 층의 필요 또는 욕구는 개인에 따라 표면상 다양한 형태를 지니고 있으나 본질적으로는 '자기 경쟁력의 강화'로 수렴됨을 발견했습니다. 즉, 젊은 층은 광주 소재 대학이나 일자리들 대비 동일한 시간과 노력을 쏟았을 때 스스로 더 나은 경쟁력 확보가 가능한 지역을 찾아간다는 것입니다.

이 지점에서 여러분들은 지역 브랜딩의 담당자로서 막막함을 느끼게 될지도 모릅니다. 광주 소재 대학들과 기업들의 경쟁력을 높이는 일은 통제 가능하지도 않으며, 단기간 내 이루어 내기란 사실상 불가능한 일이기 때문이겠죠. 따라서 요새 젊은 세대들의 특성을 조금 더 깊숙하게 들여다보기로 했습니다. 그 결과 그들은 가치 소비라는 용어를 통해 흔히 언급되고 있는 것처럼, 자신들이 지향하는 가치를 소중히 여기며 쉽게 타협하지 않으려는 성향이 있음을 알게 되었고 실제로 많은 기업들이 소위 MZ세대들과 소통하기 위해 이러한 세대적 특성에 집중한다는 것을 파악했습니다.

　이제 우리 지역이 지닌 자산에 대해 생각해 봅니다. 대선이나 총선같이 굵직한 선거 때만 되면 우리 지역은 항상 단일의 목소리를 일관된 방식으로 내는 것으로 화제의 중심에 섰음을 떠올렸습니다. 이러한 기억은 5·18 광주 민주화운동으로 상징되는, 헌정질서 파괴와 부당한 공권력 행사에 대한 불굴의 저항 정신, 그리고 민주주의의 수호라는 숭고한 가치가 남녀노소를 불문하고 대를 이어 지역 DNA로 내재화 되었다는 깨달음으로 확장되었습니다. '광주의 가치는 곧 저항 정신이며, 저항의 가치는 곧 광주'라는 명제가 전혀 어색하지 않았고, 대다수의 한국인들이 수용할 수 있는 지역의 본질적 가치라는 발견에 확신이 생겼습니다.

　확신이 생긴 김에 이제 우리 지역의 본질적 가치를 경험해 볼 수 있는 요소로는 무엇이 있는지 검색을 해 봅니다. 유네스코 세계기록유산으로 등재된 광주의 민주화운동 기록물들을 소중하게 보전하고 있는 5·18 민주화운동기록관과 광주 국립5·18민주묘지가 있죠. 그 어느 곳 못지않게 소중한 역사적 가치를 지닌 곳들임에는 틀림이 없으나 젊은 세대들의 지역 유출 방지를 도모하기 위한 목적에 비춰 볼 때 아쉽지만 경험 컨텐츠로는 충분치 않아 보입니다. 그 외에는 이거다 싶은 것이 잘 떠오르지 않아 답답한 상황입니다. 지역의 본질적 자산에 대해 조금 더 깊이 생각해 보기로 합니다.

　저항의 가치는 역사적으로 곧 새로운 무언가의 탄생으로 이어진다는, 이른바 강력한 생명력을 가진 혁신의 뿌리였다는 1차 해석에 도달했습니다. 사회 부조리에 대한 비판과 억압에 대한 해방의 움직

임은 록rock 음악을 낳았고, 차별받는 흑인들의 저항 속에서 힙합hip hop이 탄생했던 것처럼 말이죠. 충분한 시간을 갖고 진행한 추가 리서치를 통해 1차 해석이 유효하다는 자신감을 갖게 되었는데요. 바로 혁신의 아이콘인 애플의 유명한 'Think Different' 광고가 결정적 역할을 한 것입니다. 아인슈타인, 밥 딜런, 마틴 루터 킹, 리차드 브랜슨, 존 레논, 토마스 에디슨, 무하마드 알리, 마하트마 간디, 알프레드 히치콕, 짐 헨슨, 테드 터너, 파블로 피카소가 등장하는 그 광고 말이죠.

애플은 소위 혁명가, 반항아, 부적응자로 불리던 이들이 바로 세상을 바꾸고 인류를 진보시킨 사람들이라며 전적인 존경심을 표하고 롤모델로 삼았습니다. 이것을 보며 광주의 DNA는 곧 그간 우리 사회의 다양한 분야에서 의심의 여지없이 당연하게 받아들여져 온 것들을 새롭게 바라볼 수 있는 관점, 그리고 이를 통해 더 나은 가치를 태동시킬 수 있는 강인한 생명력으로 확장하여 정의할 수 있었습니다.

지역의 본질이 선명하게 정리되고 나니, 시선은 자연스럽게 다시 광주의 지역 브랜드가 관계를 맺어야 할 타깃으로 향합니다. 그들은 진학 또는 취업이라는 현실적 필요가 분명한 사람들이었죠. 그러나 광주는 그들 중에서도 자신만의 확고한 관점을 가지고 대중들의 보편적이며 다소 세속적인 가치를 지향하기보다는 개인만의 핵심 가치를 우선시하는 사람들과 관계를 맺어야 한다는 방향성을 발견하게 되었습니다. 이들이야말로 광주의 본질적 DNA와 교집합을 만들어 낼 수 있는 사람들이기 때문이죠. 이제 그들을 위한 충분한 경험 요소를 발굴할 수 있다면 교집합은 보다 온전해질 것입니다.

자신이 지향하는 가치를 지키면서도 진학과 취업이라는 현실적 필요를 충족하고자 하는 이들이 광주를 선택하도록 하기 위해 우리는 무엇을 제공할 수 있을 것인가라는 문제가 남게 되는데요. 검토를 해보니 광주에는 7개의 대학이 있고, 첨단 산업단지 조성에 가려진 노후 산업단지도 있습니다. 문화예술 분야에 집중하여 경험 요소들을 발굴하는 것으로 옵션을 좁혔다고 해 봅시다.

광주광역시는 지역 내 대학 및 노후 산업단지들과 필요한 협약을 맺고, 지역을 포함한 전국의 비주류 문화예술가들의 창작 활동을 지원하기 위한 인프라를 조성하기로 했습니다. 노후 산업단지의 일부를 비주류 문화예술가들의 창작 활동을 위한 단지로 개조하기로 합의한 것입니다. 또한 지역 내 폐교들의 리모델링을 통해 창작과 소통이 가능한 공간으로 조성하는 한편, 문화적으로 소외되기 쉬운 지역 주민들까지 고려한 지역 인프라로 활용하게 되었습니다.

지역 소재 대학들에도 관련 학과를 개설함으로써 비주류 문화예술가들이 신진 문화예술가들을 육성하고 발굴할 수 있는 특화 교육의 장으로 조성하고, 졸업 이후에는 지역 내 특화 인프라로 연계되어 창작활동과 관련된 A to Z를 소화할 수 있도록 유관기관들과 협의를 마쳤습니다. 창작과 소통, 새로운 재능의 육성과 발굴이 선순환 구조를 띠게 되는 시점에는 지역 내 문화예술 컨텐츠와 관광이 연계된 다양한 컨셉의 여행 프로그램은 물론, 인디 문화 중심의 영화제나 페스티벌로 확장을 할 계획입니다.

이렇게 브랜드 경험 요소들에 대한 윤곽이 구체성을 가지고 드러나면, 이제 앞서 정의했던 지역의 본질을 분명하게 상징할 수 있는 브랜드의 정체성과 함께 대내외 커뮤니케이션을 위한 브랜드 요소를 보다 효과적으로 개발할 수 있을 것입니다.

그림 6 광주광역시 지역 브랜딩을 위한 접근 프레임워크

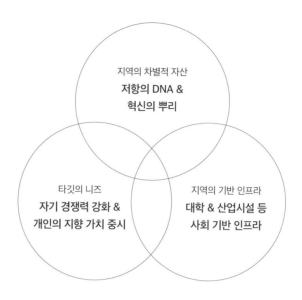

지역의 차별적 자산
저항의 DNA &
혁신의 뿌리

타깃의 니즈
자기 경쟁력 강화 &
개인의 지향 가치 중시

지역의 기반 인프라
대학 & 산업시설 등
사회 기반 인프라

　　지금까지 여러분들과 함께 브랜드 경험 요소 발굴을 위한 간단한 연습을 해 보았는데요. 어떤 요소를 발굴했느냐 못지않게 어떻게 발굴했느냐가 중요하다는 점을 강조하고 싶습니다. 브랜드 경험 요소의 모태가 될 지역의 차별적 자산을 탐색하는 과정과, 브랜드 경험 요소를 향유할 타깃의 특성을 탐색하는 과정이 1차원적이어서는 곤란합니다. 지역의 자산과 타깃의 니즈, 그리고 지역이 보유한 컨텐츠 요소들이 서로 의미 있는 교집합을 구성하는 그 순간까지 각각의 요소들을 다차원적으로, 그리고 집요하게 탐색하는 것이 중요합니다. 그리고 여기서 말하는 교집합의 유의미성은 지역 브랜드를 개발하고 관리하는 사람이 아닌, 지역 브랜드를 향유하게 될 사람들의 관점에서 확보되어야 함을 꼭 잊지 않았으면 합니다.

코로나로 발이 묶인 세계인들은 집에 있는 그 시간동안 K-콘텐츠의 새로운 매력에 빠져들었습니다. 한국으로의 여행 수요가 엄청나게 증가하고 있다고 하네요. 한국에 대한 관심과 호감의 증가는 분명 우리의 크고 작은 도시들이 지역 브랜딩을 추진하기에 유리한 여건과 기회를 조성해 주고 있습니다. 존재의 이유와 대상이 명확하게 정의된 브랜드, 멋들어진 요소에 그치지 않고 경험 요소로 브랜드의 가치를 실체화하는 브랜딩을 통해 우리의 도시들도 뉴욕과 같이 나름의 독자적 이미지로 연상되는 도시로 탈바꿈되기를 기대합니다.

매력적으로 개발된 스타트업 브랜드와 공공 브랜드가 우리의 매일을 더욱 풍요롭게 해 주기를 바랍니다.

닫는 글

이제 이 책을 마치며, 이 책의 쓰임에 대해 다시 한번 생각해 보았습니다. 그간 함께 일해 온 기업의 담당자님들과, 브랜드/브랜딩이라는 주제로 고민하고 계신 아직 만나 뵙지 못한 많은 분들에게 전하고 싶은 이야기를 간단하게 추려 보면 좋겠다는 생각을 했습니다. 저희의 경험이 절대적인 것은 아니지만 누구보다 매일을 브랜드와 브랜딩에 꽂혀 살았기 때문에 이 글을 읽으시는 분들이 스스로의 생각을 공고히 해 나감에 있어 아주 작은 힌트라도 될 수 있지 않을까 하는 마음으로요.

내가 생각하는 브랜딩

권병욱 | 브랜드를 브랜드로 만드는 일이 곧 브랜딩이라고 생각해요. 부를 수 있는 이름이 있고 식별할 수 있는 로고가 있다면 일단은 브랜

284

드죠. 브랜드로서의 외관을 갖추었으니까요. 하지만 사람들은 그것을 브랜드로 여겨 주지 않아요. 물론 귀에 꽂히는 이름 때문에, 또는 시선을 끄는 로고 때문에 간혹 눈길은 받을 수도 있겠죠. 하지만 그렇게 스쳐 지나갈 뿐 인연은 아닐 것입니다. 부담스럽지 않게 다가가서, 관심을 끄는 생각과 말을 건네고, 건넨 생각과 말로 호감을 얻고, 호감을 넘어 공감을 사고, 공감을 통해 인정과 신뢰를 받고, 그래서 내일의 약속을 잡을 수 있을 때 비로소 브랜드는 브랜드가 됩니다. 이 모든 과정을 브랜딩이라고 부를 수 있는 것이죠.

　　브랜딩은 곧 관점입니다. 기업만 브랜딩을 하는 것은 아니지만 가장 많이 하는 주체인 것은 맞으니 우리 잠시 기업에 대해서 생각해 볼까요? 기업은 사업을 합니다. 따라서 사업적 관점에서 기업은 곧 사업체지요. 그런데 브랜딩 관점에서 보면 기업은 그저 사람들과 함께 호흡하며 살아가는 존재, 사람인 듯 사람 아닌 사람 같은 너입니다. 예전 학부 때 법을 공부했었는데요. 상법 시간에 '법인法人'이란 개념에 대한 설명을 듣고 신기해했던 기억이 납니다. 기업과 같은 존재에 법으로 인격을 부여해서 마치 사람과 같이 권리와 의무의 주체가 될 수 있는 지위를 인정해 주다니!
　　물론 전혀 다른 배경과 목적에서 탄생한 개념이지만, 기업을 인격을 가진 사람처럼 대해 준다는 것은 기본적으로 브랜딩의 관점과 닮았습니다. 기업을 사업체로 보는 사업적 관점에서 경영이란 사업체를 위해 돈을 벌어들이는 일체의 활동일 것입니다. 반면, 기업을 사람으로 생각하는 브랜딩 관점에서 경영은 바로 사람들에게 의미 있는 존재가 되기 위한 일련의 활동에 가깝습니다. 자연히 사업적 관점에서 고객은 곧 '시장'이고, 브랜딩 관점에서는 '사람'입니다.

　고객을 시장으로 보게 되면 관심사는 그들의 구매력에 집중되게 됩니다. 구매력을 기준으로 고객들을 이렇게도 나눠 보고 저렇게도 나눠 보면서 접근해야 할 우선순위를 가리게 되죠. 반면에 사람으로 보면요. 물론 구매력도 보게 되지만 그 외의 더 많은 것들이 눈에 들어오게 됩니다. 소위 라이프스타일 같은 것이죠. 그들은 무엇을 좋아하고, 어떠한 가치를 중요하게 생각하며, 사람들과 어울릴 땐 어디서 무엇을 하며 시간을 보내는지, 혼자만의 시간은 어떻게 소비하는지 같은 것들이죠.

　그러므로 사업적 관점으로 경영하는 기업가는 '1등 기업'을 꿈꾸고, 브랜딩 관점을 가진 기업가는 '우리다움'을 지향하게 됩니다. 이와 같이 기업이 스스로를 인격과 철학을 가진 존재로 생각하고, 시장을 고객보다는 사람으로 바라보고, 1등보다는 나다움을 추구하는 관점을 가지면, 브랜딩이란 것이 달리 있는 것이 아니에요. 모든 기업 활동이 곧 브랜딩이 됩니다. 따라서 무엇보다 CEO를 포함한 경영진들이 브랜딩적 관점을 갖는 것이 필수적이라고 강조해야 할 것 같아요. 의사결정 역시 곧 관점이기 때문이고, 주요한 의사결정들이 일관된 관점에 따라 거듭 반복되면 이는 곧 임직원들이 생각하고 일하는 방식에 영향을 주는 가이드라인의 역할을 하게 되기 때문입니다. 즉, 가장 효과적인 브랜드 내재화의 동력이 되는 것이죠.

양봄내음 | 저는 이렇게 말해 볼게요. 제가 하는 일이 브랜딩이라는 것을 알고 있는 지인들이 새로운 사업의 시작을 준비하는 과정에서 고민을 털어놓는 경우가 종종 있거든요. 브랜드에 대한 것들을 너무나

어렵게 생각하는 사람들이 많더라고요. 왜 이 일이어야 하는지, 어떤 점들을 강조하고 싶은지… 그만의 철학과 그를 실현시킬 수 있는 실질적인 생각, 그리고 열정이 가득한 이야기들을 듣다 보면 덩달아 기대감이 높아지는데, 브랜드에 대한 것으로 주제가 넘어오면 유독 자신 없는 모습을 보이는 거죠. 그래서 이름은 이렇게, 디자인은 이런 느낌으로 하려고 하는데 어떤 것 같냐면서 전문가의 평가를 바라요. 프로젝트를 하다가 가까워진 고객사 담당자분들도 그런 식의 질문을 많이 하세요. 전문가의 눈으로 볼 때 어떤 브랜드가 잘하는 것 같은지, 어떤 브랜드가 눈에 띄는지 같은 그야말로 '평가'를 바라는 질문들.

정말 전문가의 입장에서 답하자면 브랜드 그 자체와 브랜딩은 구분해서 평가되어야 해요. 브랜드의 위상이란 브랜딩의 결과이고, 브랜드마다 브랜딩의 맥락은 너무 달라서 브랜딩이 이루어진 시점에서의 여러 가지 상황을 또렷이 이해한 후에야 평가가 가능하니까요. 우연히 얻어걸린 브랜드도 사실 엄청 많거든요. 브랜드 혹은 브랜딩이 실제로 어떤 효용이 있는지 전혀 이해하지 못하는 상태에서 남들이 중요하다고 하니까 나도 그럴싸한 브랜드 하나 만들어야지 하는 상황들은 너무도 흔하죠. 본질에 충실하면 브랜드의 위상은 그에 따라 높아지는 것이고, 생각을 브랜드로 표현하는 것은 생각이 정립된 후의 일인데 그에 대한 준비는 전혀 없이 그냥 브랜드 하나로 모든 게 다 해결될 거라고 믿는 사람들을 만날 때 안타깝다고 생각을 했었던 것 같고요.

저는 정말 솔직히 말하자면, 멋들어진 브랜드가 있는 경우보다 그런 브랜드가 없더라도 진심을 다하고, 그 진심에 온전히 몰입하는 경우가 성공할 가능성이 더 높다고 생각해요. (물론 멋들어진 브랜드에 진심으로 몰입하는 경우라면 금상첨화겠죠!) 그리고 제가 생각하는 브랜딩은 사업을 영위하는 사람의 '진심'이 무엇인지 정의하는 것과 '어떻게' 몰입할 수 있을지를 고민하는 일이니 브랜드는 자신 없다고 했던 제 지인은 이미 제법 훌륭하게 브랜딩을 시작한 거나 다름이 없고요. 저는 사람들이 브랜드를 만들어 가는 일을 너무 특별하게만 생각하는 게 늘 아쉬웠던 것 같아요. 제 생각에는 비즈니스의 본질 그 자체이자 가장 기본인 일이라서요.

엄청 중요한 일인데 특별하지 않다고 하니까 역설적으로 들리는데요. 그냥 큰 돈 벌고 싶어서 시작한 사업이라 별다른 생각이 없다, 하시는 분들도 팔고자 하는 제품이나 서비스를 고객들에게 선보일 때만큼은 그들의 마음에 드는 것을 만들고 싶다는 의지가 있으실 거라, (제기 생각히는) 브랜딩의 관점에서는 그 의지에서 파생되는 모든 활동들이 브랜딩이라고 말씀드릴 수 있을 것 같아요. 도움을 청했던 지인이나 질문을 주셨던 분들이 듣고 싶던 답인 줄은 모르겠으나, 브랜드로 고민하시는 분들에게 저는 꼭 브랜딩에 대한 저의 정의를 다시 한번 들려드려요. 지금 내가 하고 있는 것도 브랜딩이구나, 라고 이해한 이후에는 조금 더 실질적인 도움을 드릴 수 있는 것 같아요.

브랜딩을 잘 이해하게 된 계기와 브랜딩의 힘을 실감하게 된 경험

권병욱 | 오래전 얘기입니다만, 당시 수행하고 있던 어느 프로젝트의 벤치마킹을 위해 독일로 출장을 갔던 적이 있었는데요. 독일에서 오래 살아오셨던 한국인 가이드분께서 저희 일정 내내 동행하시며 많

은 도움을 주셨습니다. 마침 라인강을 따라 그림 같은 풍광이 이어지는 길을 차로 한참을 내달렸던 날이었어요. 눈길이 닿는 곳은 모두 한 장의 엽서와 같았죠. 경치에 정신이 잠시 혼미해졌던 탓인지 저희 일행은 길을 잘못 들고 말았는데요. 라인강을 건너서, 오던 방향으로 조금만 되돌아가면 될 일이었습니다. 그런데 어찌된 일인지 한참을 가도 강을 건널 수 있는 다리는 나타나지 않더군요. '아니 뭐 이래. 어떻게 이렇게 친절하지 않을 수가 있지?'라는 생각이 절로 들 정도로 말이죠. 그때 가이드분께서 해 주셨던 설명이 아직까지도 기억에 남습니다. "독일 사람들은 환경을 매우 소중하게 생각합니다. 라인강에 다리를 놓는 일은 라인강의 수질을 나쁘게 하고 환경을 파괴하는 일이라고 생각하죠. 사람들의 편의도 물론 중요하지만, 그것보다는 자연과 환경을 파괴하지 않고 그 모습 그대로 후대에 물려줘야 한다는 생각이 우선이라는 인식과 공감이 아주 당연하게 형성되어 있습니다."

스스로 지향하는 가치에 대한 타협하지 않는 집요함. 브랜딩이란 무엇인지 비로소 이해하게 되는 순간, 그리고 브랜딩의 힘을 마침내 실감하게 되는 순간은 바로 여기, 이 지점이라고 생각합니다. 라인강 인근 유역에 삶의 터전을 잡고 살아온 사람들. 그중에도 분명 좀 더 효율적인 삶을 위해 다리를 놓자고 주장했던 사람들이 있었을 것이라고 상상해 봅니다. 지역 커뮤니티를 이루는 사람들이 한자리에 모여 '보존과 승계' 그리고 '효율'이라는, 서로 충돌하는 가치를 놓고 머리를 맞대는 장면이 떠오르는 것 같습니다. 결국 전자의 가치를 훼손하지 말자는 대합의를 재확인하고, 대신 효율을 주장하는 사람들을 위해 자그마한 배로 강을 수시로 넘나들 수 있는 수단을 마련하지 않았을까 하고 말이죠. 독일은 제게 그렇게 브랜드가 되었습니다.

독일 라인강 전경

그날의 생생한 기억이 브랜드라는 개념을 저만의 방식으로 인식한 계기가 되었다면 다음의 브랜드들은 저로 하여금 브랜딩의 힘을 실감하게 합니다. 저는 우리가 흔히 좋은 브랜드라고 언급하는 브랜드들의 집요함에 감탄하곤 합니다. 혀를 내두를 만큼 지독할 정도로 말이죠. 세대가 바뀌고 시대가 바뀌어도 그 변화에 대해서 브랜드가 지향하는 가치를 접어 두어야 할 장애물로 받아들이지 않아요. 오히려 지금까지 굳건히 지켜온 가치에 더욱 집요하게 매달림으로써 스스로의 가치를 진화시키고, 보다 단단하게 만들 수 있는 기회로 활용할 뿐이죠. 아집과는 구별되는 지점입니다.

우리가 오랫동안 자동차 산업이라 불러 왔던 분야는 이제 모빌리티 산업이라는 명패를 달고 있어요. 그야말로 패러다임이 전환되었죠. 이 와중에 볼보의 '안전(Safety)'은, 그리고 BMW의 '즐거움(Joy)'은 어떻게 되었을까요? 그간 도로 위에 존재하는 여러 위험 요소들을 안전이라는 가치로 상쇄해 온 볼보는 이제 기후변화를 브랜드가 극복해야 할 궁극의 안전 테스트로 정의했네요. BMW의 즐거움은 '전동화'되었고요.

그러고 보면 현명한 집요함은 브랜드를 늙지 않게 하는 힘도 가지고 있습니다. 테슬라와 같은 젊고 에너지 넘치는 브랜드가 한발 앞서 치고 나간 모빌리티라는 판에서도 나이 많은 이들 브랜드들이 결코 꼰대같이 느껴지지 않고 오히려 그들의 미래가 기대되기까지 하는 걸 보면 말이죠.

양봄내음 | 저는 정말 감사하게도 일복이 어마어마한 사람이라 일을 시작한 이후로는 늘 넘치는 프로젝트 틈에서 살아온 것 같아요. 처음

'안전'이라는 가치를 기후변화에 접목한 볼보

전동화로 이어진 BMW의 가치, '즐거움'

일을 시작했을 때 저 역시도 제가 하는 일이 실제로 어떤 의미를 가지는지는 전혀 생각하지 못했고, 프로젝트는 그냥 프로젝트. 그러니까 지금 제가 잘 해내야만 하는 일, 그 이상도 그 이하도 아니었어요.

그러다 케빈 로버츠가 쓴 《러브마크》라는 책을 보게 되었는데요. 브랜드는 사람들이 마음을 쏟게 되는 것, 애정해 마지않는 소유물이 될 수 있다는 것을 알게 되었습니다. 그러면서 제 주변 사람들이 실제로 어떻게 브랜드를 대하는지를 자세히 살펴보았던 것 같아요. 자기

애기를 많이 하는 사람은 아니어도 늘 곁에 두는 브랜드를 통해 스스로를 표현하기도 하고, 어떤 브랜드만을 특별한 이유 없이, 그러니까 그냥 좋아서 원하기도 하더라고요. 그때부터 저만의 브랜드관이 조금씩 생겨났던 것 같아요. 사람들에게 어떤 영향을 끼치고, 사람들과 어떤 상호작용을 하는지가 저의 브랜드관을 구성하는 아주 중요한 주제가 되었고요.

지금 하고 있는 일의 의미를 정확히 알지 않으면 잘하기가 쉽지 않은 것 같아요. 그 의미는 누군가 찾아 주는 것이 아니라 스스로의 생각과 경험을 통해 내리는 정의여야 하고요. 사족이지만 인터브랜드와 함께하게 된 계기도 그 당시 인터브랜드의 지향점이었던 "Brands have a power to change the world(브랜드에는 세상을 바꾸는 힘이 있다)"라는 말에 깊이 공감했기 때문이에요. 모든 프로젝트가 저의 포트폴리오로 남는 일을 하기 때문에 직업적 윤리에 기대지 않더라도 모든 경우 진심일 수밖에는 없고요.

그 밖에 저의 브랜드관이 제가 일하는 방식에 미치는 영향을 생각해 보면 브랜드는 유행을 만들어 가는 중심에 있고, 사람들의 관심이 쏠리는 영역이라는 인식이 제가 일하는 모든 과정을 신중하게 만드는 것 같아요. 브랜드가 어떤 화두를 제시하느냐, 화두까지는 아니더라도 어떤 말과 행동을 하느냐에 따라 세상이 주목하는 게 달라질 수 있다고 생각하기 때문에 누구에게나 부정적인 감정이 들지 않도록 조심해요.

도덕적이고 윤리적으로 정말 좋은 세상을 만든다거나 건설적인 것들만 이야기하는 건 매력이 없을 수 있어요. 꼭 도덕적이어야 좋은 건가요. 그냥 재밌기만 해도 너무 좋고, 지나다 한 번 슬쩍 봐도 기분 전환이 될 수 있다면 좋고 그런 거니까요. 하지만 크리에이티브라는 안전한 방패 뒤에 숨어 하고 싶은 방식을 마음껏 선보이는 건 오만이라고 생각해요. 사람들이 일상적으로 오가는 길거리에, 언제든 불시에 마주칠 수 있는 미디어에 노출되는 것이 바로 브랜드이기 때문에 아주 소수의 누군가라도 불편할 수 있는 결과물이라면 그건 공해나 다름없죠. 그래서 최소한 공해가 되지 않는 브랜드를 만들어야겠다고 생각하며 일하고 있습니다.

브랜드 담당자가 막막해지는 순간을 위한 제언

권병욱 | 막막함. 보통 무엇을 하다가 길을 잃은 느낌이 들거나 한 걸음 내딛는 것 조차 여의치 않을 때 갖게 되는 심상이죠. 이 책의 독자분들 중에도 브랜딩을 하면서 막막함을 느끼게 되는 상황이 있으리라 생각합니다. 저 역시 마찬가지인데요. 특히 브랜딩을 '관점'이 아닌 '결과물'로 생각하는 고객사를 만날 때면 벽을 만난 듯 막막함을 가졌던 것 같습니다.

여전히 적지 않은 기업들은 앞에서 말한 사업적 측면에만 의존해서 비즈니스를 영위하고 있어요. 이에 대비되는 개념으로 브랜딩은 곧 관점이라고 강조했었죠? 그렇다면 브랜드가 지향하는 가치, 즉 브랜드 정체성은 당연히 브랜딩 활동의 방향성을 제시하는 나침반의 역할을 해야 하겠죠. 따라서 브랜드 정체성을 결정하는 일에는 그간 우리가 어떠한 경로를 걸어왔고 또한 앞으로 어디를 향해 나아갈 것인지에 대한 세심한 숙고가 요구되며, 동시에 우리가 가지고 있는 경험과 역량에 비추어 현실적으로 우리에게 합당한 가치를 분별해 내는 냉정한 판단력이 필요합니다.

　여러분들의 막막함은 언제 어떤 형태로 오던가요? 여러분의 브랜드가 너무 노화되었나요? 브랜드의 성과를 어떻게 측정해야 할지 방법을 몰라서 왔을 수도 있겠네요. 요즘 경쟁 브랜드들은 이곳저곳 가릴 것 없이 얼굴을 들이밀고 있는데 우리 브랜드는 어떤 채널로 소통할 것인가부터 막혀 있을 수도 있겠고요. 회사 내 브랜드가 너무 많아 교통정리가 필요한데 도통 해결책이 그려지지 않을 수도 있어요.

　어떤 경우라도 브랜딩의 여정을 걷다가 막막함에 부딪혔다면, 여러분들도 다시 브랜딩의 본질로 돌아가기를 권하고 싶습니다. 막연한 것 같아도 다음 두 가지 정도를 실행해 보는 것인데요. 하나는 '브랜드의 가치에 다시 집요하게 매달리기'이고 나머지 하나는 '브랜드의 가치를 확장시키기'입니다.

　앞서 집요함의 끝을 보여 준 몇 개의 브랜드들과 같이, 집요함을 발휘하면 힌트가 보이기 마련입니다. 브랜딩 활동을 일상적으로, 그리고 습관적으로 하며 어느새 잊고 지내던 분명한 준거점이 나타날 것이기 때문이에요. 집요하면 집요할수록 답은 명쾌해질 것입니다. 그 결정을 따르면, 또한 그러한 방식으로 뒤이은 결정들이 지속해서 반복되면 여러분의 브랜딩은 분명 하루하루 단단해질 것입니다.

　브랜드의 가치를 확장시키는 일도 소홀히 할 수 없습니다. 가치라고 하는 것은 시대와 세대의 변화에 따라 미세하게나마 그 의미와 맥락이 변할 수 있기 때문인데요. 흔히 트렌드를 읽는다고 하죠? 세대가 어떻게 변했고, 어떻게 변할 것인지를 읽어 내기 위해 항상 고감도 안테나를 세워 놓아야 합니다. 충분히 읽어 냈다면 여러분들의 브랜드 가치가 그러한 변화의 맥락을 어떻게 현명한 방식으로 반영할 수 있을 것인지 끊임없이 영점 조정을 해 나가야 할 것이고요. 생각보다 여전히 '건강'과 '맛'을 얘기하는 식품 브랜드들이 적지 않습니다. 요즘 세대들이 건강을 어떻게 정의하는지 분명하게 알고 계셔야겠죠. 맛을 단순히 미각 기관을 통해서만 느껴지는 다섯가지 감각 중 하나라고만 보고 계시다면 곤란한 것처럼 말이죠. 요즘 젊은 사람들은 왜 보험에 가입하지 않을까요? 세대와 시대의 특성을 정확히 읽어 내기를 바랍니다. 그래야만 여러분들이 다져 온 브랜드 가치가 앞으로도 생명력을 유지할 수 있을 테니까요.

양봄내음 | 20년 가까이 브랜딩 일을 하면서 시장이 변하고 소비자가 변하는 것을 체감해 왔는데, 특히 브랜드에게 가장 큰 변화는 브랜드가 노출되는 정도와 방식인 것 같아요. 정확한 비유일지 모르겠는데 한 달에 두어 번 데이트를 하다가 이제 한집에 살면서 아침부터 저녁까지 매순간 얼굴을 보고 얘기하게 되는 그런 느낌. 예전에는 뚜렷한 매체가 있었고, 멋지게 광고를 만들어서 한 시즌동안 계속해서 반복 시청취하는 것이 주를 이루었다면, 최근에는 다양한 SNS채널과 디지털 접점을 소홀히 할 수 없잖아요. 일방적으로 나를 내보이는 방식에서, 말 그대로 사람들과 '소통하는 방식'으로의 변화를 보며 브랜드 커뮤니케이션의 중요성이 예전보다 훨씬 커졌다는 사실을 실감하고 있어요.

'내 한몫 잘하고 살면 언젠가 누군가는 알아 주겠지'라는 건 브랜드에겐 있을 수 없는 일이잖아요. 좋은 생각은 필히 알려야 하고, 알

려져야 하죠. 스스로를 드러내는 게 숙명인 브랜드를 맡고 있는 담당
자들은 변화된 세상에 맞추어 보다 즉각적이고 디테일하게 브랜딩 업
무를 진행해야 하는 숙제를 떠안게 되었어요. 여기서부터는 정말 센
스와 스킬이 중요해지는 것 같아요. 주변에 한 명쯤 있잖아요. 말 한
마디를 해도 참 센스있게 하고, 작은 거 하나를 골라도 그 취향이 남
다른 사람이요. 기본적으로 남들과 섞여 놀 때 즐거움을 느끼는 사람
들. 그런 사람들이 유리한 것 같아요.

저도 딱히 그런 사람이지 못해 선천적으로 타고난 사람들을 보면
하염없이 부러워지는데요. 제가 나름 터득한 비법은 경험을 늘리는
거예요. 많이 보고, 듣고, 체험하는 것만큼 좋은 건 없더라고요. 브랜
드 정체성을 수립한 후 이걸 어떻게 경험으로 만들어 가야 하는지에
대한 워크숍을 진행할 때도 마찬가지인데요. "지금부터 자유롭게 아
이디어를 하나씩 내 봅시다"라는 말로 시작되었을 땐 정말 맨땅에 헤
딩하는 느낌이랄까. 침묵이 길어질수록 서로 눈치를 보며 점점 더 견
디기 어려운 시간이 되었는데요. 오히려 산업 밖의 경험을 다양하게
나누고 이를 토대로 우리에게 맞도록 응용해 가는 게 모두에게 더 쉽
기도 하고, 더 나아가 참신한 아이디어를 얻는 데에도 큰 도움이 되었
습니다. 요새 그런 앱 있잖아요. 사진을 찍으면 배경을 이것저것 골라
바꿔 볼 수 있는. 그런 것처럼 우리 브랜드를 중심에 두고 우리랑은
전혀 상관없을 것 같은, 그렇지만 흥미가 생기는 세상의 다양한 것들
을 우리 브랜드에 적용한다면 어떨까를 생각해 보는 겁니다.

앞서 우리가 브랜드를 사람에 비유했었는데요. 우리가 SNS를 통
해 소통하는 사람들 중 실제 일상에서 만나는 지인들도 있지만 그렇
지 않은 완벽한 타인들도 많은데요. 그럼에도 불구하고 관심을 가지

게 되는 건 타인이지만 나와 맞는, 공감되는 무언가가 있다고 생각되기 때문이지요. 정말 어떤 사람인지 모르겠고, 매번 무슨 말을 하는지 모르겠는 사람을 팔로우하지는 않잖아요. SNS에서는 특히 브랜드가 한 명의 사람과 다르지 않습니다. 그렇기 때문에 불특정 다수의 사람들에게 '이 사람은 이런 사람이겠구나, 나랑 이게 잘 맞네'와 같은 인상을 주는 것이 꼭 필요합니다. 브랜드를 사람들에 앞에 선보이고 소통을 시작하기 전에 우리 브랜드가 어떤 관심사와 말투, 이미지를 가질 것인지를 명확히 정리하고 이를 일관되게 전개하여 사람들에게 특정한 인상을 가지도록 하는 것이 꼭꼭 필요하다고 생각됩니다.

권병욱 | 실제 고객사의 최고경영진들을 모시고 브랜드의 가치를 결정하기 위한 자리를 마련하면, 그 안에서의 논의는 종종 길을 잃을 때가 있습니다. 브랜딩의 관점보다는 ROIReturn on Investment 측면의 사고에 익숙한 나머지, 세심함과 냉정함을 통해 우리만의 가치를 선택해야 할 논의는 어느새 우월하고 차별화되는 가치, 달리 말하면 누가 보더라도 더 훌륭해 보이는 결과물을 선택하는 논의로 변질되고 만다는 것인데요. "저 브랜드 가치는 경쟁사가 가져가더라도 전혀 어색할 것 같지 않은데요?"라던가, "좀 더 섹시한 표현이면 좋겠습니다"와 같은 피드백이 늘상 등장하곤 하는 것이 그 증거입니다.

상황이 이쯤 되고 나면 그다음이 어떻게 전개될지는 쉽게 예측가능합니다. 실무 담당자들은 최고경영진들의 피드백을 충실하게 해소할 수 있는 결과물을 찾아 나섭니다. 잘못 들어선 길로 더 깊숙이 들어가 버리고 마는 셈인데요. 그래서 한번 길을 잃으면 다시는 제 갈길로 되돌아오기 어렵게 되어 버리고, 이렇게 결정된 브랜드 가치가 제 역할을 할 수 없음은 너무나 당연한 일입니다. 이렇게 막막한 상황에서의 묘책은 오로지 다시 브랜딩의 본질로 회귀하는 것뿐, 다른 방법은 없습니다. 멋들어지게 만들어진 그 표현이 실제 소비자들에게 어떤 가치로 받아들여져야 하는지를 다시 한번 생각해 보는 것이 가장 먼저입니다. 표현의 행간에서 뚜렷한 지향점을 발라내고 이를 기업 내 모든 이해관계자가 동일한 개념으로 인지해야 합니다. 네, 결국엔 처음 그 자리로 되돌아오는 것이죠. 그래야만 제 구실을 할 수 있을 테니까요.

양봄내음 | 맞아요. 프로젝트가 끝나고 그 프로젝트가 기업에 얼마나 의미 있었는지를 살펴볼 때면 아쉬운 지점들이 발견되는데 우리가 어떤 부분을 더 신경 쓰고 보완해야 할지 생각하는 것은 당연하고요. 사실 우리가 여지껏 차마 입 밖으로 꺼내지 못했던 아쉬움들도 있죠. 저역시도 아주 조심스럽게 말해 보자면 바로 기업의 의사결정권자 분들에 대한 얘기예요.

실제로 브랜딩을 잘한다고 손꼽히는 기업들은 리더의 영향을 받은 경우가 대부분입니다. 애플이나 배달의민족처럼 말이에요. 프로젝트팀 모두(일하는 에이전시뿐만 아니라 기업의 담당자분들까지 모두요) 브랜드에 대한 확고한 관점이 있음에도 불구하고 좌절감을 느낄 수밖에 없는 지점이 있거든요. BMW의 브랜드 지향점은 즐거움, 영어로는 Joy인데요. 저희끼리 그런 얘기 자주 해요. 한국에서는 참 받아들이기 어려운 가치라고요. 한국 사람들은 즐겁고자 하는 욕구가 적다는 얘기가 아니라요. 실제 의사결정을 하는 과정에서 '즐거움'같은 지향점은 "그래서 어쩌라고?"나 "이걸로 1등할 수 있겠어?"같은 피드백을 받는 경우가 종종 있답니다. 솔직히 말하자면 거의 대부분이 에요. 이런 피드백 후에 최종적으로 결정되는 브랜드 정체성은 '더 나은' '앞서가는' '혁신의' '선도하는' 등으로 수사됩니다.

이러한 정체성을 뒷받침하는 핵심 가치 역시도 우리 모두에게 낯설지 않은 모습입니다. '사려 깊은' '미래지향적인' '신뢰받는' 등과 같은 것들이 많은데요. 사실 브랜드 정체성 시스템이 제 역할을 하려면 그 '사려 깊은' 태도로 과연 어떠한 가치를 제공할 것인지가 명확해야 해요. 같은 맥락에서 '더 나은'이라는 말도 '무엇이' '누구보다' '어떻게' 더 나은지가 담기지 않는 한은 브랜드의 정체성으로써 역할을 하기가 어렵죠. 오히려 이런 것들은 우리가 어떤 태도로 어떤 성과를 만들겠다는 의지를 환기하기 위해 활용되는 기업 내부 미션이나 비전에 가깝다고 하겠습니다.

한국이 유독 외모지상주의가 강한 것은 국민들이 정서로서 공유하는 가치가 없기 때문이라는 어느 교수님의 강의가 굉장히 인상 깊었는데요. 모두가 공통으로 추구하는 국민적 가치가 없기 때문에 눈에 당장 보이는 것에 집중한다는 뜻이었어요. 가치 교육이라는 것이 각 가정의 몫으로만 여겨지기 때문은 아닐까 생각해 보기도 했습니다.

브랜딩은 타인과의 관계의 초석이 되는 '가치'를 만들고 모두가 그 가치에 몰입하도록 하는 일이잖아요. 브랜드의 정체성이라는 건 어떤 역할을 하고, 이에 대한 의사결정을 하는 기준 자체가 가치 지향적인 과정이라는 얘기를 정말 많이 하고 들었지만 우리 기업들은 실제로 가치 지향적인 것을 고르는데 너무 주저하는 것 같아요. 스스로 왜 한국에는 애플 같은 기업이 없냐고 한탄하면서요. 이건 에이전시와 기업을 갈라 기업이 그런 편이다, 라고 말할 수 없는, 한국 사람이면 대체로 가지고 있는 특질인 것 같아요.

그래서 저는 바라건대, 기업의 많은 리더 분들께서 '사람을 위한 가치', 그러니까 그게 즐거움이든 대담함이든 무엇이든 간에 조금 더 마음을 열고 숙고해 주셨으면 해요. 이 가치가 실제로 어떤 방식으로 세상과 사람들에게 전해질 거라는 건 아무리 구체적으로 준비해도 아직은 계획일 뿐이니 와닿지 않으실 수도 있겠으나 조금 더 상상력을 발휘해 주시면 좋을 것 같고요. 아까 잠깐 언급했던 '애플 같은 기업'이요. 오늘의 애플이 있었던 건 애플 브랜드의 정체성을 가장 지지하고, 그 지향점을 향해 앞장선 사람이 바로 그 기업을 이끄는 사람이었기 때문이었다고 생각해요. 그만큼 브랜드가 경쟁의 바다에서 목표를 향해 순항하는데 가장 큰 역할을 해주셔야 하는 분은 바로, 기업이라는 배의 키를 잡은 선장님이 아닐까요.

권병욱, 양봄내음 | 관점의 유무는 솔루션의 범위를 넓히고 더욱 실질적인 전략을 만들어가는 능력을 결정짓는다고 생각합니다. 이 책이 여러분만의 브랜드관을 만드는 데 아주 작은 부분이나마 일조할 수 있기를 감히 바라 봅니다. 더불어 여러분들 가까운 곳에 항상 놓아둘 수 있는 책이 된다면 더는 바랄 게 없겠습니다. 여러분들이 브랜딩 업무를 하며 어려움을 느낄 때 마다 가장 먼저 손이 가는 책. 그리고 그런 순간마다 여러분들에게 필요한 힌트를 하나씩 하나씩 계속해서 꺼내어 보여 주는 책. 바로 그런 책이 되길 바라는 마음을 담았습니다. 아무쪼록 여러분들이 담당하고 계신 브랜딩 여정에 이 책이 여러분의 옆을 지키는 페이스 메이커가 되길 바라겠습니다.

감사의 말

*

이 기회를 빌어 부족한 저에게 일할 기회와 좋은 프로젝트를 만날 기회를 주신 소디움 파트너스의 정일선 사장님, 박영미 대표님, 인피니트 그룹의 오기환 대표님께 가장 먼저 감사드리고 싶습니다. 주니어 시절 아낌없이 베풀어 주신 가르침과 보살핌 덕분에 오늘의 제가 있습니다. 소디움 파트너스에서, 인피니트 그룹에서의 시작은 언제나 저에겐 큰 자부심입니다.

그리고 문지훈 대표님을 비롯한 사랑하는 인터브랜드의 모든 식구들. 특히 언제나 든든하게 곁을 지켜 주었던 동찬 수석님, 기태 선임님과 함께한 모든 시간이 정말 뜻깊었습니다. 깊은 존경과 감사를, 변하지 않을 애정과 응원을 보냅니다. 어느 곳에서 만났건 프로젝트를 함께하며 많은 것들을 느끼고 배울 수 있도록 해 주신 선후배 동료분들과 고객사 담당자님들께도 감사드립니다.

브랜딩에 왕도란 없는 것 같습니다. 모든 브랜딩 프로젝트는 배경과 이슈가 달라서 언제나 새로운 방식의 고민과 탐구가 필요하기 때문입니다. 수백, 수만 가지의 상황을 다 다룰 수 없었기에 책에 어떤 생각들이 담기면 좋을지 오랜 시간 고심했습니다.

함께 집필해 주신 권병욱 대표님이 없었다면 이 책도 없었을 겁니다. '공동'이란 말은 언뜻 든든하게 들리지만, 그 속엔 아직 드러나지 않은 수많은 갈등이 숨겨져 있다고들 합니다. 주변의 걱정이 무색하게도 언제나 열린 마음으로 더 좋은 길을 걷게 해 주셨습니다. 늘 고맙습니다. 함께 일하는 모든 순간 보여 주신 더 나은 방식을 위한 시도와 더 좋은 결과물을 위한 진심을 존경합니다. 파트너님의 따뜻한 지혜와 놀라운 통찰력을 빌어 마지막 인사까지 왔습니다.

책을 준비하는 과정에서 좋은 출판사를 만나는 것만큼 감사한 일이 또 있을까요? 부족한 것이 많았을 초고에도 가능성을 발견해 주시고, 아낌없는 열정과 노력을 담아 주신 유엑스리뷰의 현호영 대표님과 황현아 에디터님께도 감사의 마음을 전합니다.

이토록 감사한 분들 곁에 있는 저는 얼마나 행운아인지 모릅니다. 마지막으로, 마땅히 가족을 위해 써야 했던 많은 시간들을 일과 함께 보냈던 저를 타박하기보다 걱정과 응원으로 보듬어 준 곰돌이와 가족들께 미안한 마음을 더해 멋쩍은 감사를, 그보다 더 큰 사랑을 보냅니다.

봄내음 드림

＊

하나의 여정을 마무리할 때가 되면 으레 지난 시간들이 하나하나 생생한 장면처럼 스쳐 지나간다고들 하죠. 책을 마무리하는 지점에 이르고 나니 감사의 인사를 드려야 할 분들이 떠오르네요.

이 세계로 연결된 문을 열어 주시고, 이끌어 주시고, 늘 영감이 되어 주셨던 인터브랜드 문지훈 대표님. 감사하고 존경합니다. 값진 프로젝트들을 함께 하며 무수한 시간과 경험을 공유했던 인터브랜드 선후배 동료들, 고객사분들, 그리고 협력사분들. 제한된 지면 관계상 모든 분들을 빠짐없이 나열할 수 없어 안타깝지만, "난가?" 하시는 분들, 네. 당신 맞습니다. 보여 주신 열정과 정성, 책임감, 그리고 통찰력에 늘 감탄했습니다. 진심을 담아 감사의 말씀 전합니다. 그리고 프로스트 앤 설리번 심진한 상무님. 모두 덕분입니다. 감사합니다.

양봄내음 대표님. 그간 브랜드와 브랜딩에 대해 대표님과 숱하게 나눴던 일상적인 대화들과 토론들을 한 권의 책으로 더 많은 사람들과 공유할 수 있게 되어 그 감회가 정말 특별한 것 같습니다. 함께 일하며, 함께 책을 쓰며 대표님이 보여 준 치열한 고민과 열정, 그리고 아름다운 통찰력 덕분에 우리의 생각과 말이 사람들과 나눌 만한 가치를 가진 콘텐츠로 다시 태어날 수 있었습니다. 이 책의 탄생의 기쁨을, 그리고 만약 사람들이 이 책에 관심과 애정을 보내 주신다면 그 보람과 희열을, 전적으로 대표님께 돌리고 싶습니다. 걸어온 만큼, 앞으로도 함께 나눌 브랜딩을 위한 여정이 많이 남아 있다는 사실이 감사하고 기대가 됩니다.

그리고 저희의 생각과 말을 담은 원고에 깊이 공감해 주시고, 멋진 책으로 세상의 빛을 볼 수 있도록 크나큰 도움을 주신 유엑스리뷰 현호영 대표님과 황현아 에디터님, 그리고 힘을 보태어 주신 많은 분들께 진심으로 감사를 드립니다.

마지막으로, 아들이자 사위가 쓴 책이라며 볼 것도 없이 좋은 책이라고 해 주실 것만 같은 부모님과 모든 가족분들께 이렇게 지면을 빌어 사랑한다고 말씀드리고 싶습니다. 이 책 안에는 좋은 브랜드는 명확한 '존재의 이유'를 가져야 한다는 내용이 있는데요. 제가 이 세상에 존재해야 할 이유가 되어 준 아내 지영이와 아들 재윤이. 정말 사랑합니다.

권병욱 드림

참고문헌

PART 1 이해 Knowing a Brand

p.21 무라카미 하루키, 《색채가 없는 다자키 쓰쿠루와 그가 순례를 떠난 해》, 2013

p.22 양품계획, 《무인양품의 생각과 말》, 2020

p.39 홍성태, 《배민다움》, 2016

PART 2 존재 Being a Brand

p.95 라이언 대니얼 모런, 《1년에 10억 버는 방구석 비즈니스》, 2021

p.118 류시화, 《좋은지 나쁜지 누가 아는가》, 2019

PART 3 관계 Living as a Brand

p.173 Galop, 〈Hate crime report 2021〉, 2021

p.180 램 차란, A. G. 래플리, 《게임 체인저》, 2009

p.181 Think with Google, 〈ZMOT: Why It Matters Now More Than Ever〉, 2018

p.195 제임스 H. 길모어, B. 조지프 파인 2세, 《경험 경제》, 2021

PART 4 진화 Sustaining a Brand

p.244 Startup Genome, 〈Startup ecosystem report 2022〉, 2022

닫는 글

p.292 Kevin Roberts, 《Lovemarks》, 2004

브랜드 기획자의 시선

브랜딩 실무자가 알아야 할 모든 것

초판 발행 2022년 10월 3일
1판 2쇄 2022년 11월 18일
펴낸곳 유엑스리뷰
발행인 현호영
지은이 양봄내음, 권병욱
편 집 황현아
디자인 임림
주   소 서울 서대문구 신촌역로 17, 207호 (콘텐츠랩)
팩   스 070.8224.4322
이메일 uxreviewkorea@gmail.com

ISBN 979-11-92143-59-0